松江区依法治区领导小组办公室／编

SONGJIANG YIFA ZHIQU DE LILUN YU SHIJIAN 2017

松江依法治区的理论与实践

2017

中国法制出版社
CHINA LEGAL PUBLISHING HOUSE

深入推进依法治区　高质量建设法治松江

2017年是实施“十三五”规划的关键之年，是供给侧结构性改革的深化之年，也是深入推进法治松江建设的重要一年。一年来，在区委、区政府的正确领导下，我们坚持以习近平新时代中国特色社会主义思想统领依法治区各项工作，认真学习贯彻党的十九大精神，全力推动依法治国基本方略在松江落地生根，着力在抓关键、打基础、强互动上下功夫，为“一个目标、三大举措”发展战略顺利推进营造安全稳定的社会环境、公正规范的法治环境。

一是抓住关键，注重顶层设计，落实国家机关普法责任和党政主要负责人法治建设第一责任人制度。全面推进落实国家机关“谁执法、谁普法”的普法责任制，要求行政机关把普法作为推进法治松江建设的基础性工作抓实抓牢，做到有计划、有阵地、有活动、有成效。明确各部门、各单位普法工作组织领导机构，推动建立普法任务清单制度，将普法工作纳入本部门、本单位法治建设总体布局。紧紧抓住领导干部这一“关键少数”，印发《松江区关于进一步贯彻落实党政主要负责人履行推进法治建设第一责任人职责的实施意见》，以“党政主要领导上法治课”为抓手，推动各部门、各单位的党政主要负责同志切实承担起推进法治建设第一责任人的职责，充分发挥党委在法治建设上总揽全局、协调各方的领导核心作用。

二是打牢基础，深化法治宣传，在全区形成尊法学法守法用法的良好氛围。围绕第四批全国法治城区创建各项指标，将法治宣传教育融入经济社会发展各个领域，推动全区各项事业沿着法治轨道运行。搭建“茸城法宣八品”平台，大力推动“法律六进”工作，吸引政府各职能部门、司法机关、企事业单位、人民团体、学校、社会组织广泛参与；挖掘松江书法名城的历史底蕴，通过“法治楹联”征集评选打造具有全国影响力的普法品牌项目；开展“法治灯谜”、法律知识竞赛等活动，增强参与趣味，提升普法实效；大力建设一批法治公园、法治小区、法治学校、法治车站、法治微景观等法治场所，推动法治文艺演出进社区、法治故事进万家，让法治精神融入人民群众日常生活；强化青少年普法教育，发挥公安局、检察院、法院、司法局等专业力量的作用，建立覆盖全区所有中小学校的法制副校长队伍；注重传统媒体和新传媒融合，扩大普法覆盖面，加强“法治松江”微信公众号建设，推送法治文章、开展主题活动、打造普法专栏，积极发布“法眼看‘两会’”、以案释法、拜年微视频等群众喜爱的内容，在全区形成运用新媒体开展普法宣传的良好态势。

三是强化互动，依托专业力量，为依法治区工作提供专业性保障。利用松江大学城的区位优势，密切与华东政法大学等高校的合作，不断丰富依法治区的工作内涵，提升法治松江建设的影响力。松江区司法局和华东政法大学法学博士后流动站共建博士后创新实践基地，依托法学专家，对本区依法治区工作进行详尽指导；举办了第一届“法治松江”论坛，邀请专家评委为松江律师如何服务好法治建设、参与基层治理出谋划策；建立以政府法制机构人员为主体、吸收专家和律师参与的法律顾问队伍，实现了全区各级党政机关、村（居）委、学校等单位法律顾问全覆盖，促进依法行政、依法治理水平的有效提升；通过座谈培训、实地调研、评审意见反馈等途径搭建了全区各单位与法学专家良性互动的桥梁。

松江以上述工作为突破口，在深化依法治区、提升法治松江建设水平上取得了丰硕的成果。本书中的松江区民主法治建设研究课题、松江区依法治理优秀案例、松江区行政执法典型案例和松江区人民调解典型案例就是这些成果的具体体现。今后，我们将进一步提高政治站位，强化“四个意识”，坚定“四个自信”，从战略和全局的高度来认识依法治区工作的重要意义，唯实唯干、克难奋进，全力推动依法治区工作再上新台阶，为高质量建设“科创、人文、生态”的现代化新松江提供更加坚实有力的法治保障。

松江区依法治区领导小组副组长

中共松江区委常委、区政法委书记

张益弟

目 录

第一部分 松江区民主法治建设优秀课题

第二部分 松江区依法治理优秀案例

第三部分　松江区行政执法典型案例

第四部分　松江区人民调解典型案例

第一部分
松江区民主法治建设优秀课题

羁押必要性审查归口实施的困境与出路

——从实证分析的视角出发

松江区人民检察院课题组*

【内容摘要】羁押必要性审查归口实施三年来，取得了一定的效果，也积累了一定的经验，但在实践中仍然存在执法理念较为保守、审查标准比较原则、信息渠道不够顺畅、人案矛盾比较突出等问题，羁押必要性审查制度的效果与立法初衷仍然存在一定差距。有必要更新执法理念以达成共识、健全审查机制并提高规范性、借力信息网络实现共享联动、提高业务素能并完善奖惩机制。

【关键词】羁押必要性审查　归口实施　实证研究

随着 2012 年《刑事诉讼法》的颁布实施，羁押必要性审查在落实国家“尊重和保障人权”方面取得了一定的效果，但由于理念、观念上的桎梏以及立法上较为原则，这一制度在司法实践中仍面临较多争议和问题。2016 年最高人民检察院印发《人民检察院办理羁押必要性审查案件规定（试行）》（以下简称《规定》），正式结束了羁押必要性审查多头负责的局面，标志着羁押必要性审查归口统一由刑事执行检察（更名前为监所检察）部门办理，也为羁押必要性审查工作明确了操作规则，但这一操作规则在实践中的运行情况如何？实务方面有

* 课题组成员：倪峰，上海市松江区人民检察院检察长；赵晓凌，上海市松江区人民检察院副检察长；郁卫平，上海市松江区人民检察院监所科科长；陈龙鑫，上海市松江区人民检察院研究室检察官。

哪些“瓶颈”需要破解？规则本身如何进一步完善？可以说目前各地检察机关仍在探索阶段。上海检察机关是全国首家实行羁押必要性审查统一归口办理的省级机关，在办理羁押必要性审查案件方面积累了一定的经验。本课题选取了上海检察机关中羁押必要性审查案件量较多、驻所检察室被评为一级规范化检察室、办理案件曾获评全国羁押必要性审查精品案件的S区检察院作为样本，通过梳理其三年来所办理的羁押必要性审查案件，并结合上海检察机关办理羁押必要性审查的整体情况，对实践中存在的问题进行汇总分析，提出相应对策建议，以期推动此项工作的进一步开展。

一、羁押必要性审查归口实施情况分析

（一）办案数量

从S区检察院近年来的办案情况来看，羁押必要性审查归口实施后，此类案件办案数量有所提升。2013年本院共办理羁押必要性审查71人，其中公诉科审查49人、侦监科审查6人、监所科审查12人、未检科审查4人。2014年6月羁押必要性审查归口监所部门办理后，仅在当年6月—12月全院的羁押必要性审查案件量就达到54人，截至2017年5月底，本院共办理羁押必要性审查案件305人，年均办案量约为100人。

（二）启动方式

在羁押必要性审查的启动方式上，依职权启动比例较高，在全市范围内处于比较靠前的位置。从上海市检察机关2015年—2016年办理羁押必要性审查案件情况来看，共依职权启动749人（占比21.4%），依申请启动2747人（占比78.6%）。从S区检察院2014年6月—2017年5月办理的羁押必要性审查案件情况来看，依职权启动154人（占比50.5%），依申请启动151人（占比49.5%），依职权审查比例高于上海市检察机关平均水平。

（三）所处诉讼阶段

从羁押必要性审查所处的诉讼阶段来看，各阶段分布较为均衡。S区检察

院 2014 年 6 月—2017 年 5 月办理的 305 起案件中，处于公安机关侦查阶段或退回补充侦查阶段的有 113 人；处于审查起诉阶段的有 109 人；处于审判阶段的有 83 人，各诉讼阶段办理的羁押必要性审查案件数量较为均衡。

（四）审查结果

从羁押必要性审查结果来看，依职权审查类案件建议变更率较高，而依申请审查类案件，建议变更率不高。2014 年 6 月—2017 年 5 月，在 S 区检察院办理的羁押必要性审查案件中，经审查建议变更强制措施 199 人，驳回申请 106 人。值得注意的是，依职权审查的 154 件案件中，146 件经审查后建议变更；而依申请审查的 151 件案件中，只有 53 件经审查后建议变更。

（五）采纳数及其占比

从羁押必要性审查提出建议后的实际效果来看，采纳数及其占批捕数逐年升高，但仍有进一步上升的空间。在 S 区检察院 2014 年 6 月—2017 年 5 月办理的羁押必要性审查案件中，经审查建议变更强制措施 199 人，被建议机关（部门）采纳 167 人，采纳率为 83.9%，采纳数占同期批捕数的 2.9%。其中，2014 年 6—12 月采纳数为 32 人，占同期批捕数的 2.9%；2015 年采纳数为 26 人，占同期批捕数的 1.2%；2016 年采纳数为 74 人，占同期批捕数的 3.9%；2017 年 1—5 月采纳数为 35 人，占同期批捕数的 4.7%。

（六）户籍分布情况

从羁押必要性审查对象的户籍分布情况来看，较好地体现了法律面前人人平等的原则。在 S 区检察院 2014 年 6 月—2017 年 5 月办理的羁押必要性审查案件中，户籍分布情况为：上海籍 84 人，外省籍 221 人。经审查建议变更强制措施的 199 人中，上海籍 54 人、外省籍 145 人。从办案情况来看，S 区检察院审查的对象基本反映了本区刑事案件中犯罪嫌疑人的户籍分布情况，未出现专门针对本地籍或外地籍犯罪嫌疑人开展审查的情况，审查后建议变更的比例也基本相当。

（七）罪名分布情况

从羁押必要性审查的罪名分布来看，主要集中于侵财类、侵犯公民人身权利类和妨害社会管理秩序类等犯罪。在S区检察院2014年6月—2017年5月办理的羁押必要性审查案件中，涉嫌的主要罪名及人数为：寻衅滋事罪78人、盗窃罪41人、故意伤害罪35人、开设赌场罪14人、交通肇事罪14人。经审查建议变更强制措施的199人中，涉嫌的主要罪名有：寻衅滋事罪52人、盗窃罪27人、故意伤害罪27人、开设赌场罪8人、交通肇事罪9人。在审查的案件中，强奸罪、以危险方法危害公共安全类罪、抢劫罪等较为严重的罪名均有出现，但此类案件的审查结果大部分为驳回申请。

二、羁押必要性审查归口实施过程中面临的问题

（一）执法理念较为保守，各机关尚未达成共识

羁押必要性审查归口实施后，办案数量有较大幅度增加，但经监所部门审查建议变更强制措施后的采纳数仍然偏少。以上海地区为例，根据最高检刑事执行检察厅2015年1月—3月情况通报，上海的羁押必要性审查数在全国排名第一，建议数排名第二，采纳数排名第六，其审查数、建议数、采纳数占同期执行逮捕数分别为6.7%、4.4%、3.7%。这其中既有上海作为“四个中心”对区域社会稳定有特殊要求方面的因素，也有特大型城市流动人口犯罪率相对较高导致逮捕数较高等方面的因素，但从根源上看，羁押必要性审查案件中采纳率较低的核心问题仍然是理念、观念上的问题。从监所检察部门来说，担心变更强制措施后有嫌疑人脱保不到案或重新犯罪的风险，在提出羁押必要性审查建议时会有顾虑。从办案部门来说，存在重打击犯罪、有罪推定的惯性思维和传统理念，担心变更强制措施会对案件侦查造成阻碍，担心证据发生变化，担心嫌疑人逃脱，为尽快结案怕麻烦等，因此可能有一定的抵触。从社会层面来说，社会公众对羁押必要性审查也存在错误认识，特别是受害

人及其亲属，认为羁押必要性审查后变更强制措施的情况是“提前放人”，[①] 由此带来的信访等问题也给案件办理造成了一定的阻碍。

（二）审查标准比较原则，危险性评估仁者见仁

2018 年修订的《刑事诉讼法》第 95 条、《人民检察院刑事诉讼规则（试行）》“羁押和办案期限监督”一节、最高检 2016 年颁布的《规定》，是当前羁押必要性审查工作的主要依据。综观上述规定，在羁押必要性审查的标准方面比较原则，具体操作中有赖于承办检察官对“捕后羁押必要性变化因素”、“当前社会危险性因素”及“有无适用替代措施的可能性”等三个方面的理解，存在较大的不确定性。为进一步提高审查的客观性，部分省市检察机关探索尝试对羁押必要性审查采取量化评估的办法，通过综合表中多项因素对犯罪嫌疑人的羁押必要性进行量化分析评估，一定程度上避免了审查的任意性，为承办检察官判断提供客观定量标准。在审查标准方面实施量化评估后，一定程度上提高了司法效率，但在实践中也存在不同认识，特别是公安、法院等外部办案机关，对检察系统制定的办案规定及评估表，有时并不认可，在羁押必要性审查方面难以达成共识；而检察系统内部，对于三大量化评估因素，特别是社会危险性评估也是仁者见仁、智者见智。此外，各地检察机关探索运行的量化评估表各不相同，评估项目设置是否全面，分值设置是否合理，各项目之间是否具有可比性，这些因素都将影响到量化评估的最终结果，各地量化评估表的科学性还有待于实践的不断检验。

（三）信息渠道不够顺畅，案件动态变化了解不够

由于监所检察并非案件的直接办理部门，因此在羁押必要性审查的办案实践中容易遇到的一大障碍就是缺乏获取捕后案件信息和犯罪嫌疑人信息的渠道，对案件实体和程序内容有赖于当事人申请或其他部门提供。虽然监所检察参与羁押的全过程，驻所检察机构对被羁押人的羁押状况、认罪态度、服刑情况等内容有充分的了解并具有收集相关材料的便利，但是羁押必要性审查是一

---

① 郭冰:《羁押必要性审查制度实践运行审视》，载《中国刑事法杂志》2016 年第 2 期。

项全面性的工作，不仅要求掌握被羁押人的被羁押状况，还需要全面了解案件情况，这样才能对被羁押人是否有继续羁押的必要作出准确判断。由于信息获取滞后等问题，各地检察机关在实践中办理羁押必要性审查案件的数量及成效一定程度上与几家单位、几个部门间的关系息息相关。针对信息获取滞后的问题，目前上海检察机关依托全国检察机关统一业务应用系统，要求各基层院经检察长同意，对本院羁押必要性审查专办人员开放本院统一业务应用系统中已办、在办的审查逮捕、审查起诉、自侦案件查询权限，确保专办人员能及时便捷地从系统中查询调阅与羁押必要性审查案件有关的案情、文书、报告等，在一定程度上破解了检察系统内部信息渠道不畅的问题，大大提高了办案的效率，缩短了办案周期。但由于公检法司之间还未真正建立办案网络的互联互通，监所检察部门对侦查阶段、审判阶段羁押必要性审查相关信息的获取，特别是相关变化因素的收集，仍然存在信息渠道不畅的问题。

（四）监所部门人手紧缺，依职权及公开审查偏少

相对于基层检察机关的案件数量来说，检察机关监所检察部门的队伍人数较少，而且羁押必要性审查必须全面熟悉案情，全面审阅案卷材料，讯问犯罪嫌疑人、被告人，调查了解相关情况，这些工作需要大量人力、物力和时间保障，案多人少的矛盾较为突出。特别是检察改革以后，由于受监所检察部门员额限制，具有办案资格的检察官数量减少，队伍整体年龄较高，进一步加剧了人案矛盾，也间接限制了羁押必要性审查的办案数量、质量以及开展公开审查的次数。从大部分区县院的情况看，许多检察官疲于应付依申请启动的羁押必要性审查，没有精力依职权主动监督，如上海市检察机关 2016 年办理羁押必要性审查案件 2152 人，其中依申请审查的 1628 人，约占 75.7%；依职权审查的只有 524 人，约占 24.3%。一些特色工作，如开展羁押必要性公开审查的数量也偏少，如上海市检察机关 2015 年办理羁押必要性审查 1343 人，但其中开展公开审查的只有 60 人。

三、羁押必要性审查工作的完善建议

（一）更新执法理念，推动各方达成共识

1. 及时调整执法理念，与公安、法院、司法局就羁押必要性问题达成共识

羁押必要性审查是落实国家“尊重和保障人权”的必然要求，是落实宽严相济刑事政策的实践需要，也是“以审判为中心”诉讼制度改革的重要内容。在司法实践中，公安司法机关要摒弃重打击、轻保护，重实体、轻程序的陈旧执法理念，在追诉犯罪的同时秉持客观公正的立场，正确认识羁押必要性审查制度及其价值，不能以本系统未规定具体操作规则为由来抵制检察机关提出的变更强制措施建议。就检察机关而言，要求赋予检察机关直接变更强制措施的权力并非目前解决问题的可行性对策，因为羁押必要性审查本质上是一项诉讼监督权而非诉讼职权。短期内行之有效的方式是与有关机关就羁押必要性审查问题达成共识，[①] 并通过会签文件达成共识后严格予以执行，如此检察机关根据会签文件开展羁押必要性审查后提出的变更建议更有依据，也更容易被有关机关接受。

2. 抓住机遇，将羁押必要性审查作为刑事执行检察转型发展的有利契机

监所检察作为检察机关的一项传统业务，于 2015 年更名为刑事执行检察，这是监所检察转型发展的标志，也将是今后一段时间检察机关开展法律监督的重要抓手之一。羁押必要性审查作为刑事诉讼法赋予检察机关的重要职能，在监所检察转型发展过程中占据重要地位。监所检察部门应充分重视羁押必要性审查工作，进一步统一思想认识，将其作为强化法律监督、提升规范化水平的重要内容，作为参与“以审判为中心”改革的重要内容，并结合驻所检察室规范化等级评定等，深入推进这项工作。

3. 加大宣传，纠正社会公众对羁押必要性审查的错误认识

将羁押必要性审查作为增强检察公信力、扩大影响力的重要内容，加大宣传力度，提高社会公众对羁押必要性审查的知晓度。一方面，要充分利用电

---

① 张云鹏:《捕后羁押必要性审查制度的完善路径》，载《法学》2015 年第 1 期。

视、报刊、网络等媒体平台，利用检察开放日等现有机制，积极宣传羁押必要性审查的方式及要求，及时报道典型案例，为羁押必要性审查提供良好的舆论环境。另一方面，要加大羁押必要性公开审查的力度，提高公开审查的适用率，通过邀请人大代表、政协委员、人民监督员等人士参加公开审查，提高透明度，提升公信力，实现办案法律效果与社会效果的有机统一。

（二）健全审查机制，提高审查工作规范性

1. 进一步明确羁押必要性审查的标准

首先，要厘清羁押必要性审查标准与逮捕审查标准的关系。相对于逮捕，羁押必要性审查更侧重于考察犯罪嫌疑人、被告人被羁押后，各类危险性是否降低到不必要羁押的程度，或者是否出现了可改变羁押状态的新情况。其次，完善羁押必要性审查标准的具体内容。上海检察机关在实践中归纳总结出羁押必要性审查标准“三要件”，即捕后羁押必要性变化因素、重新评估犯罪嫌疑人（被告人）的社会危险性、有无变更强制措施的可行性。在“三要件”中，“社会危险性评估”比较容易产生分歧，检察机关要加强对社会危险性标准设置的论证分析，并加强与各方的沟通协调，争取在此问题上达成共识。羁押必要性审查办案实践中，检察官除应采取定性分析外，还应结合量化评估等作出综合判断，并加强对审查结果的论证说理。

2. 建立科学的羁押必要性审查评估机制

除羁押必要性审查的主观判断外，各地还应积极探索结合量化评估方式提高评估的客观性、科学性。量化评估自然具有积极意义，但比较机械，其评估结果的科学性有赖于项目、分值等因素的合理设置。检察机关应当综合各地实践情况，相互交流、借鉴，不断调整完善量化评估表，必要时由最高检统一制定基础性评估表格。从羁押必要性审查工作的属性来看，其毕竟属于社会科学领域的一项工作，完全套用自然科学领域精准化数据模型，有时得出的结论未必合理。因此羁押必要性审查在科学设置量化评估表的同时，亦不可忽视检察官本身的作用，应秉持原则性与灵活性相结合，在全面掌握案情及评估对象信

息的基础上，采取定性评估与量化评估相结合的方式，最终作出综合判断，并加强对判断结果的说理，以此来保证评估的科学性、合理性。

3. 统一羁押必要性审查的证据标准

当前羁押必要性的理由或要素已经明确，但证明羁押必要性理由需要哪些事实，应当提供哪些证据，这方面规定还比较模糊。从司法实践来看，侦查机关在办案中对此类事实证据关注较少，[①] 各地检察机关在办理羁押必要性审查案件中对其的理解和把握也不尽相同。为使羁押必要性审查工作更加规范、有效地开展，有必要尽快制定与“不需要或不适合继续羁押”情形相对应的证据标准。比如捕后羁押必要性因素变化中证明身患严重疾病的医院证明，又如评估社会危险性因素中证明前科劣迹的刑事判决书等。通过统一羁押必要性审查的证据标准，有效引导侦查机关收集证据，引导当事人提供线索或证据，引导承办检察官准确审查把握羁押必要性的相关事实和理由，促进审查工作的规范化，提高审查工作的质效。

（三）借力信息网络，实现资源共享与联动

1. 构建政法机关网络信息共享机制

检察机关要实现对案件的全面了解，除了通过电话、发函、走访、联席会议等方式之外，还应加强与各机关的沟通协调，在公安机关、人民检察院、人民法院、看守所之间建立被羁押人的网上信息共享平台。看守所负责输入被羁押人的实时状态，如身体状态、羁押表现、羁押期限等；公安机关、人民检察院、人民法院在各自诉讼阶段输入相应的信息，如是否有漏罪或犯新罪、是否退赃退赔、是否取得被害人的谅解、是否有取保候审条件，等等。监所检察部门可以通过信息共享平台获取不同阶段被羁押人的相关信息，并可以依托系统实现对案件性质、犯罪类型、主体类别等内容的分类审查，为羁押必要性审查发现线索、获取信息、展开针对性审查提供便利。如江苏省苏州市自 2011 年起研发苏州政法信息综合管理平台，通过信息互联共享，打造政法机关之间信

① 谢小剑:《羁押必要性审查证据制度实效研究》，载《法学家》2016 年第 2 期。

息的“高速路”，[①] 大大提高了诉讼效率，也为羁押必要性审查信息互联共享网络建设提供了有益经验。

2. 依托人工智能提高审查质量和效率

目前人工智能尚不能完全取代司法办案工作，但却能够有效促进司法质量、司法效率和司法公信力的提高。检察机关中的部分试点单位，如江苏省苏州市吴中区人民检察院自主研发的羁押必要性审查辅助评估系统，可以自主抓取该院案件信息平台中的案件信息，方便干警在第一时间掌握案件具体情况，必要时及时依职权启动羁押必要性审查工作。辅助系统还自带风险评估功能，通过量化分析，评估出犯罪嫌疑人（被告人）的社会危险程度及脱管风险，并确定红、橙、绿等相应风险等级，为是否继续羁押提供参考。[②] 引入人工智能辅助，有利于信息互联、快速筛选、智能评估，一定程度上可避免审查的随意性，从而提高羁押必要性审查的质量和效率。同时，应考虑与统一业务应用系统实现互联对接，最大限度发挥人工智能系统在羁押必要性审查工作中的作用。

3. 利用信息网络技术加大检务公开力度

一是通过建立完善案件信息公开平台，将办案流程、办案结果和办案法律文书公开，律师、当事人可以在该平台提出羁押必要性审查申请，查询审查状态，及时知晓审查进展，这既是司法便民的重要举措，又能保证审查工作公开、公正、透明地进行。当然，考虑到诉讼进程及保护隐私的需要，部分信息只能由律师及当事人查询，并且不得随意向互联网公开。二是有条件的地区可以充分利用远程视频讯问系统，在检察机关专门的司法办案区组织羁押必要性公开审查，充分听取办案部门、双方当事人以及受邀听证的人大代表、政协委员等人员的意见，这样既能提高司法规范性、透明度，也不必将犯罪嫌疑人从看守所提押至检察机关，节约了司法资源、提高了审查效率。

---

① 丁国锋、马超：《苏州检察打造政法信息“高速路”》，载《法制日报》2016 年 2 月 20 日，第 3 版。

② 张安娜：《羁押必要性审查的“苏州探索”》，载《检察日报》2016 年 6 月 13 日，第 2 版。

（四）加强能力建设，完善激励与追责机制

1. 加强检察官业务素能建设

刑事诉讼法赋予检察机关羁押必要性审查职能，改变了以往监所检察监督和工作的模式，对检察官的专业素能提出了更高的要求。为有效应对这一挑战，各级检察机关要在合理配置监所检察干警的前提下，不断提高检察官的业务素养，使检察官具备办理羁押必要性审查案件的必要能力，即独立开展证据收集、审查、判断和规范撰写业务报告等文字材料的办案能力；与办案部门、辩护律师的沟通协调能力和对在押人员谈话教育的能力；熟练运用统一业务应用系统等信息网络化办案的能力，等等。

2. 建立科学的考评激励机制

针对羁押必要性审查工作中面临的区域发展不均衡、制度适用不稳定、效果尚不够明显等问题，一方面通过改革考核指标，设立"采纳数"及"采纳数占逮捕数比例"两项指标；另一方面将上述考核指标与派驻看守所检察室规范化等级评定相结合，充分调动派驻看守所检察室的积极性。当然，如果只将上述指标作为任务指标而缺乏激励性规定，可能会出现案件数达到指标后就不再开展这项工作等问题，因此在考评激励机制方面除将羁押必要性审查作为常规工作予以计分外，还可适当增加这项工作所占的分值比例，并定期开展通报、先进案例评比等活动；对于规范化检察室等级评定，除设定最低指标外，还可采取每年排名通报、定期优胜劣汰的方式；同时，对于开展羁押必要性审查工作成绩突出的检察官，在评先评优等方面予以大力推荐。

3. 建立科学的违法追责机制

羁押必要性审查是涉及犯罪嫌疑人人身自由的一项重要权力，审查监督弹性较大，比较容易产生廉政风险。因此，在加强羁押必要性审查的检务公开、加强羁押必要性审查案件质量评查的同时，还需要建立科学的违法追责机制。通过申诉控告、质量评查等途径发现承办检察官有怠于审查或借审查之名以权谋私、滥用职权的，应予以警告处分或追究其刑事责任。在违法追责的同时，也要注意到羁押必要性审查工作的特殊性及其所面临的责任与风险。对于建议

释放或变更强制措施后，犯罪嫌疑人不到案或重新犯罪等情况，要查明具体原因，对承办人依法审查，没有故意违法或重大过失的，以及其后发生社会危险性是无法预见、意料之外的，应予责任豁免，减少检察官的审查压力和后顾之忧，营造有利于羁押必要性审查顺利开展的机制导向和氛围。

【专家评审意见】*

2012 年我国《刑事诉讼法》关于逮捕制度的修改，首次规定了羁押必要性审查制度。之后，2016 年最高人民检察院下发《人民检察院办理羁押必要性审查案件规定（试行）》，明确了羁押必要性审查工作的立案、审查、结案等程序，对于维护被逮捕的犯罪嫌疑人、被告人的合法权益具有重要意义。但是，在实践中，这一制度的实施还存在着各种问题。对此，本文作者选取羁押必要性审查案件量较多的上海市 S 区检察院为样本，基于对 S 区检察院近三年来办理的羁押必要性审查案件的梳理和分析，明确了羁押必要性审查的现状，从实证、理论和规范等层面分析了羁押必要性审查过程中存在的问题，并针对这些问题提出了对策性建议，对于今后羁押必要性审查制度的完善和羁押必要性审查实务工作的推进具有重要的指导意义。

* 本栏目为论文提交时的评价，为保持客观性，结集出版时未作更改，全书同。

网购合同纠纷中电商平台的法律定位及责任归属

——基于S市法院50份典型网购合同纠纷民事判决书的实证分析

严 华*

【内容摘要】随着电子商务的普及和网络购物的兴起，网购合同纠纷等法律风险也不断出现。在相关案件的审判中，涉及电商平台法律地位的确定，民事法律责任范围、类型和方式的界定等问题，但我国目前传统的民事法律条文对此暂无系统、明确、统一的规定。对此，应当对当前民事审判中网购合同纠纷案件案情、数据、审判思路等进行梳理，结合现行民法理论与实务分析电商平台的法律定位、权利义务、责任范围性质及界限，并参照国外立法经验提出相应的立法、司法修正建议，为法官审理网购合同纠纷案件提供系统、科学、精准的民事裁判思路。

【关键词】网购合同纠纷　电商平台　法律定位　法律责任

随着电子商务的快速普及，网络购物已经成为时下最热门的消费方式。作为一种新兴的非面对面式的购物方式，网络购物存在信息不对称、网购合同关系适格主体难确定、电子证据举证困难、电商平台定位及职责不清等法律风险，这不仅使网购消费者在这种虚拟化、电子化的买卖关系中面临着新的维权困境，也给司法系统民商事审判带来了很多新挑战。一方面，在大量的非自营

* 严华，上海市松江区人民法院法官助理。

网购交易中，一旦出现纠纷，电商平台往往以其并非买卖合同相对方为由要求免责，但实际上买家向商家主张赔偿非常困难且损失往往难以得到弥补，若电商平台一概完全不担责，对网购消费者是非常不公平的。另一方面，若完全让商家和电商平台承担连带责任，又会大大加重电商平台的负担，最终可能会阻碍网络在线交易的发展。如何平衡消费者权益保护和网络经济发展两方面的利益，关键在于电商平台法律地位的确定，民事法律责任范围、类型和方式的界定。

网购合同纠纷中，电商平台是在传统的买卖双方主体之上，顺应信息科技迅猛发展潮流而新兴的“第三方”，它既不能被武断地视为“卖方”，也不能完全被视为与买卖合同关系独立的“第三方”，确切地说，需要根据实际情况中电商平台在交易中充当的角色进一步区分其法律责任。不同交易模式下不同类型电商平台的法律定位、其应承担的责任性质和范围等问题，不仅是该类案件民事审判的重点、难点，而且是值得理论界和司法实务界探讨研究的热点问题。

本文通过对S市法院2013年至2017年的50份典型网络购物合同纠纷民事判决书样本进行实证分析，总结认定该类案件民事审判中电商平台的法律定位、法律责任性质及范围的审判思路，并进一步研究电商网购交易相关立法、司法完善路径及电商平台社会责任等问题。这不仅能促进现有网购交易相关法律法规和司法实务顺应信息技术高速发展的趋势，更有助于有效地保护消费者权益及网络经济秩序的稳定，而且能够为法官审理网购合同纠纷案件提供系统、科学、精准的民事裁判思路，从而达到理论与实践相结合、促进司法和立法调整、服务法院审判之目的。

一、问题视角下的数据统计：以50份典型网购合同纠纷民事判决书为样本的实证分析

（一）样本文书案情及数据综述

本文搜集、整理了2013年至2017年S市法院以网购合同纠纷案由判决结

案的 50 份民事判决书作为研究样本，文书来源为中国裁判文书网、上海法院 C2J 裁判文书库等数据库。样本选择关注“典型”，具体选取标准为：涵盖当前主流的电商平台，纠纷争议较大（其中历经一审、二审程序为佳），系争商品涵盖各产品分类，可形成一定的对比性和参考性。

通过查找、整理判决文本内容，本文对其中所涉电商平台占比、电商平台是否作为被告、是否担责或连带、原告诉请依据与法院判决、文书引用法条等各方面情况进行了实证分析，并从中归纳 S 市法院民事审判中法官对电商平台的法律定位、责任性质及范围等问题的现有审判思路及该类案件民事审判仍存在的问题。

表 1　50 份民事判决书案情及判决情况

序号	所涉电商平台	是否（共同）被告	是否担责	原告诉请	诉请依据	判决情况	适用程序
1	天猫	否	否	退一赔十	销售明知是不符合食品安全标准的食品	支持	一审
2	天猫	否	否	退一赔十	生产、销售不符合食品安全标准的食品	不支持	一审
3	天猫	否	否	退一赔十	生产、销售不符合食品安全标准的食品	不支持	一审
4	京东	是	是	退一赔十	销售明知是不符合食品安全标准的食品	支持	一审
5	1 号店	否	否	退一赔三	宣传方式引人误解、误导消费者，属欺诈行为	支持	一审
6	东方 CJ 购物网	是	是	退一赔三	经营过程中存在欺诈行为	支持	一审
7	东方 CJ 购物网	是	是	退一赔三	虚假宣传使得消费者做出错误购买意愿，构成欺诈行为	支持	二审维持
8	易迅网	是	是	退一赔十	销售明知是不符合食品安全标准的食品	支持	一审
9	易迅网	是	是	退一赔十	销售明知是不符合食品安全标准的食品	支持	二审维持
10	京东	是（共同）	否	退一赔三	产品宣传与实际不符，经营者行为构成欺诈	不支持	一审

续表

序号	所涉电商平台	是否（共同）被告	是否担责	原告诉请	诉请依据	判决情况	适用程序
11	京东	是（共同）	否	退一赔三	产品宣传故意夸大，与实际不符，经营者行为构成欺诈	不支持	二审维持
12	1号店	是（共同）	否	退一赔三	故意告知虚假情况或故意隐瞒真实情况，经营者行为构成欺诈	不支持	一审
13	1号店	是（共同）	否	退一赔三	故意告知虚假情况或故意隐瞒真实情况，经营者行为构成欺诈	不支持	二审维持
14	京东	是	否	退一赔十	销售明知是不符合食品安全标准的食品	不支持	一审
15	京东	是	否	退一赔十	销售明知是不符合食品安全标准的食品	不支持	二审维持
16	天猫	否	否	退一赔十	销售明知是不符合食品安全标准的食品	不支持	一审
17	天猫	否	否	退一赔十	销售明知是不符合食品安全标准的食品	不支持	二审维持
18	京东	是	否	交付指定标的物	实际交付的标的物与网页描述产品介绍不符，构成欺诈	不支持	一审
19	1号店	是	否	退一赔十	销售明知是不符合食品安全标准的食品	不支持	一审
20	1号店	是	是	退一赔三	经营者销售假冒产品，构成欺诈	支持	一审
21	1号店	否	否	退一赔十	经营者销售不符合国家食品安全标准的食品	支持	一审
22	京东	是（共同）	否	退一赔三	经营者在产品销售过程中存在虚假宣传和欺诈行为	不支持	一审
23	京东	是（共同）	否	退一赔三	经营者在产品销售过程中存在虚假宣传和欺诈行为	不支持	一审
24	京东	是（共同）	否	退一赔三	经营者在产品销售过程中存在虚假宣传和欺诈行为	不支持	一审

续表

序号	所涉电商平台	是否（共同）被告	是否担责	原告诉请	诉请依据	判决情况	适用程序
25	国美在线	是（共同）	否	退一赔三	经营者销售过程中存在欺诈行为	不支持	一审
26	小米科技官网	是	否	退一赔三	经营者的产品广告宣传存在欺诈行为	不支持	一审
27	小米科技官网	是	否	退一赔三	经营者的产品广告宣传存在欺诈行为	不支持	二审维持
28	天猫	是（共同）	是	退一赔十	经营者的产品广告宣传与实际不符，存在欺诈行为	部分支持	一审
29	天猫	是（共同）	是	退一赔十	经营者的产品广告宣传与实际不符，存在欺诈行为	部分支持	二审维持
30	淘宝网	是	否	退一赔三	电商平台明知卖家售假，未尽到必要审查、监管责任	不支持	一审
31	天猫	是（共同）	否	退一赔三	经营者商品描述与实物不符，存在虚假宣传，构成欺诈	不支持	一审
32	天猫	是（共同）	否	退一赔三	经营者商品描述与实物不符，存在虚假宣传，构成欺诈	不支持	二审维持
33	天猫	是（共同）	否	退一赔十	销售违反食品安全标准的食品	支持	一审
34	淘宝网	是	否	退一赔三	电商平台不支持“假一赔三”、未回复原告就涉案卖家提出的信息披露申请等情况	不支持	一审
35	天猫	是（共同）	否	退一赔十	销售明知是不符合食品安全标准的食品	不支持	一审
36	天猫	是	否	退一赔十	电商平台未事先审查，未尽到必要审查、监管责任	不支持	一审
37	天猫	是（共同）	否	退一赔一	经营者存在明显的虚假宣传和欺诈	不支持	一审

续表

序号	所涉电商平台	是否（共同）被告	是否担责	原告诉请	诉请依据	判决情况	适用程序
38	天猫	是（共同）	否	退一赔一	经营者存在明显的虚假宣传和欺诈	不支持	二审维持
39	淘宝网	否	否	退一赔三	产品外包装对消费者产生误导，构成欺诈	支持	一审
40	淘宝网	否	否	退一赔三	产品外包装对消费者产生误导，构成欺诈	不支持	二审改判
41	天猫	否	否	退一赔1000元	食品和食品添加剂与标签、说明书的内容不符	支持	一审
42	天猫	否	否	退一赔1000元	食品和食品添加剂与标签、说明书的内容不符	不支持	二审改判
43	京东	否	否	退一赔三	涉案广告宣传行为构成对消费者的欺诈	不支持	一审
44	京东	否	否	退一赔三	涉案广告宣传行为构成对消费者的欺诈	不支持	二审维持
45	京东	是	否	退一赔三	涉案广告宣传行为构成对消费者的欺诈	不支持	一审
46	京东	是	否	退一赔三	涉案广告宣传行为构成对消费者的欺诈	不支持	二审维持
47	1号店	是	否	退一赔三	涉案广告宣传描述与实际不符，构成对消费者的欺诈	不支持	一审
48	1号店	是	否	退一赔三	涉案广告宣传描述与实际不符，构成对消费者的欺诈	不支持	二审维持
49	1号店	否	否	退一赔三	广告宣传涉嫌价格欺诈	不支持	一审
50	1号店	否	否	退一赔三	广告宣传涉嫌价格欺诈	不支持	二审维持

（二）权重分析

本文从以下几个方面对上述50份文书样本进行权重分析和研究。

1. 所涉电商平台占比情况

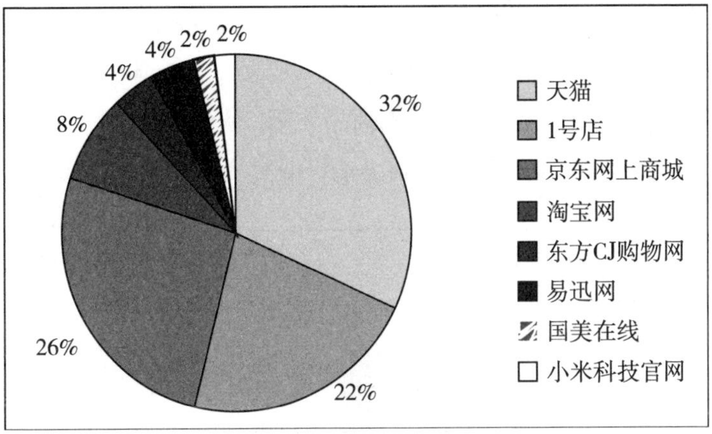

图 1　所涉电商平台占比

样本所涉电商平台分布情况为：以规模较大、市场占有率高、自营类和非自营类（入驻商家型）营销模式并存的大型电商平台居多。其中涉及天猫商城的 16 例，占比 32%；涉及 1 号店网站的 11 例，占比 22%；涉及京东网上商城的 13 例，占比 26%。同时，部分样本案例所涉的电商平台，本身就具有线下实体与线上电商兼备的特征，如国美在线和小米科技官网。另外，东方 CJ 购物网结合了电视购物频道宣传和电话订购，与传统电商平台单纯的网络页面描述、网页点击下单等相比具有一定特殊性。

2. 所涉商品种类情况

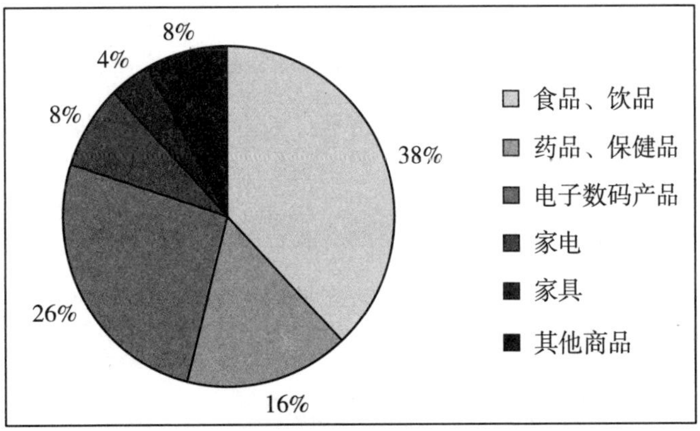

图 2　所涉商品种类占比

对样本涉及商品种类分布情况进行分析可得出：目前的电商平台购物交易涵盖的实物商品类型广泛，其中食品及饮品（19件）、药品及保健品（8件）、电子数码产品（13件）等日常生活所需商品，同时又涉及食用、药用或者使用安全问题，需要一定程度的专业鉴别技术的商品类别，往往为电商平台纠纷多发领域。

3. 电商平台类型、列为被告及判决担责情况

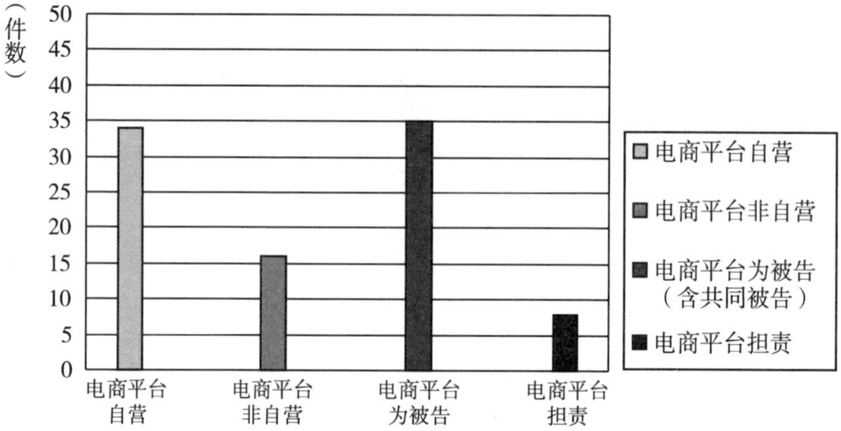

图3 电商平台类型、列为被告及判决担责数据

样本中电商平台自营类案件有34件，占比68%；非自营案件有16件，占比32%。对于自营类销售模式而言，电商平台本身为网购合同卖方，涉讼电商平台是当然的被告和责任主体，其法律关系相对清晰明确。而非自营类销售模式则有几种不同情形：一部分是将销售商家与电商平台列为共同被告，一部分则只将销售商家列为被告而并未起诉电商平台，另有一部分则是只起诉电商平台而并未起诉销售商家。样本中将电商平台列为被告（含共同被告）的有35件，占比70%，其中最终判决电商平台承担责任的有8件，占电商平台列为被告案件数的22.86%。

通过分析涉案被告情况，笔者发现，非自营类电商平台销售模式中，原告是选择单独起诉销售商还是电商平台，或是将两者作为共同被告同时起诉，是不同的因素综合考量、博弈下的结果。显然，单独起诉销售商无疑是最简单便捷的诉讼策略，但虚拟网络空间中确定销售商真实身份信息、管辖地、电子数

据举证等都存在障碍，且仅向销售商主张很有可能无法弥补损失，故部分原告选择同时起诉销售商和电商平台。但这种情况下原告负有销售商存在违约、侵权以及电商平台未尽监管、协调等义务两层举证责任，诉讼难度更高。另有一部分原告在无法找到明确销售商或者出于其他考虑的情况下，选择单独起诉电商平台，这会存在两个问题：第一，在未确定和起诉买卖合同直接相对方的情况下，直接起诉电商平台是否缺少必要诉讼当事人。第二，原告负有更高的证明电商平台未尽到审慎监管、必要协助等义务的举证责任。样本中有 2 例未起诉卖家而单独起诉淘宝网的情况，判决结果均为不支持原告诉请，理由就是原告未达到上述两项证明条件。

4. 原告诉请及诉请依据情况

要求“退一赔三”的依据是消费者权益保护法关于商家存在欺诈、虚假宣传的三倍惩罚性赔偿，一般是主张电商平台网页宣传与实物不符，网页广告宣传夸大等情形。样本中，主张存在欺诈、要求“退一赔三”的 28 件，占样本总数的 56%。分析诉请中认为构成欺诈的依据，主张故意告知虚假情况或故意隐瞒真实情况的 8 件，主张虚假宣传、商品描述与实物不符的 15 件，主张销售假冒产品的 3 件，主张产品涉嫌价格欺诈的 2 件。

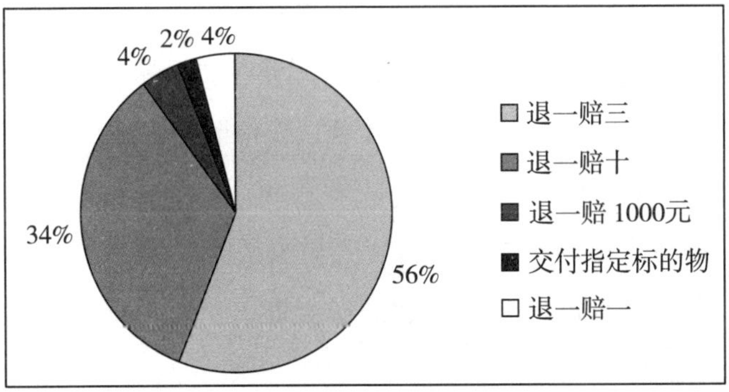

图 4　原告诉请占比

要求“退一赔十”的依据是《食品安全法》关于生产、销售违反食品安全标准的食品处十倍惩罚性赔偿的相关规定，多见于食品、保健品等，其往往涉及专业鉴定及行业标准的比对认定。样本中，主张经营者销售不符合安全标准的食品而要求“退一赔十”的17件，占样本总数的34%。

5. 判决支持情况及相关判决理由

样本判决结果支持原告全部诉请的12件，仅占样本总数的24%，支持原告部分诉请的2件，占样本总数的4%，而判决不支持原告诉请的占大多数，计36件，占比72%。另值得注意的是，样本中有2例一审支持、二审改判不支持的情况。

综观50份样本民事判决书，支持原告诉请的判决理由均为：通过原告举证和法院查明事实，法院认定经营者存在销售不符合食品安全标准的食品、产品销售过程构成欺诈、涉案产品被认定为假冒、虚假宣传、不符合商品安全规范和行业标准及诚实信用原则等行为，认为构成食品安全法或者消费者权益保护法“退一赔三”“退一赔十”等惩罚性赔偿条件。

那么，如何判定电商平台是否应承担责任？笔者总结样本文书中最终判决电商平台不承担责任的判决理由，概括为：（1）电商平台并不是买卖合同的相对方，只有在不能提供销售者的真实姓名、地址和有效联系方法的前提下，消费者才可要求电商平台承担责任。（2）电商平台已在商家入驻前审慎审核了相关资质，在发生纠纷后，提供了具体的商家信息，亦已采取了冻结店铺、协助调查等必要措施。而相反的，判决电商平台应承担责任的判决理由基本上也是：电商平台“明知或者应知”销售者或者服务者利用其平台侵害消费者合法权益而未采取必要措施，或未尽到合理审查、审慎监管、必要协助等义务。

6. 引用法律条文情况

经统计，50份民事判决书样本引用法律条文情况如下：法律方面主要引用《合同法》《消费者权益保护法》《食品安全法》《产品质量法》《侵权责任法》《广告法》《反不正当竞争法》等；同时，侵害消费者权益行为处罚办法，食品广告发布暂行规定，最高人民法院关于审理食品、药品纠纷案件的相关司法解释，国家卫计委相关问题复函及通知，卫生证书等行政法规、规章及规范性文件也经常被引用；此外，该类案件判决还需要引用如食品营养强化剂使用标准、食品中污染物限量、食品生产许可分类目录、食品添加使用标准等行业标准；另外，中华人民共和国药典、绿色食品豆类等学术标准也会被引用。

7. 司法建议功能

需要特别指出，样本中有一份民事判决书在判决理由之后、判决主文之前，用一定篇幅对涉案电商平台进行了司法劝诫，其指出电商平台应对所销售商品的质量、性能、进货渠道等严格把关，本着保护消费者合法权益的目的，妥善解决问题，并劝该平台改进经营作风，防微杜渐，诚信经营。笔者认为，这部分内容实际上承担了司法建议功能，体现了法院审判对电商平台规范诚信经营的劝诫和引导作用，它不仅能促使当事人关注所涉个案事实与判决，更能进一步指引和规范电商平台的经营行为和秩序。

二、实证分析结合法学理论的思考：不同网购交易情形下法律关系、电商平台法律地位及责任

（一）网购合同纠纷中的法律关系及对应电商平台法律地位分析

目前学术界界定电商平台法律地位的主要观点有三种：第一，买卖双方中的“卖方”；第二，柜台出租方；第三，居间人。[①] 笔者认为，电商平台提供商所参与的民商事法律关系不能完全按照传统的民商事法律体系进行界定，上述说法均是以现存法律关系框架和思维模式来界定电子商务关系，都存在一定局限性。电商平台在不同类型的网络交易情形下，对应不同的法律关系，应当具有其独特的法律地位，上述角色定位与不同网络交易类型下的电商平台都有一定的相似性，但电商平台的运作模式决定了其定位与此类传统角色定位仍存在实质不同，需结合实际情况具体而论，不能泛泛而谈。

1. 买卖关系

买卖关系一般适用于电商平台自营销售模式，可以说是将网络购物与现实购物等同，将电商平台认定为网购合同中的卖方，亦即买卖关系的直接当事人。在面向普通消费者的交易中，如消费者在购买、使用商品时合法权益受到

① 吴桂仙:《网络交易平台的法律定位》，载《重庆邮电大学学报(社会科学版)》2008年第6期。

损害的，可以向卖方请求损害赔偿。[①]

一般交易中，卖方直接与买方进行磋商、缔约、交付商品和收取货款等，其利润直接来源于出卖货款与成本的利差，并对其所售商品的质量负有保证义务。买卖合同纠纷中买方的诉请直接针对卖方，其举证也主要围绕与卖方之间签订的买卖合同，诉讼结果也由卖方承担。卖方是诉讼的直接利益相关者。传统合同法理论主要就是围绕买卖双方的权利与义务关系来讨论。

本文第二部分样本实证分析中，大部分样本属于电商平台自营类网购合同纠纷（计 34 件，占比 68%），电商平台均以唯一被告身份参与诉讼，法院的审判思路也比较清晰，即参照审判实务中普通买卖合同关系，依据传统的合同法思维，结合合同法及其他相关法律条文，判断电商平台作为卖方是否全面履行了其合同义务，并最终判断电商平台是否应承担相应责任。

2. 居间关系

在实际网络购物交易中，除一部分电商平台自营出售的商品外，另一部分电商平台并不是真正的卖方，通过平台所售的商品由电商平台的注册用户提供，出售商品的注册用户才是实际的卖方，电商平台只是提供一个销售的平台供买卖双方使用，是独立于买卖双方的第三方，而非卖家的合营者。本文第二部分样本实证分析中，就有 32% 的案例是电商平台非自营情况。

在这类网购交易情形下，有一部分观点认为，电商平台承担的是居间人角色，理论上讲，电商平台不属于合同当事人，案件审理结果亦与其无关。在 2018 年 8 月 31 日通过的《电子商务法》（2019 年 1 月 1 日实施）中，对“电子商务平台经营者”的定义为：“在电子商务中为交易双方或者多方提供网络经营场所、交易撮合、信息发布等服务，供交易双方或者多方独立开展交易活动的法人或者非法人组织。”立法条文似乎倾向于这种观点，笔者亦对这种观点更为赞同。但笔者认为，这种情况下，即便电商平台非合同当事人，也应将其纳入诉讼案件中，电商平台促成交易，对交易的流程及环节皆有把控能力，甚至网络交易的流程及环节由其单方制定，无论是买方还是卖方皆应严格遵循其

① 参见《消费者权益保护法》第 40 条。

所制定发布的网络购物平台规定，这些规定也是法院在审理此类案件时确定买卖双方在交易流程和环节上是否存在履行瑕疵或者违约的重要依据。另外，只有电商平台才同时掌握买卖双方的注册信息，没有电商平台的配合，双方都很难开展诉讼。最后，电商平台对在其平台上从事交易的买卖双方，尤其是卖方，负有管理义务。

3. 柜台出租服务关系

对于非自营类销售模式中的法律关系及电商平台所处的法律地位问题，除了前文已经阐述过的居间关系之外，另有一部分人认为，非自营类销售模式下电商平台实际上相当于虚拟空间中的柜台出租方。其理由包括：（1）电商平台为其注册用户（包括销售商家及买家）提供了网络上的交易平台，供注册用户进行交易活动；（2）一些网站对卖家的每笔交易都会收取一定的费用，这种费用类似于出租柜台收取的租金。

若将平台提供商认定为柜台出租方，适用《消费者权益保护法》等法律法规中关于柜台租赁的相关条文的话，对于买家是有一定保障的。但笔者认为，专业的电商网购交易平台类似在线交易店铺柜台，入住商家（即“承租人”）利用网络这种虚拟空间进行经营活动，电商平台就类似于商城，买卖双方现实的商品交易借助于网络媒体完成合同订立的过程，它具有一定的柜台出租特征，但并不能简单视为柜台出租关系。

（二）不同法律关系下电商平台的法律责任

1. 自营类网络购物交易：直接责任

自营类的网络购物交易电商平台承担的是直接责任，这种情形下电商平台即为买卖合同的卖方，是买卖合同的直接当事人，其应承担的法律责任也可以参考普通买卖合同相对方来确定，主要有违约责任和侵权责任两种类型，即作为卖家的基于买卖合同的违约责任，作为商品销售方基于产品质量的侵权责任。

2. 非自营类网络购物交易：连带责任

笔者认为，非自营类网络购物交易情形下电商平台承担的是连带责任，主要有两种类型：基于违约责任的连带责任和基于侵权责任的连带责任。

违约责任是指因违反合同约定的义务而产生的责任。非自营类网络销售模式中，电商平台提供商所承担的违约责任主要来自其与用户签订的服务协议。以淘宝网为例，买卖双方在淘宝网上进行交易的前提是注册成为淘宝网的用户，在注册时，用户需要与淘宝网签订由其制作的服务协议，该服务协议为淘宝网与注册用户之间的合同，也是承担违约责任的依据。在我国的司法实践中，对于电商平台提供者违约责任的认定，法院一般认同电商平台提供者应当承担事前对卖家主体身份和准入资格等进行审查，事中及事后提供销售者或者服务者的真实名称、地址和有效联系方式，发生纠纷进行必要协调和调查，采取必要补救措施等义务，但不同意网络交易平台提供者在海量的商品信息面前，应当对每一项商品承担合法性审查义务。《电子商务法》第 38 条第 1 款规定："电子商务平台经营者知道或者应当知道平台内经营者销售的商品或者提供的服务不符合保障人身、财产安全的要求，或者有其他侵害消费者合法权益行为，未采取必要措施的，依法与该平台内经营者承担连带责任。"从该条文内容来看，立法对电商平台连带责任问题的观点，实际上与法院上述司法观点不谋而合。电商平台基于违约责任的连带责任，是以网络交易平台和用户之间的协议为基础的，其在违反了应承担的卖家审查、提供有效信息、有限度的担保及事后补救措施等义务的情况下承担连带责任。

我国对一般侵权行为适用过错责任原则，对电商平台也应该同样适用，即当消费者以在线交易的方式购买商品或接受服务使权利受到损害时，主要由经营者承担侵权责任，电商平台提供商是否承担连带侵权责任应以其是否违反了法定或约定的义务，且主观上是否有过错为判断标准。

3. 补充责任

根据《侵权责任法》的规定，负有安全保障义务的人未尽到其义务，未尽到其应负的管理职责的，应承担相应补充责任，其前提是责任主体有过错。如何量化保障责任及管理职责？可以理解为在其能够防止或者制止损害的范围内。电商平台作为一个网络的虚拟空间，有义务保障客户的安全。当消费者在这个空间里受到商家的侵害，未尽到安全保障义务的电商平台应承担相应的补充责任。电商平台在其承担责任之后，可向平台上与消费者建立合同关系的商家追偿。

《电子商务法》第 38 条第 2 款规定："对关系消费者生命健康的商品或者服务，电子商务平台经营者对平台内经营者的资质资格未尽到审核义务，或者对消费者未尽到安全保障义务，造成消费者损害的，依法承担相应的责任。"这一条文最后笼统表述为"相应的责任"，包括了多种可能的责任类型和承担方式，不限于直接责任、连带责任或补充责任。这一表述虽然不够清晰和明确，但笔者认为这是多方利益博弈的结果，其目的是留有一定空间和余地，起到兜底和补充作用。

三、规范与整合：电商平台法律定位、责任立法现状及完善建议

（一）自营类电商平台直接责任相关立法

《合同法》第 107 条规定："当事人一方不履行合同义务或者履行合同义务不符合约定的，应当承担继续履行、采取补救措施或者赔偿损失等违约责任。"若遵循传统的合同法，最终认定电商平台的违约责任，笔者认为分为两种情况：（1）基于网购合同这一单纯的买卖合同，从买卖合同双方权利义务角度考虑，电商平台作为卖方违反了买卖合同的约定义务；（2）基于电商平台与买家之间的正品承诺、审查监管规定等契约，电商平台作为承诺方或契约方违反了相关合同义务应承担违约责任。

侵权责任方面，我国对一般侵权行为适用过错责任原则，具体到网络服务提供者这一特殊主体上，我国《侵权责任法》第 36 条第 3 款规定："网络服务提供者知道网络用户利用其网络服务侵害他人民事权益，未采取必要措施的，与该网络用户承担连带责任。"这里体现的电商平台归责就是过错责任原则。过错责任原则平衡了网络交易平台提供商的利益与消费者的利益，使网络交易平台提供商不至于被沉重的责任压倒，为电子商务的发展提供了一个宽松的法律环境。

《消费者权益保护法》第 55 条规定：在"经营者提供商品或者服务有欺诈

行为”“明知商品或者服务存在缺陷，仍然向消费者提供，造成消费者或者其他受害人死亡或者健康严重损害”等情形下，经营者应承担“退一赔三”的惩罚性赔偿责任。

根据《食品安全法》和《最高人民法院关于审理食品药品纠纷案件适用法律若干问题的规定》，生产不符合安全标准的食品或者销售明知是不符合安全标准的食品，消费者除要求赔偿损失外，还向生产者、销售者主张支付价款十倍赔偿金或者依照法律规定的其他赔偿标准要求赔偿的，人民法院应予支持。也就是说，“退一赔十”惩罚性赔偿责任针对的是食品。

另外，《消费者权益保护法》第43条还规定了柜台出租方或展台提供者的责任。但笔者认为，如果完全套用柜台出租的法律规定则赋予了电商平台提供商过重的义务，完全适用《消费者权益保护法》第43条的规定，对于电商平台而言也是不公平的。

（二）非自营类电商平台连带责任相关立法

在电商平台并非直接合同相对方的情况下，根据新《消费者权益保护法》第44条以及《电子商务法》的相关条文，笔者总结，电商平台要承担连带责任须有两个前提：一是不提供销售者或服务者的真实名称、地址和有效联系方式；二是明知或应知销售或服务者利用其平台侵害消费者合法权益，未采取必要措施。

从目前来看，电商平台对进驻者的相关信息进行审核及提供相应信息的义务，实务中相对来说比较好判断和操作。而如何判定电商平台已明知或应知网店侵害了消费者合法权益则更为困难，除非消费者可以证明，电商平台此前已经接到过如售假、欺诈等投诉却没有采取措施，但更多的仍需要通过诉讼途径，由法院来判定平台是否明知故犯。遗憾的是，对于何为“明知或者应知”，《消费者权益保护法》并没有细化。这或给将来执法、司法、守法带来一定障碍，也让电商平台有了主张免责一定的模糊空间。2018年出台的《电子商务法》在一定程度上填补了这一空白，该法对电商平台的责任与义务作了更为清晰与严格的界定，如更改平台交易规则等需要公示7天以上、不得删除消费者的评价、电商订单信息至少要保存3年等。这对电商平台经营者提出了新的要求，也给司法实践提供了明确的裁判尺度，有助于解决问题。但笔者认为，在司法实践中，法院对此形成准确合理的裁判规则和要旨更为关键。

值得特别指出的是，《消费者权益保护法》明确，电商平台作出更有利于消费者的承诺的，应当履行。例如，亚马逊和当当网曾对外作出“全场正品”“所有网店无假货”等承诺，就应当恪守。否则，工商部门可以认定其“作虚假或引人误解的宣传”，最高可处以违法所得一倍以上十倍以下重罚。

（三）完善路径：电商平台相关民事立法兼具立体性、综合性、创新性和前瞻性的考量

从相关法律规定和民事审判现状来看，对于目前电商平台应承担的义务和责任，相关立法体系如何进一步完善，笔者认为有两个方面的路径。

首先，在公法层面，仍应突出社会公共利益和行业监管理念，建议借鉴德国、日本等国家的电商平台立法的经验，一方面在现有《合同法》《侵权责任法》《消费者权益保护法》中进一步明晰电商平台的权利义务及法律责任；另一方面建议在已通过的《电子商务法》的基础上，不断总结这一首部电子商务领域综合法律的实践经验，分析仍旧存在的问题及原因，进一步明确电商平台提供者的法律定位，规定其行为规范、合理注意义务的承担及法律责任类型等内容，并在条件合适时制定专门的《电商平台责任法》等。

其次，在私法层面，坚持以过错归责原则为前提，确定电商平台应尽到一般性的“合理注意”审查义务，特定情形下应承担较高的注意义务。电商平台在有能力预防、制止网购交易侵权行为而未尽到相应义务，或应当主动、及时采取必要措施而未采取时，应承担不利后果。总之，电商平台应承担起与其能力范围相当的注意义务和审查责任。

笔者认为，2018年新通过的《电子商务法》立法层级非常高，其立法定位是基于为我国电子商务发展奠定一个基本法律框架的考虑，故立法涉及的面比较广，包括电子商务经营主体、经营行为、合同、快递物流、电子支付以及其

他电子商务发展中比较典型的问题，作出了一些具体规定，但电子商务立法要达到系统、成熟与完善，不能单纯依靠一个法律框架。第一，电子商务立法需要在司法实践中不断总结、完善、修正和补充已有的《电子商务法》和其他有关立法。第二，电子商务领域的法院司法审判应体现一定创新性、超前性和与立法的互动性。法院一方面应在电商纠纷审判实践中总结问题和经验，为今后网络交易平台提供商的立法提供前瞻性基础；另一方面应通过司法劝诫、司法建议等方式实现电商领域的“柔性”司法，进一步引导和促进电商行业进行良好的制度设计，维持电商行业诚信有序、健康繁荣发展。

【专家评审意见】

《电子商务法》草案在2016年12月经全国人大常委会网站公布后，引起了各种讨论，其中争议的焦点集中在平台的责任问题上，消费者权益保护群体，知识产权权利人群体与电商企业群体、专家群体对此的认识并不一致。针对该问题，本文作者通过对S市法院2013年至2017年的50份典型网络购物合同纠纷民事判决书样本的实证分析，在总结该类案件民事审判中电商平台法律定位、法律责任性质及范围认定的审判思路的基础上，提出了电商网购交易相关立法、司法完善路径以及电商平台社会责任等方面的对策性建议，对于今后《电子商务法》的立法以及审判实务工作具有一定的借鉴意义。

认罪认罚从宽制度中量刑建议精准化的意义及实现

雷海峰[*]

【内容摘要】量刑建议精准化在认罪认罚从宽制度运行中具有重要意义。当前在检察机关开展的认罪认罚从宽试点工作实践中，存在检察机关对量刑情节的查证重视不够，现行的量刑标准无法满足认罪认罚从宽制度中量刑精准化的要求，检察机关内部量刑建议工作机制不够完善，部分法官对量刑建议幅度过窄存在一定的抵触情绪等问题。检察机关应加强与法院的沟通、协调，确定相对细致具体的量刑标准；加强对量刑情节证据尤其是酌定量刑情节证据的收集与审查；加强与犯罪嫌疑人及其辩护人或者值班律师的量刑协商；完善检察机关内部量刑建议工作机制；加强与法院的沟通，消减部分法官对量刑精准化工作的抵触情绪。

【关键词】认罪认罚从宽　量刑建议　精准化　意义　实现

2016年11月11日，《最高人民法院、最高人民检察院、公安部、国家安全部、司法部关于在部分地区开展刑事案件认罪认罚从宽制度试点工作的办法》(以下简称《试点办法》)颁布，标志着认罪认罚从宽制度试点工作正式启动。对比2014年《关于在部分地区开展刑事案件速裁程序试点工作的办法》，认罪认罚从宽制度对检察机关的量刑建议给予了特殊的关注。根据《试点办法》第10条、第11条、第20条的规定，检察机关提起公诉时应提出量刑建

* 雷海峰，上海市松江区人民检察院公诉科科长。

议，犯罪嫌疑人同意量刑建议是适用认罪认罚从宽制度的前提条件，法院作出判决时，一般也应当采纳检察机关的量刑建议。《试点办法》还明确要求检察机关提出“量刑建议一般应当包括主刑、附加刑，并明确刑罚执行方式。可以提出相对明确的量刑幅度，也可以根据案件具体情况，提出确定刑期的量刑建议。建议判处财产刑的，一般应当提出确定的数额”。可见，《试点办法》不仅要求检察机关在适用认罪认罚从宽制度时要提出量刑建议，提出的量刑建议幅度要相对明确，而且首次在“两高”的规范性文件提出了确定刑期量刑建议的概念。更为重要的是，《试点办法》要求法院除几种特殊情形外，在作出判决时一般应当采纳检察机关的量刑建议。不难发现，《试点办法》对检察机关的量刑建议有了突破性的规定，但这同时也对检察机关的量刑建议提出了新的要求，即检察机关的量刑应当具体、准确。详言之，检察机关的量刑建议要与案件的社会危害性及犯罪嫌疑人的人身危险性相匹配，做到罪刑相适应，在此基础上，检察机关的量刑建议不能过于宽泛，要相对具体，甚至在部分案件中要提出确定刑期的量刑建议。本文将此称为“量刑建议精准化”。

一、认罪认罚从宽制度中检察机关量刑建议精准化的意义

（一）量刑建议精准化是保障犯罪嫌疑人彻底认罪认罚的重要条件

犯罪嫌疑人如实供述犯罪事实并接受刑事处罚是认罪认罚从宽制度的前提和基础。在实施犯罪之后，是如实向司法机关交代犯罪事实并接受处罚，还是全部或部分否认犯罪事实从而逃避不利后果？这是犯罪嫌疑人（被告人）面临的重大问题。在面对这个问题时，许多犯罪嫌疑人、被告人会权衡各方面因素进行选择。在此过程中，司法机关对其如实供述犯罪事实是否会从宽处罚及从宽处罚的幅度是影响犯罪嫌疑人、被告人是否认罪认罚的重要因素。一般而言，司法机关给予的从宽处罚幅度越大、从宽处罚的预期越明确，犯罪嫌疑人、被告人认罪认罚的主动性就越强、积极性也越高。

认罪认罚从宽处罚虽然一直以“坦白从宽”的形式存在于我国刑事法律规

定和司法实践中，但由于对“坦白从宽”的评价缺乏明确、具体的标准，从而使认罪认罚从宽处罚的效果受到较大的影响。具体到个案，当犯罪嫌疑人面临公安机关、检察机关“坦白从宽”的教育时，如果其如实供述，检察机关是否会提出从宽处罚的量刑建议？量刑建议的从宽力度有多大？量刑建议的从宽幅度是否相对比较明确？法院量刑时是否会采纳检察机关的量刑建议？这些都是犯罪嫌疑人、被告人在进行选择时面临的疑虑，这些疑虑如果不能消除，将会影响犯罪嫌疑人认罪认罚的积极性和彻底性，从而影响认罪认罚从宽制度的效果。因此，为了促使犯罪嫌疑人、被告人彻底认罪认罚，检察机关的量刑建议不仅要体现对犯罪嫌疑人、被告人认罪认罚态度的奖励，而且这种奖励还要恰当和相对明确，以便获得法院判决的认可。

（二）量刑建议精准化是量刑建议得到判决认可的重要前提

法院判决认可控辩双方经过协商达成的量刑建议，不管从实体还是从程序上讲，都对认罪认罚从宽制度具有重要意义。从实体上来说，法院不认可检察机关提出的量刑建议，则意味着此前检察机关与犯罪嫌疑人之间的协商徒劳无功。对某个特定的犯罪嫌疑人来说，这种结果具有终局性质，其不会再有机会来调整之前的认罪态度。但是这种情况会在犯罪嫌疑人之间口口相传，其他犯罪嫌疑人通过认罪认罚换取检察机关从轻量刑建议的积极性将大打折扣，同时，检察机关的权威性也将受到影响，进一步影响控辩双方量刑协商的诚信与主动性。从程序上来说，根据《试点办法》第 19 条、第 21 条的规定，如果法院不认可检察机关提出的量刑建议，法院可以建议检察机关重新提出量刑建议，根据《试点办法》第 10 条的规定，检察机关重新提出量刑建议意味着检察机关需要就量刑问题再次与被告人、辩护人进行协商，这直接影响到诉讼的效率。更有甚者，如果法院不认可检察机关提出的量刑建议，从规定看，法院有权将案件由速裁程序或简易程序转为普通程序，这将更加影响认罪认罚从宽的效果。因此，法院不认可检察机关的量刑建议不仅使被告人在审查起诉阶段所预期的从宽处罚处于不确定状态，还使认罪认罚从宽制度简化程序、提高效率的目的无法实现，使被告人获得迅速审判的程序性收益受到影响。

从形式上看，量刑建议是否精准可以从量刑建议是否得到法院判决认可的角度予以判断。从应然的角度说，只要检察机关提出的量刑建议全面客观地评价了案件的社会危害性及犯罪嫌疑人、被告人的人身危险性，真正体现了罪刑相适应原则，法院就会认可检察机关的量刑建议。可见，量刑建议精准化是检察机关的量刑建议得到判决认可的重要前提。

（三）量刑建议精准化是检察机关办案人员积极适用认罪认罚从宽制度办理案件的内在动力

诉讼参与者是否自愿主动地适用认罪认罚从宽制度办理案件是该制度是否具有内在活力的重要因素。从《试点办法》的规定来看，某个案件适用认罪认罚从宽制度办理的启动权仅存在于检察机关，没有检察机关的主动启动，案件将无法按照认罪认罚从宽制度办理。从近半年的司法实践来看，认罪认罚从宽制度从整体上看是有利于提高诉讼效率、节约司法资源的。但是对于检察机关的具体办案人员来说情况则有所不同。根据《试点办法》的规定，相对于不适用认罪认罚从宽制度的一般简易程序或简化审案件而言，适用认罪认罚从宽制度的案件需要书面告知犯罪嫌疑人关于认罪认罚从宽制度的相关权利义务；需要有值班律师在场与犯罪嫌疑人协商量刑建议，并形成书面的量刑具结；如承办法官或被告人、辩护人在审判阶段对原来控辩双方提出的量刑具结有不同意见，还需要重新具结或转换庭审程序；等等。从诉讼效率角度看，这一系列的特殊规定给检察机关办案人员增加的工作量足以抵销适用该制度在制作审查报告和庭审过程中所节省的工作量。在这种情况下，犯罪嫌疑人能否彻底认罪认罚、积极配合检察机关的工作，控辩双方达成的量刑具结能否得到法院判决的认可就显得尤为重要。量刑准确化正是实现上述两个目标的关键。正如上文所分析的，正是因为量刑建议的精准化使得犯罪嫌疑人能够彻底认罪认罚，法院判决能欣然认可量刑建议，这样不管是从工作的效率角度还是工作的成就感角度看，都将促使检察机关办案人员积极主动地启动认罪认罚从宽处罚制度来办理案件。可见，量刑建议精准化事实上是激励检察机关办案人员积极选择适用认罪认罚从宽制度办理案件的内在动力。

二、制约量刑建议精准化的现实因素

当前检察机关的量刑建议呈现粗放型的特征，在认罪认罚从宽案件中主要体现为办案人员提出的量刑建议要么过于宽泛，起不到量刑建议应有的作用，要么不能体现罪行相适应的原则，使量刑建议得不到法院、诉讼当事人甚至是社会公众的认可，这些情况大大影响了认罪认罚从宽制度的实际效果。

（一）检察机关对量刑情节尤其是酌定量刑情节的查证重视不够

长期以来，检察机关对量刑及量刑建议都不够重视。出现这种现象的根源在于法律的规定，不管是作为犯罪指控者还是诉讼监督者，法律都没有赋予检察机关多少关于量刑方面的权力。作为犯罪指控者，我国刑事诉讼法并没有赋予检察机关量刑建议权，目前检察机关的量刑建议是在一片争议声中慢慢探索出来的。作为诉讼监督者，法律虽然赋予检察机关对法院的不当判决提出抗诉的权力，但是关于量刑方面的抗诉仅仅局限于量刑畸轻畸重的情形，即对法院一般的量刑不当，检察机关无权监督。因此，在实践中，检察机关的许多办案人员存在“重定罪轻量刑”的观念，对量刑情节的查证、审查不重视。没有对量刑情节证据全面的收集、审查，就不可能有对量刑情节的充分评估，当然也不会有精准的量刑建议。

（二）现行的量刑标准无法满足认罪认罚从宽制度中量刑精准化的要求

明确细致的量刑标准是认罪认罚案件量刑建议精准化的重要前提。2014 年最高人民法院颁布《关于常见犯罪的量刑指导意见》（2017 年予以修订），不仅对刑法总则中各种法定量刑情节如何在量刑中运用进行了较为详细的规定，还对实践中 15 种常见犯罪（2017 年增加至 23 种常见犯罪）的量刑标准进行了明确，这为检察机关提出量刑建议及法院的判决量刑提供了重要的参考。但是相对于纷繁复杂的案件来说，这个量刑指导意见还是显得相对比较原则、无法面面俱到。例如，量刑指导意见对于认罪认罚案件中最为常见的盗窃罪的量刑标准仅有两条规定，明显无法适应实践中五种不同类型盗窃的不同量刑标准。正是因为最高人民法院的量刑指导意见存在上述不足，许多省级法院会根据当地具体情况对最高人民法院的量刑指导意见进行细化，这有效地弥补了最高人民法院量刑指导意见的不足。但是，为了保证在全省或全市范围内的广泛适用性，这些省级量刑标准同样不可能规定得过于详细具体。以某市制定的《高级人民法院〈关于常见犯罪的量刑指导意见〉实施细则》为例，该细则大大细化了最高人民法院的量刑指导意见，但在确定基准刑时仍然保留了一定的区间。如对于盗窃罪，该细则规定“盗窃公私财物，犯罪数额达到数额较大起点1000元，或者入户盗窃、携带凶器盗窃、扒窃，或者在两年内盗窃三次的，在三个月拘役至六个月有期徒刑幅度内确定量刑起点”。又如，对于认罪认罚案件量刑中经常涉及的缓刑问题，不管是全国量刑指导意见还是省级量刑标准都很少涉及。这些情况往往会使检察机关的量刑建议与法院判决之间出现较大分歧，影响量刑建议的精准化。

（三）检察机关内部量刑建议工作机制不够完善

从诉讼程序方面看，量刑建议工作机制涉及量刑建议的形成机制、提出机制和跟踪监督机制。目前这方面的不足主要表现为形成机制和跟踪监督机制的不完善。在量刑建议的形成阶段，虽然相关法律和规定要求检察机关办案人员认真听取案件当事人及其辩护人或诉讼代理人的意见，全面审查包括酌定量刑情节在内的所有案件事实，但是由于缺乏必要的机制予以监督，办案人员是否遵守规定、遵守的程度如何往往仅凭其职业操守。事实上，在许多案件的审查报告中，检察机关办案人员是如何在量刑上评价犯罪嫌疑人的各种量刑情节的，或者说检察机关办案人员提出某个量刑建议的依据和理由是什么往往一笔带过，语焉不详，这为部分检察机关办案人员凭感觉“估堆”建议而不是根据规范的量刑标准来建议量刑留下了空间。在量刑建议的跟踪监督阶段，当检察机关向法院提出量刑建议后，法院判决是否采纳检察机关的量刑建议，如果没有采纳，依据和理由是什么，依据和理由是否合理、充分等，除非涉及法定量刑情节的诉判不一或者量刑的重大偏差，否则许多检察机关办案人员不会认真分析原因，也不会与法院进行认真的沟通。

从工作措施方面看，量刑建议工作机制涉及量刑建议工作的总结机制、培训机制及考评机制。目前，检察机关在这三个方面都存在明显不足，在一些地区甚至处于空白状态。比如，检察机关很少对某一阶段某一类罪名的量刑建议及判决情况进行梳理总结、分析研判，至少没有将此作为一项常规性的工作开展。又如，检察机关在业务培训中很少涉及量刑或量刑建议方面的内容，更鲜有专门针对量刑或量刑建议工作的培训。此外，检察机关不管是对部门的考核还是对办案人员个人的考评，很少关注量刑建议是否恰当以及是否被判决采纳，等等。

（四）部分法官对量刑建议幅度过窄存在一定的抵触情绪

部分法官认为独立量刑权是法官自由裁量权的重要组成部分，是法官根据案件的具体情况作出公正合理判决的前提，如果检察官的量刑建议权过于明确具体会严重限制法官的自由裁量权，因此对检察机关的精准化量刑建议存在抵触情绪。实践中有些法官会明确要求检察机关办案人员在提出量刑建议时预留较大的余地，有些法官甚至存在“你建议判 7—8 个月，我偏要判 6 个月”的心理。这种情况使认罪认罚案件中的量刑建议精准化面临一定障碍。

三、量刑建议精准化的实现路径探索

（一）加强与法院的沟通、协调，确定相对细致具体的量刑标准

对省级检察机关而言，要加强与同级法院的沟通、协调，着力完善量刑标准。一方面，对于原来有量刑标准基础的罪名，要借助现代科学技术，通过对本省、市某类犯罪判决情况的大数据分析，修订完善本省、市的量刑指导意见的实施细则，尤其是 2017 年最高人民法院修订了《关于常见犯罪的量刑指导

意见》之后，要及时更新本省、市的量刑实施细则，缩短新、旧量刑标准的空档。另一方面，对最高人民法院23种犯罪之外同时本省、市以前没有量刑标准的罪名，要协调法院积极探索、调研，在条件成熟的情况下制定量刑标准，指导基层检察机关的量刑建议。

对基层检察机关而言，要着重立足于本县、区的实际情况，通过召开联席会议等灵活多样的方式与同级法院加强沟通，在上级司法机关量刑指导意见的基础上，进一步细化本地区常见犯罪或者常见的犯罪情节的量刑标准，指导检、法办案人员的量刑建议或量刑。对于不便明确量刑标准或不常见的犯罪，可以通过共同指定参考案例的方式，为量刑建议及判决量刑提供指导。

（二）加强对量刑情节证据尤其是酌定量刑情节证据的收集与审查

一是要主动加强与公安机关的沟通联系，通过召开联席会议、制发书面检察建议书等形式，引导公安机关全面收集量刑证据，在注重收集法定量刑情节证据的基础上，还要加强对酌定量刑情节证据的收集。在具体办案过程中，检察机关办案人员应当积极履行全面收集、审查量刑情节证据的职责，发现有影响量刑的证据缺失的，要及时通知侦查人员补证或自行补证。二是加强对犯罪嫌疑人的社会调查。是否适用缓刑是认罪认罚案件中量刑建议时经常遇到的问题，而犯罪嫌疑人是否具有再犯可能性、犯罪嫌疑人适用缓刑是否对所居住社区有重大不良影响在很大程度上取决于犯罪嫌疑人的平时表现。因此，要加强对犯罪嫌疑人、被告人的社会调查，具体可以借助司法行政部门或者社会第三方机构走访犯罪嫌疑人、被告人家属、邻居、社区、务工单位、所在派出所等，对犯罪嫌疑人的基本情况、犯罪原因、有无前科、成长经历、社会交往、家庭情况、受教育状况、帮教条件、再犯罪风险等进行全面了解，以便全面掌握犯罪嫌疑人的平时表现。

（三）加强与犯罪嫌疑人及其辩护人或者值班律师的量刑协商

充分听取犯罪嫌疑人及其辩护人或者值班律师的意见，是加强量刑情节证据尤其是酌定量刑情节证据收集与审查的重要方式之一。除此之外，加强与犯罪嫌疑人及其辩护人或者值班律师的沟通在认罪认罚案件中还具有独特的意义。

认罪认罚从宽制度的重大创新之处在于体现了协商性司法的特点，即犯罪嫌疑人、被告人认罪认罚后可以与检察机关就量刑建议进行协商，法院根据协商的结果依法从轻量刑。根据《试点办法》的规定，听取犯罪嫌疑人及其辩护人或者值班律师的意见是认罪认罚从宽制度下量刑建议的必经环节。这在相当程度上使得量刑建议由过去的检察机关依职权单方决策模式，转变为控辩双方协商合意的模式。因此，一方面，检察机关办案人员在审查起诉阶段要充分听取犯罪嫌疑人及其辩护律师或者值班律师对案件的量刑意见，以使量刑建议更具有科学性、合理性，也更有利于法院接受。另一方面，要加强对犯罪嫌疑人及其辩护人或者值班律师的释法说理。听取犯罪嫌疑人及其辩护人或者值班律师的意见并不代表要全盘接受他们的量刑观点，对于不能采纳的部分，检察机关办案人员应当从事实证据、法律规定、量刑标准、以往判例等方面进行充分阐述，争取取得犯罪嫌疑人及其辩护人或者值班律师对量刑建议的理解与尊重，减小辩方在庭审过程中对量刑建议提出异议的概率，从而便于法院根据被告人在审查起诉阶段签订的量刑具结书进行判决，提高量刑建议的精准化。

（四）完善检察机关内部量刑建议工作机制

一是完善量刑建议形成机制。通过设立规章制度约束办案人员，要求办案人员在审查报告中对证据所能证实的量刑情节予以确认，并且根据量刑标准进行分析评估，对于具体量刑情节在量刑建议上的影响要分析得清晰明确、有理有据，不能“估堆”建议。在量刑形成机制中，尤其要注意保持特定地区的量刑平衡，力争同类型案件在不同办案人员手中有大致相同的量刑建议，避免量刑建议的差异性。确保量刑平衡的主要工作应集中在基层检察机关。基层办案部门可以通过设立常见犯罪的专门办案组，由固定人员办理某一类案件，以保持该部门内部同类型案件的量刑平衡，也可以指派专人，负责对常见犯罪量刑问题的量刑建议和判决进行收集与梳理，为部门内部其他人员办理该罪名案件的量刑建议提供咨询、指导，以协调部门内部量刑的平衡。

二是建立完善量刑建议跟踪监督机制。要着力解决只建议不跟踪监督的问题。通过设立规章制度要求检察机关办案人员收到判决书后在审查判决事实、定性的同时，加强对量刑建议采纳情况的审查。对于判决明显违反量刑标准而未采纳量刑建议的，应当通过口头或者一类问题通报、公函、检察建议书等方式向法院提出。对于判决不采纳量刑建议具有合理性或无明显不当的，应要求办案人员撰写量刑诉判不一报告，分析诉判不一原因，便于总结提高。

三是建立完善量刑建议总结机制。检察机关要定期对量刑建议的诉判情况进行梳理分析，以量刑建议的诉判不一为切入点，从量刑情节证据的收集、评估、量刑标准等多角度进行分析，总结量刑建议工作的得失。同时，还要结合区域特点，对某类案件的犯罪形势进行研判，以便在宏观上及时调整量刑建议。

四是建立完善量刑建议工作培训机制。对省级检察机关而言，在组织开展业务培训时，要增设关于量刑建议方面的内容，必要时可以举办专门的量刑建议培训班，讲授量刑情节证据的收集、评估，量刑建议的思路、方法、技巧等内容。对于基层检察机关而言，要注重以灵活多样的形式，加强本部门办案人员量刑经验的交流与传承，提高办案人员的量刑建议工作水平。

五是建立完善量刑建议精准化考评机制。将案件量刑建议及采纳情况作为案件质量检查的一项内容，制定量刑建议案件质量评定标准和考核办法，通过合理的考核，促使办案人员更加重视量刑建议工作，提高量刑建议的质量。

（五）加强与法院的沟通，消减部分法官对量刑精准化工作的抵触情绪

检察机关在通过上述途径不断提高自身量刑建议水平的同时，还要通过多种途径向法院及法院办案人员阐述量刑精准化对于推进认罪认罚从宽制度、促使被告人认罪服判、减少上诉率等的重要作用，让法院办案人员从理念上认同检察机关量刑建议精准化的价值和意义，消减部分法官对量刑精准化工作的抵触情绪。

【专家评审意见】

检察机关量刑建议在认罪认罚从宽制度中的地位十分重要，2016年《最高人民法院、最高人民检察院、公安部、国家安全部、司法部关于在部分地区开展刑事案件认罪认罚从宽制度试点工作的办法》颁布，其中对检察机关的量刑建议提出了相当具体、准确的要求。对此，本文作者首先肯定了认罪认罚从宽制度中要求检察机关量刑建议精准化的意义，并基于对当前检察机关开展认罪认罚从宽试点工作的考察，分析其中存在的检察机关对量刑情节的查证重视不够、现行的量刑标准无法满足认罪认罚从宽制度中量刑精准化的要求、检察机关内部量刑建议工作机制不够完善、部分法官对量刑建议幅度过窄存在一定的抵触情绪等问题。在此基础上，针对这些问题，提出了加强与法院、犯罪嫌疑人及其辩护人的沟通协调，确定相对细致具体的量刑标准，加强对量刑情节证据的收集与审查等对策性建议，对于今后认罪认罚从宽制度试点工作的推进以及认罪认罚从宽制度的完善具有重要的指导意义。

破解终本案件“休眠”困境的路径选择

——定期网络查询相关制度改革探索

张永红 * 崔 宁 **

【内容摘要】终本案件陷入“休眠”成为设立定期网络查询制度的“引信”。目前，我国终本案件定期网络查询制度已初步建立，并发挥出强大威力。但定期网络查询制度仍存在诸多不足，如定期网络查询依据、网络控制衔接、恢复执行方式、五年查询时效、考核机制等有待进一步明确。本文阐述了定期网络查询制度的理论与现实依据。终本案件的实然执行边界与应然执行边界存在间隙为定期网络查询的合法性依据；执行转破产的困境导致定期网络查询成为弥补制度漏洞的需要；定期网络查询制度应当坚持效率优先原则；执行中三方主体属性决定定期网络查询的必要性；大数据的运用使定期网络查询具备可行性；明确定期网络查询制度中存在的模糊之处，如恢复执行在网络控制后更为科学、五年定期网络查询期限不因恢复执行而中断或重新起算、被执行人与申请人配合执行义务等。最后立足于法院、申请人、被执行人，提出终本案件定期网络查询相关制度的完善建议。如法院将定期网络查询与网络控制无缝衔接，并与信用惩戒、金钱惩戒、人身惩戒等措施有机结合；完善案件退出机制；申请人定期提供财产线索，并提醒、监督法院定期网络查控；被执行人应定期申报财产，其合法权利保障机制应进一步完善。

* 张永红，上海市松江区人民法院副院长。

** 崔宁，上海市松江区人民法院执行局法官助理。

【关键词】终本案件　终结本次执行程序　定期网络查询　网络控制

引　言

拉丁法谚：“执行乃法律之终局及果实。”当事人发生纠纷诉诸审判，但审判并不是当事人的目的，当事人利益最终能否实现取决于执行结果。故执行是当事人书面应然权利转换为实然权利的重要保障，其重要性可见一斑。但执行不到位的终本案件仍占相当比例。随着科技的发展，大数据广泛应用于法院执行工作，促使执行效率大幅提升，为破解终本案件执行困境带来转机。此背景下，如何更新原有执行机制以适应新的执行方式成为执行工作中需思考的重要课题。时代需要顺应大数据要求的执行体系，以解放执行力，提升执行效率。

一、设立定期网络查询的“引信”——终本案件陷入“休眠”困境

（一）终结本次执行程序案件并未达到执行的应然边界

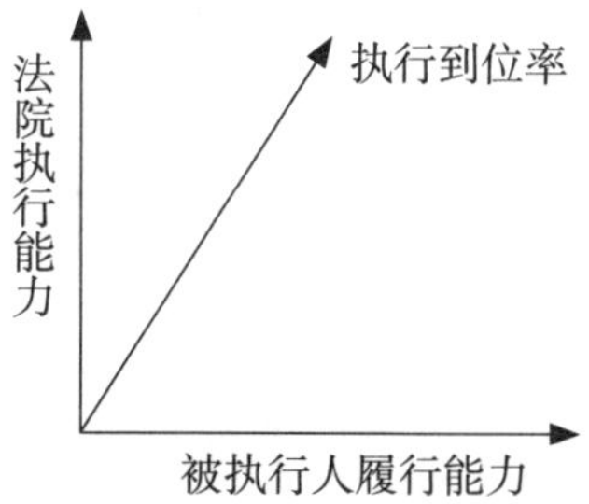

图 1　执行到位率与法院执行能力、被执行人履行能力的关系

被执行人的履行能力与法院执行手段的局限性决定了在特定历史背景下，执行的结果并无法满足所有申请执行人的请求。终结本次执行程序即为在特定历史条件下，金钱债权的执行案件因无法实现申请人全部执行请求，而退出执行系统。终结本次执行程序是无财产可供执行案件的退出机制，为了避免案件

积压，并未达到执行的应然边界。[①] 单个案件的无限执行必然花费大量的司法资源，影响其他案件的执行效果。在案多人少的大背景下，通过设置合理的案件退出机制，并建立有效的案件恢复机制，可实现执行效率的最大化，保障大多数申请人的合法权益。故终结本次执行实为人民法院的无奈之举。

（二）终结本次执行程序的后果——执行案件进入“休眠”状态

执行案件涉及三方主体，即法院、申请执行人与被执行人。终结本次执行程序后，法院一般不再主动查询被执行人的财产，案件退出执行办案系统。对申请人而言，就同一执行请求，除非提供新的财产线索，否则提出恢复执行申请一般不能得到准许。对被执行人而言，一般不再有强制执行的压力，故无主动履行的动力。终本案件进入无有效执行措施的“休眠”状态。

（三）终本案件难以“复活”

表 1　A 法院终本案件数量

	2014 年	2015 年	2016 年
全年收案（件）	7063	7361	7463
终本案件（件）	1618	2934	3724
恢复执行案件（件）	76	59	37

终本案件的申请执行人根据新发现的财产线索可向法院提起恢复执行申请，法院经审核后决定是否恢复执行。但由于此种恢复方式的启动主体仅为案件申请执行人，而申请人查询被执行人财产的能力十分有限，故恢复执行案件数量远远低于终本案件数量。由上表可知，A 法院终本案件数量逐年增加，2016 年已超过执行案件总数的 40%。与之相反，恢复执行案件不足终本案件的 5%，且在逐年递减。[②] 大部分终本案件一旦进入“休眠”，就很难“复活”。

---

① 江必新、刘贵祥主编：《最高人民法院执行最新司法解释统一理解与适用》，中国法制出版社 2016 年版，第 112 页。

② 因保全案件与执行案件有较大差异，且不存在终结本次执行程序的情形，故笔者在数据统计中未包含保全案件。

二、定期网络查询制度设立的理论依据

（一）设立定期网络查询的合法性依托——执行实然边界与应然边界的“间隙”

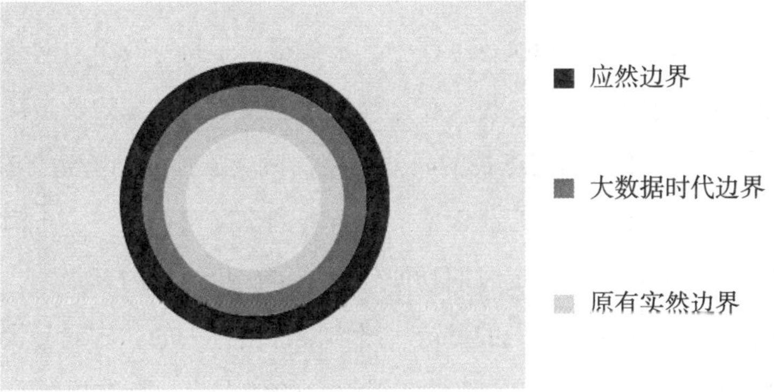

图 2　执行边界

1. 执行的应然边界

法院执行以生效法律文书裁决内容为边界，运用国家强制力维护当事人合法利益。故生效法律文书的裁决内容为执行的应然边界。法院执行为民事权利主体利用法律上之力实现其民事权益的途径。[①] 执行的应然目的为完全实现申请人的全部执行请求，只要裁判内容未全部实现，执行就不应停止，除非身为被执行人的公司破产，或自然人丧失民事行为能力且无权利义务继受主体。

2. 执行的实然边界

由于每个被执行人的履行能力不同，法院穷尽执行手段后，部分案件实现申请执行人的执行请求，案件执行完毕，达到了执行的应然边界。但仍有相当比例的执行案件未满足申请执行人的执行请求，以终结本次执行程序结案。此时，执行的实然边界与执行的应然边界仍存在较大差距。定期网络查询合法性的根本因素在于被执行人的法律责任仍然存在。法律责任架起了民事权利与法院强制执行之间的桥梁，被执行人的法律责任在，则法院执行合

① 梁慧星:《民法总论》，法律出版社 2011 年版，第 86—87 页。

法合规。[①] 终本案件仅是无财产可供执行案件退出执行机制，并未实现生效法律文书全部内容。被执行人仍负有偿还债务的义务，申请执行人有主张债权的权利，法院亦有查询被执行人财产的职责。

3. 大数据时代的执行边界

法院积极运用大数据到执行工作中，极大提升了执行效率。网络查控使执行人员可在短时间内查询被执行人在全国各大主要银行的账户及余额，可初步实现网络冻结与扣划。网络查控的高效性使法院突破原有执行边界成为可能。空间上，由主要调查本市财产线索推广到可查询全国银行账户、车辆等财产线索。时间上，由终本前的特定时期延伸到终结本次执行后的五年内，法院每六个月要网络查询一次被执行人的财产。终本案件由过去的“休眠”状态，转变为现今的“定期复活”。而终本案件“复活”的依据为执行结果并未满足申请人的执行请求，被执行人仍有付款义务，即终本案件的执行实然边界与应然边界间仍存在“间隙”。

（二）设立定期网络查询的制度依托——执行转破产的困境

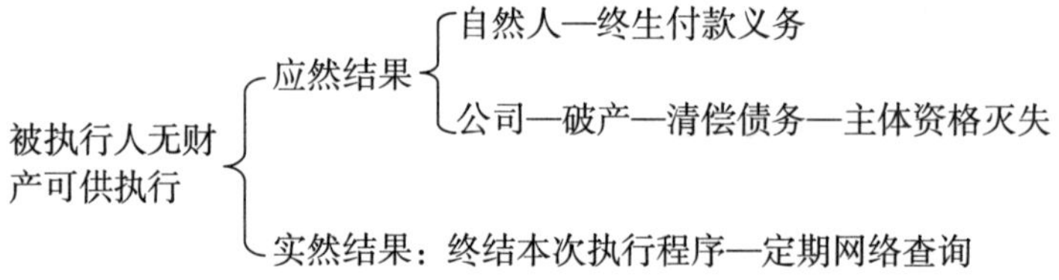

图 3　公司类案件终结本次执行程序的困境

被执行人无可供执行的财产，则应终结本次执行程序。但如被执行人无财产可供执行，已资不抵债，此类“僵尸公司”应当进入破产程序。由于破产程序耗时久，程序复杂，目前，执行转破产在实践中存在较大困难，故公司类案件终结本次执行程序成为权宜之计。公司类被执行人经过破产程序彻底退出市场，主体资格灭失，其债权债务纠纷随之终结。但由于大部分公司类被执行

① 金钱类执行案件中，被执行人法律责任范围可从空间与时间两个维度分析。空间上，被执行人的各种财产均为法律责任的承担范围。时间上，未履行完毕的被执行人需承担法律责任直至主体资格灭失，且无权利义务继受主体。

人并未进入破产流程，故应对其定期进行网络查询，以确保其后续获得财产用于清偿债务。对于自然人无财产可供执行的案件，我国尚未建立自然人破产制度，自然人清偿债务的义务终生存在。但即使在已设立自然人破产制度的国家，破产人在破产后一定期限内获得的超出生活必需的财产，仍要充入破产财产，用以清偿债务。[①]故定期网络查询制度可实现对自然人申报财产的监督，并强制执行其未主动清偿债务的财产。

（三）设立定期网络查询制度的价值选择——执行效率价值与规范价值的博弈

效率价值与规范价值为公共管理学的主要理论基石，两者相互博弈，主宰着政府职能的转变方向。传统的公共管理学以效率为首要指导原则，是公共管理价值尺度中的头号公理。[②]新公共管理学则以公共服务为主旨，重视规范。[③]

司法领域更强调程序正义，法院居中制衡，结果公平、公正，妥善解决当事人纠纷。但执行领域的价值规范有别于审判阶段。通俗地讲，审判解决的是当事人之间对与错的争议，而执行则是解决错的一方尽快向对的一方补偿的问题。执行阶段是非已明，因败诉方不履行生效法律文书的义务，法院利用国家强制力保障胜诉方权利的实现。故审判阶段更强调规范公平，执行阶段则更强调执行效率。执行高效原则是民事执行的基本原则，效益是民事执行最重要的价值。[④]

---

① 张永红：《英国强制执行法》，复旦大学出版社 2014 年版，第 341 页。

② Jay M. Shafritz, Alert C.Hyde(eds.), *Classics of Public Administration*, Oak Park, Illinois: Moore Publishing Company Inc., 1978, p.123.

③ 陈振明等：《公共管理学（第二版）》，中国人民大学出版社 2017 年版，第 19 页。

④ 谭秋桂：《民事执行法学（第三版）》，北京大学出版社 2015 年版，第 60 页。

（四）设立定期网络查询制度的必要性依据——执行案件的三方主体属性

1. 申请人内在维权的动因要求定期查询被执行人财产

由于自身调查被执行人财产能力的有限性，故申请人迫切期望法院运用国家强制力定期查询被执行人财产。

2. 被执行人内在、外在及责任属性要求法院定期查询其财产

趋利避害乃人之本性，被执行人作为案件的义务负担方，具有逃避责任的内在动因。被执行人外在财产具有变动性。终本案件时，被执行人无可供执行的财产，无履行能力。但终本案件后，被执行人可能赚取新的财富，进而重新具备履行能力。被执行人的责任持续存在，案件虽然终本，但被执行人仍有付款义务，其责任并未免除。

3. 法院执行部门的职责属性要求定期查询被执行财产

执行法官的职责在于以申请人执行请求为依据，运用现有执行手段，全面查控被执行人财产或行为，实现生效判决的全部内容。

（五）设立定期网络查询的可行性依托——大数据背景下定期网络查询的高效性

现有执行手段的高效性决定了定期网络查询被执行人财产的可行性。原有查询手段需要大量的人力物力，在案多人少的压力下，定期查询将延长案件退出时间，无法保障执行办案机制良好运行。但随着大数据在执行工作中的广泛应用，网络查询机制能极大提升办案质效，定期网络查询被执行人财产已不需要花费过多时间。现有的网络查控高效性允许法院从时间上扩大执行范围，由过去特定时间范围内查询被执行人财产，延伸到终本后五年内定期网络查询被执行人财产。

三、定期网络查询制度的运行机制、存在问题及解析

（一）定期网络查询制度的运行机制

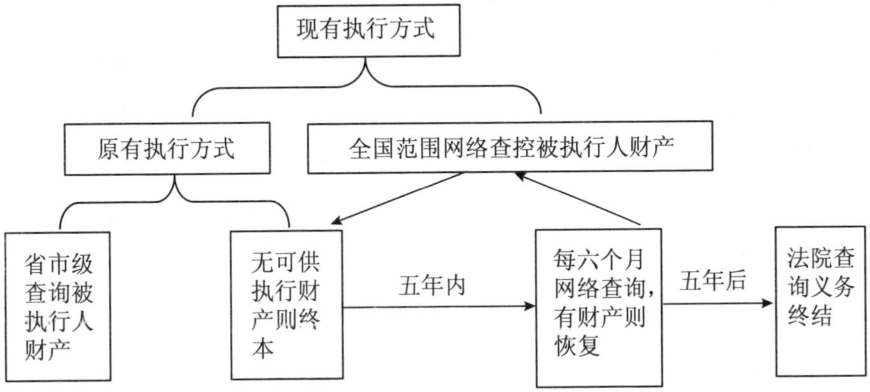

图 4　定期网络查询制度运行机制

1. 定期网络查询的运行机制——案件终本后五年内每六个月定期网络查询

2016 年 12 月 1 日起实施的《最高人民法院关于严格规范终结本次执行程序的规定（试行）》第 9 条第 2 款规定，终结本次执行程序后的五年内，执行法院应当每六个月通过网络执行查控系统查询一次被执行人的财产。终本后法院具有周期化执行的义务，以五年为限，每六个月定期网络查询被执行人财产。2017 年 2 月 24 日《上海市高级人民法院关于终结本次执行程序案件的管理办法（试行）》第 7 条同样规定了定期网络查询制度。按原有终本制度，案件终本后法院无主动查询义务，更无定期查询责任。现有定期网络查询机制极大加强了执行力度，保障了申请人的合法权益。

2. 定期网络查询的效果——终本案件“复活”可能性增大

现有终本案件的复活机制为申请人申请恢复与法院依职权恢复双规制。第一，沿用申请人申请恢复执行机制。最高人民法院的规定明确，终结本次执行程序后，申请执行人发现被执行人有可供执行财产的，可以向执行法院申请恢复执行。申请恢复执行不受申请执行时效期间的限制。第二，法院依职权主动恢复执行机制。最高人民法院的规定明确，终结本次执行程序后五年内，法院

应定期网络查询被执行人的财产，符合恢复执行条件的，执行法院应当及时恢复执行。[①]

（二）定期网络查询制度存在的问题及解析

目前定期网络查询制度存在的问题主要有网络控制衔接机制不明确、恢复执行方式和时间不明确、五年查询时效不明确、申请人与被执行人在定期执行中的权利义务不明确。下文将对上述问题进行详细解析。

1. 发现可执行财产线索的恢复执行选择——恢复执行措施与恢复执行立案时间衔接探讨

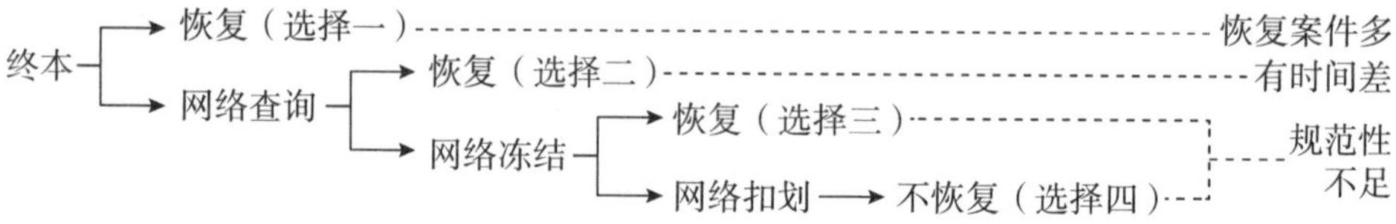

图 5　恢复执行的选择机制

如上图所示，终本后定期网络查询到被执行人财产后恢复执行有四种选择机制，各有利弊。

选择一，终本后六个月先恢复立案，再网络查询被执行人的财产。此种方式的优势在于执行措施规范，可与现有执行体系配套直接衔接。如原有考核机制等无须做过多更改，便于法官业绩考核，执行监督机制亦十分完善，定期网络查控可全面落实。但缺点亦十分明显，由于终本后五年内每六个月定期网络查询一次，如每次查询前先恢复立案，则案件数量将急剧增多，这样会增加法官的办案压力。

选择二，网络查询发现财产线索再恢复执行立案。此种选择与最高院关于规范终本程序的规定最为接近。其优势在于既相对规范，又不过分增加案件数量。发现被执行人财产后再恢复执行更具有针对性，且并未采取冻结、扣划等强制措施。在没有立案的情况下，未直接处置被执行人的实际利益。但劣势在

① 2017 年 7 月 5 日举行的第六期"执行大讲堂"上，最高人民法院执行局统计的定期网络查控数据十分令人鼓舞，短短几个月时间，定期网络查询终本案件 40 余万件，查询到有财产线索的 40768 件，定期网络查询威力初现。

于考核机制缺失，法官主动性不高。此外，网络查询到被执行人财产后，如先恢复立案再进行控制，会出现时间差，导致被执行人转移财产的风险增加。

选择三，网络查询发现财产后，先行网络冻结，再恢复执行。此种选择优势在于及时查控被执行人财产，最大限度实现执行效果。既保障了申请人的权益，又未直接处分被执行人的财产，仅在有限程度上控制被执行人财产。不足之处在于缺乏规范性。在未恢复立案的情况下，即对被执行人的财产进行了控制，程序正义有所缺失。

选择四，终本后五年内始终用原案号查控。把五年的定期网络查询、控制视为终本案件的延续。此种选择最为高效，在未增加新执行案件的前提下，将定期网络查询与控制措施无缝衔接，高效查控被执行人的财产，保障申请人利益。但不足之处也十分明显，如终本后未立案即处分被执行人财产，程序不规范。除非对终本程序内涵作出新的解释。

笔者认为选择三更加科学合理。执行案件终本后，被执行人仍未完全履行法定义务，应以案件受害方即申请人的利益为优先考量对象，及时查控被执行人的财产，将网络查询与网络冻结等控制措施无缝衔接，以降低被执行人转移财产的风险。案件终本后的定期网络查询制度规定，网络查询到被执行人财产后，法院即刻恢复执行。此处的恢复执行是指恢复执行立案，还是恢复执行措施，未明确说明。从制度层面讲，恢复执行是指恢复执行立案。但从执行效率角度讲，网络查询与网络控制是在同一个执行系统，二者本身即存在无缝衔接的天然优势。先恢复执行立案再进行网络控制有过度强调规范之嫌，将直接影响执行效果。恢复执行立案涉及执行局与立案庭两个部门，流程的过渡需耗费一定时间。此时，流失的不仅仅是时间，更是法院有效控制被执行人财产的可能性。大数据不仅带给法院查询被执行人财产的便捷性，也赋予了被执行人转移财产的便捷性。手机银行已十分普遍，数十秒内被执行人即可将账户中的存款全部转移。故笔者更倾向认为此处的恢复执行为恢复执行措施，无须重新恢复执行立案，即可直接控制被执行人的财产。除非恢复执行立案的时间缩短到极致，实现“网络查询—恢复执行立案—网络控制”的完美结合。此外，查询的结果并不当然等于实际控制的结果，由于时间差必然存在，查询财产变动的可能性亦始终存在，故根据财产控制结果确定是否恢复执行立案更为合理。一方面可以减少恢复执行案件的数量，另一方面可以减少执行局、立案庭等部门的实际工作量。在实际控制财产后，根据具体情形决定是否恢复执行立案，而后对控制的财产进行处分，既尊重了被执行人的合法权益，又提升了执行效率。最高人民法院的规定中亦明确了在财产具有转移、毁损等情况下，法院可依申请人申请或依职权立即执行，控制被执行人财产。

2. 定期网络查询五年时效探讨——是否因恢复执行而中断或重新起算

网络查询的期限为终本后五年。定期网络查询制度提高了查询到被执行人财产的可能性。与之对应，恢复执行的案件亦会增加。但恢复执行后，并不一定全部执行到位，亦可能仅执行部分财产而再次终本。由此产生新的问题，即终本后的五年查询期限是否因恢复执行而中断或重新起算。笔者认为定期查询的五年时效不应当因恢复执行而中断或重新起算。

第一，从执行法官角度分析。五年定期网络查询极大地增加了执行法官工作量，而案多人少的矛盾一直存在且并未缓和。如允许五年期限不断延长，将过度增加法官工作量，超出法官的工作极限，引发心理疲劳，最终会导致执行案件办理效率下降。第二，从执行案件性质分析。虽然多次恢复执行又多次终本，但执行依据始终是同一生效法律文书，后续恢复执行案件与第一次终本案件属于同源。同一生效法律文书的定期查询以五年为限更为合理。第三，从立法目的分析。设定五年期限直接体现了现有司法资源与执行能力的有限性。立法原意更接近一件执行案件终本后仅有五年的定期网络查询时间，不因恢复执行而中止或重新起算。如每次恢复执行都重新起算五年，将导致案件长期无法退出执行，处于不稳定状态，不利于执行工作的健康开展。第四，从保障申请人利益角度分析。五年定期网络查询的设置是为了在有限的司法资源条件下最大限度地保护申请执行人权益。如单个案件无限延长执行期限，则势必侵占其他案件执法资源，造成执行力量无法合理分配，最终损害大多数申请人的利益。

3. 定期查询制度下申请执行人与被执行人相关权利义务探讨

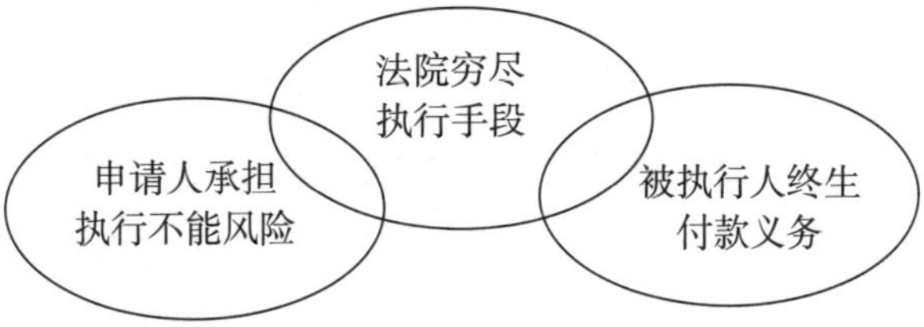

图 6　定期查询制度下申请执行人与被执行人相关权利义务

执行的主体为人民法院，但申请人与被执行人在执行工作中，同样具有配合执行工作的义务。民事责任是国家对私权的公力救济，是债权的公权力担保。[①] 法院的职责在于穷尽执行手段实现申请人执行请求，但能否全部实现申请人执行请求并非由法院一方所能决定。执行工作不同于刑事惩戒，而是主要处理民事纠纷。在民事活动中，平等民事主体发生纠纷，债务人以所有财产为债权的总担保。[②] 故最终的执行责任主体为被执行人。申请人负有积极督促被执行人履行的义务，被执行人则负有积极配合法院执行的责任。无财产可供执行的风险应由申请人承担。法院虽有执行义务，但并无保证实现申请人全部执行请求之责任。2017 年 5 月 1 日起实施的《最高人民法院关于民事执行中财产查明若干问题的规定》明确规定，财产调查以法院为主，辅以申请人提供财产线索及被执行人申报财产。

四、定期网络查询相关制度的完善建议

（一）法院相关制度完善建议

1. 终本案件定期网络查询与网络控制无缝衔接，查询到被执行人财产，减少中间环节，及时控制被执行人财产，减少被执行人转移财产的风险，保障申

① 张俊浩主编：《民法学原理（修订第三版）》（下册），中国政法大学出版社 2000 年版，第 662 页。

② 林诚二：《民法债编总则——体系化解说》，中国人民大学出版社 2003 年版，第 14—15 页。

请人利益，实现执行最佳效果。全国法院网络执行查控系统内含网络查询与网络控制两个子程序，网络查询到被执行人银行存款，可直接网络冻结，实现网络查控的无缝衔接。全国法院网络查控系统的最大优势之一即在于查控的高效性。故定期网络查询应与定期网络控制无缝衔接，充分利用大数据的优越性，减少中间环节，发现被执行人银行存款，无须恢复执行立案，即刻网络冻结。

2. 定期网络查询与信用惩戒、金钱惩戒、人身惩戒等强制执行措施有机结合。根据定期网络查询结果，加大对被执行人执行监督力度。一般信用惩戒期限为二年。[①] 如被执行人定期申报财产与定期网络查询结果不符，则根据严重程度延长失信惩戒期限。终本后，根据定期网络查询证实被执行人重新具备履行能力而拒不履行的，则法院根据严重程度采取罚款、拘留等处罚措施。

3. 执行案件退出执行系统新路径。定期网络查询无财产可供执行案件退出机制为双规制。一是原有终本制度。终本后，案件退出执行系统，法院义务减轻，但仍有定期网络查询的义务。二是终本五年后案件退出机制。终本五年内通过定期网络查询仍未执行到位，则法院不再有主动查询义务，且五年定期网络查询期限不因恢复执行而中断或重新起算。

（二）申请人相关制度完善建议

1. 申请人定期提供财产线索的义务。执行案件多为普通民事纠纷，尽管申请人查询能力有限，但作为主张权利方，应发挥最大能动性积极寻找被执行人财产，为法院提供有效执行线索。在法国，执行活动中，债权人负有特定执行义务。法国民法典规定，由债权人向债务人发出催告通知，进而启动执行程序。[②] 故笔者认为，在法院自我加压，每六个月定期网络查询被执行人财产的同时，申请人也应定期向法院汇报查询到的被执行人财产线索。

2. 申请人提醒、监督机制。法院应在本终裁决书中或者以其他形式告知申

---

① 根据《最高人民法院关于修改〈最高人民法院关于公布失信被执行人名单信息的若干规定〉的决定》，被执行人违反财产报告制度等五种情形纳入失信人名单期限为二年，如妨碍、抗拒执行情节严重或具有多项失信行为的，可以延长一年至三年。

② 江必新主编:《比较强制执行法》，中国法制出版社 2014 年版，第 44 页。

请人终本后每六个月有申请法院网络查询被执行人财产的权利。由申请人提醒法院启动定期查询，并对法院是否启动定期网络查询进行监督。申请人对查询结果具有知情权。法院定期查询后，应将查询结果及时告知申请人。申请人作为执行案件的利害关系人，对维护自身权益相比其他主体更有积极性。如英国执行过程中，对被执行人财产进行调查由申请人向法院提出。[①] 故设立申请人提醒、监督机制，对贯彻定期网络查询机制有一定的促进作用。

（三）被执行人相关制度完善

1. 被执行人定期申报财产义务。笔者认为现行财产申报制度有待进一步完善，法院一般仅在执行立案后向被执行人发出申报财产令，尽管也规定了可要求被执行人定期申报财产，但因法院无法定期查询被执行人财产，且终本后被执行人逃避责任的主观趋势更加明显，导致具体实施中效果并不理想。笔者建议与法院定期网络查询期限相一致，被执行人终本后五年内每六个月向法院申报财产。通过法院网络查询结果检验被执行人申报财产的真实性，如隐瞒财产，虚假申报，则根据相关规定作出罚款、拘留等惩戒。

2. 被执行人合法权益保障机制。定期网络查询相关制度加大了对被执行人的执行力度，在此过程中，更应注意对被执行人权益的保护。首先，及时修正执行结果。如执行全部到位，应即刻更改执行结果，将案件退出定期网络查询系统。如执行部分到位，也应及时更正未到位金额，确定下次定期网络查询标的额，避免过度执行。其次，及时解除控制措施。定期网络查询使执行到位的可能性大大增加。在多次查控后，如被执行人主动履行生效法律文书确定的义务或是法院强制执行完毕，则法院应及时解除对被执行人财产、信用、人身等的强制执行措施，如解除银行账户的冻结，解除房产、车辆的查封，退出失信人名单制度，解除拘留措施等。

---

① 张永红:《英国强制执行法》，复旦大学出版社 2014 年版，第 126 页。

【专家评审意见】

法院作出判决后，根据被执行人的履行能力，大致可以将金钱债权的执行案件分为无财产可供执行和有财产可供执行两类。对于无财产可供执行案件，法院无论采取什么执行措施都不可能执行到位，因此，《民事诉讼法》规定了终结本案执行程序。最高人民法院在2016年10月也发布了《关于严格规范终结本次执行程序的规定（试行）》。为了严格规范终结本次执行程序，维护当事人的合法权益，该规定不仅严格限定适用终结本次执行程序的要件，而且规定终结本次执行程序后的五年内，人民法院应当每六个月通过网络执行查控系统查询一次被执行人的财产，发现财产符合恢复执行条件的，人民法院应当依职权恢复执行。本文作者针对这一定期网络查询制度，从理论、规范和实证等角度论证目前的定期网络查询制度在司法实践中存在的定期网络查询依据、网络控制衔接、恢复执行方式、五年查询时效、考核机制等问题，在此基础上提出了定期网络查询与网络控制无缝衔接、完善案件退出机制、申请人的提醒与监督机制、被执行人的定期申报机制等对策性建议，对于今后终结本案执行程序中的定期网络查询制度的完善以及该制度在司法实践中的实施具有指导意义。

法官自由裁量权：自由散漫抑或有所规制

——基于对房价激增情形下二手房买卖违约损害赔偿之实证分析

徐国泉* 高 甜**

【内容摘要】2016年下半年，上海乃至全国范围房价激增引发大量违约纠纷，其中卖方在巨大利益诱导下跳价、一房二卖等违约情形尤为常见，买方因此受到损害而主张损害赔偿的诉求也随之增多。司法实践目前对于违约损害赔偿的判定多依赖于法官自由裁量，呈现出各行其是、标准不一、适法不当等乱象。究其原因，客观方面系分散立法、抽象立法导致权利行使多样性，主观方面系法官对违约损害赔偿的认知不同导致裁量权过于散漫。明确违约损害赔偿的范围及确定方法，构建判定个案违约损害赔偿额的“天平法则”以规制法官自由裁量权，确保权力行使的相对统一性，避免同案不同判现象，是司法统一的必然要求，更是公正法治建设的题中之意。

【关键词】自由裁量权　房屋买卖　违约责任　天平法则

损害赔偿之债在实务上最称重要，万物归总，民法上之问题，实以此为核心。

——王泽鉴

* 徐国泉，上海市松江区人民法院执行局局长。

** 高甜，上海市松江区人民法院执行局法官助理。

2016年下半年，上海房价“突飞猛进”，涨势逼人，由此引发的违约纠纷也随之增多。在卖方违约、买方要求解除合同并主张赔偿损失诉请时，法官对违约损害赔偿的判定情况如何？为此，笔者通过中国裁判文书网，筛选出111份相关民事判决书，并面向法官、律师、学者针对性发放调查问卷，有效回收150份（其中法官80份、律师56份、学者14份），旨在通过对上述民事判决书及调查问卷的分析、梳理和提炼，探究法官对于该问题自由裁量之权利行使情况，分析其成因并希冀有所规制。

一、样本分析：提取公因式基础上诉求模式归类

在样本选取上，以房屋买卖合同纠纷为案由，以卖方违约为大前提，以“原告诉求”“本院认为”“判决结果”为公因式，选取具有相同或者相似原告诉求的民事判决书111份，经统计，当事人的诉求模式主要有以下四种：①主张约定违约金（18份）；②主张违约金并要求赔偿损失或要求调高违约金以补偿损失（53份）；③主张双倍定金并要求赔偿损失（10份）；④直接主张赔偿损失（30份）。诉求模式②③④无论是通过单独主张赔偿损失或是违约金、定金不足以弥补损失时另行主张赔偿损失，法院所需认定的核心焦点均为损害赔偿额；诉求①在违约方请求减少违约金时亦需法院对“造成的损失”进行判定。[①] 因此，损失的判定是法院解决此类纠纷的肯綮，而法官运用自己手中的自由裁量权对损失进行判定则关系着当事人最终的司法命运。

二、现状审视：自由裁量权所生之判定乱象

（一）对利息的支持情况及计算期间、方式不同

在41份主张已付房款利息的民事判决书中，有29份判决书对原告的利息

① 《最高人民法院关于适用〈中华人民共和国合同法〉若干问题的解释（二）》第29条第1款规定了违约金司法酌减情形：“当事人主张约定的违约金过高请求予以适当减少的，人民法院应当以实际损失为基础，兼顾合同的履行情况、当事人的过错程度以及预期利益等综合因素，根据公平原则和诚实信用原则予以衡量，并作出裁决。”

主张予以支持，12 份未予支持。在 29 份对利息予以支持的民事判决书中，就计算期间而言，有 16 份以“付清之日”作为利息计算的截止日期，有 2 份以“判决生效之日”作为利息计算的截止日期，有 5 份以“判决确定的履行之日”作为利息计算的截止日期，有 1 份以“判决之日”作为利息计算的截止日期，有 5 份以“原告诉讼主张的日期”作为利息计算的截止日期；就计算方式而言，有 24 份民事判决书以同期贷款利率作为计算依据，有 2 份民事判决书以约定利率作为计算依据，有 2 份民事判决书以同期存款利率作为计算依据，有 1 份民事判决书以同期贷款利率的 4 倍作为计算依据。如图 1、图 2 所示。

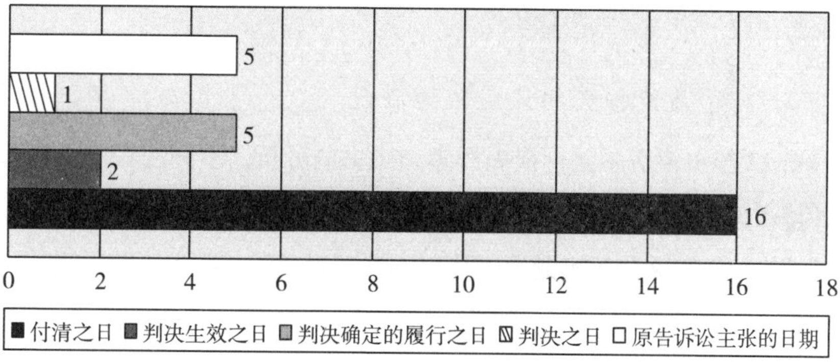

图 1　利息计算截止日期

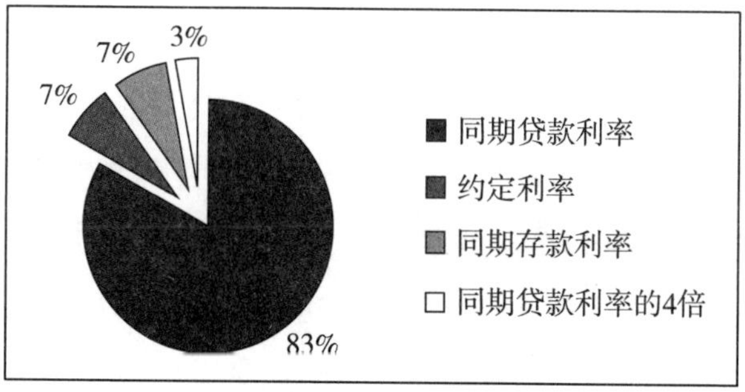

图 2　利息计算方式

（二）对于守约方既主张违约金、双倍定金又要求赔偿损失的判定结果不同

在守约方主张“违约金 + 赔偿损失”的诉求模式下，有的法官认为“违约

金兼具补偿性与惩罚性功能，合同约定的违约金不足以弥补因房价上涨导致原告遭受的损失”，作出的判定结果为“违约金 + 赔偿损失”；而有的法官则认为“违约金足以弥补原告损失，对于主张赔偿损失的请求不予支持”，作出的判定结果为“违约金”或“酌定违约金”。[①] 在守约方主张“双倍定金 + 赔偿损失”的诉求模式下，有的法官认为“双倍定金的主张与赔偿损失重复，不予支持”，作出的判定结果为“返还定金 + 赔偿损失”；有的法院认为“合同约定的定金不足以弥补一方违约造成的损失，对方请求赔偿超过定金部分的损失的，可以并处，但定金和损失赔偿的数额总和不应高于因违约造成的损失”，作出的判定结果为“双倍定金 + 赔偿损失”。[②]

（三）对于差价损失的认定较为混乱

根据 22 份主张房屋差价损失民事判决书的分析，不同法官对于房屋差价损失各持己见、说理不一，部分民事判决书甚至作出了相悖的认定。对差价损失“不予支持”的 8 份民事判决书作出的说理为：①“原告不能证明其差价损失”（4 份）；②“房屋现值与合同价的差额不能等同于原告的损失”（1 份）；③“对差价损失不予处理”（1 份）；④“差价损失不属于订立合同时的可预见范围”（1 份）；⑤“原告并未实际购房，根据评估价作出的差价损失并非实际损失”（1 份）。笔者注意到，在作出②④⑤说理的民事判决书中，原告均主张赔偿房屋现值与合同约定价的差价损失，并申请对房屋现值进行评估，但是法院对上述损失并未支持；而对差价损失“全部支持”的 2 份民事判决书则分别根据评估价或向相关机构询问价与合同价之差对原告损失予以全部支持。在房屋上涨差价确定方面，不仅法官之间未能达成默契，同为法律工作者的律师、学者对此问题也看法不一。分别见表 1 、图 3 。

① 例如来自石家庄裕华区某法院的一份判决仅支持了约定违约金，对于原告主张的中介费、服务费损失没有支持，来自北京市某法院的一份判决在支持了巨额违约金的同时，对于原告主张的中介费、服务费均予以了支持（合同对于中介费、服务费均无约定）。

② 分别参见（2016）苏 0508 民初 2302 号判决书、（2016）沪 0115 民初 21263 号判决书。

表 1　22 份民事判决书对于房屋差价损失的认定情况

序号	判决结果	文书说理
1	部分支持	差价损失可比照房屋市场价与双方约定的房屋买卖价款之间的差价确定，根据合同的实际履行情况、当事人的过错程度、原告支付购房款的数额、合理的成本支出、房屋差价及违约方所获利益，根据公平原则和诚信原则，予以酌定
2	不予支持	涉案房屋的现值与合同价的差额不能等同于原告的损失
3	部分支持	房屋差价损失以原告另行购买房屋实际多支付的房屋差价计算
4	部分支持	差价损失 = 违约方卖给第三人的价格 – 合同价
5	不予支持	差价损失系守约方自行估算得出，无相应的依据
6	部分支持	在“评估价 – 合同价”的基础上结合双方的过错责任、原告付款情况予以酌定
7	部分支持	根据评估结论，综合考虑双方过错程度、损失的范围等因素酌定
8	不予支持	对支付差价损失不予处理
9	部分支持	差价损失根据守约方另行购房多支出的价格予以酌定
10	不予支持	原告向法院提交的房价网页打印件等证据不足以证明房价上涨所带来的预期可得利益损失
11	不予支持	原告要求以房屋差价作为其损失的主张依据不足，双倍返还定金对损失已有一定弥补，无证据显示损失高于双倍定金
12	全部支持	损失赔偿额应当相当于因违约所造成的损失
13	部分支持	违约方卖给第三人的价格与合同价，兼顾合同的履行情况、当事人的过错程度以及预期利益等综合因素，根据公平原则和诚信原则予以酌定
14	部分支持	房屋差价损失可通过委托专业机构进行评估予以确定，综合双方的过错责任及原告的减损措施、预期利益，酌定被告承担 60% 的责任
15	部分支持	房屋差价属于合同履行后可以获得的利益或实际损失，结合双方买卖房屋所处区域实际情况、守约方的履约情况以及违约方对房屋涨跌情形的预见能力予以酌定
16	不予支持	房屋价格波动系受市场因素影响，双方在订立合同时难以预见，因此房屋差价不属于违约所造成的损失
17	不予支持	房屋差价损失未提供证据加以证明，不予支持

续表

序号	判决结果	文书说理
18	部分支持	在“另行出售价－合同价”的损失基础上，考虑到原告可得利益，付款情况，被告违约时对原告损失的合理预期，以及被告恶意违约的情形等予以酌定
19	不予支持	原告根据评估报告及合同约定的房价差主张损失，但原告并未实际购房，评估报告及合同约定的房屋差并非原告的实际损失，对差价损失不予支持
20	部分支持	被告出具确认函确认房屋市场价，在“市场价－合同价”的差价基础上，考虑到已经支持双倍返还定金，兼顾合同履行情况、当事人过错程度以及预期利益等，根据公平、诚信原则予以酌定
21	全部支持	对询价结果予以采纳，违约金兼具补偿性与惩罚性，合同约定的违约金不足以弥补因房屋价格上涨导致原告遭受的损失，原告要求支付房屋差价的诉请合法有据
22	部分支持	参照评估价确定的房屋差价损失可以作为合同解除时赔偿损害的范围，但损失的赔偿应综合合同双方各自责任予以分担

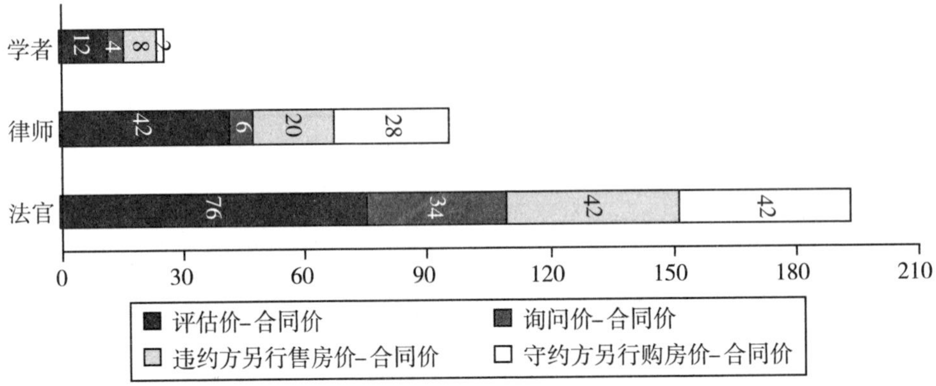

图3 房屋上涨差价确定情况

（四）法官适用法律较为混乱

就适法类型而言，主要适用《中华人民共和国合同法》（以下简称《合同法》）（111份）、《最高人民法院关于适用〈中华人民共和国合同法〉若干问题的解释（二）》（以下简称《合同法解释二》）（9份）、《最高人民法院关于审理买卖合同纠纷案件适用法律问题的解释》（以下简称《审理买卖合同适用的解释》)(17份)、《最高人民法院关于审理商品房买卖合同纠纷案件适用法律若干问题的解释》(以下简称《审理商品房买卖合同适用的解释》)(4份)、《最高人民法院关于审理民间借贷案件适用法律若干问题的规定》(以下简称《审理民间借贷案件适用的规定》)(1份)；就适法组合而言，只适用《合同法》的民事判决书有78份,《合同法》与《合同法解释二》组合适用的有9份,《合同法》与《审理买卖合同适用的解释》组合适用的有16份,《合同法》与《审理商品房买卖合同适用的解释》组合适用的有5份,《合同法》与《审理商品房买卖合同适用的解释》《民法通则》组合适用的有1份。

三、原因探析：自由裁量结果混乱之原因

（一）客观方面：分散立法、抽象立法导致权利行使多样性

综观我国法律，涉及本文研究情形下违约损害赔偿的法条分散于《合同法》《合同法解释二》《审理买卖合同适用的解释》等多部法律之中，法律规定的分散一定程度上导致法官适法的多样性，法官的眼光须游走穿插在诸部法律之间，寻求自认为“合适”的法律以支持自己的裁判结果，若法官选择适用的法律不同，极有可能会导致不同的裁判结果。

在上述涉及违约损害赔偿的法律法规中，对于损害赔偿的范围有明确规定的见于《合同法》第113条第1款:“当事人一方不履行合同义务或者履行合同义务不符合约定，给对方造成损失的，损失赔偿额应当相当于因违约所造成的损失，包括合同履行后可以获得的利益，但不得超过违反合同一方订立合同时预见到或者应当预见到的因违反合同可能造成的损失。”该条采取了较为抽象的立法技术，明确损害赔偿的范围相当于“因违约所造成的损失。”但对于何为可得利益，何为预期利益并无过多说明，赋予了法官较大的解释空间，造成实践中对于可得利益、预期利益的理解不同而导致判定结果的不同。

（二）主观方面：认知不同导致权利行使散漫

为了解法官对于相同情形下违约损害赔偿的判定范围，笔者在问卷调查中

设定了以下情形：

房价高涨100万元、卖方违约、合同约定了违约金条款；买方要求解除合同并主张如下损失：A支付已付房款的利息损失；B支付约定违约金；C支付房屋差价损失100万元；D支付买方已付中介费损失；E支付买方付出的律师费损失。

在对损害赔偿的范围认定上，支持利息损失的法官有40位，占比50%；支持违约金的法官有48位，占比60%；支持差价损失的法官有18位，占比22.5%；支持中介费损失的有32位，占比40%；支持律师费损失的法官有18位，占比22.5%；有22位法官（占比27.5%）认为除了支持违约金，对差价损失扣除违约金之后的损失部分也予以支持；有38位法官（占比47.5%）认为除了支持违约金，在差价损失与违约金之差的基础上由法院予以酌定损失额。可见，面对相同的案情、诉求，不同的法官对于违约损害赔偿的范围认知并不相同，无怪乎实践中关于此类纠纷的裁量结果五花八门，杂乱无章。事实上，不仅法官对于该问题认知不同，律师及学者对于该问题亦仁者见仁、智者见智。如表2所示。

表2　违约损害赔偿范围认知

	利息	违约金	差价损失	差价－违约金	酌定（差价－违约金）	中介费	律师费	总计（人）
法官	40（50%）	48（60%）	18（22.5%）	22（27.5%）	38（47.5%）	32（40%）	18（22.5%）	80
律师	24（42.86%）	42（75%）	8（14.29%）	22（39.29%）	32（57.14%）	32（57.14%）	16（28.57%）	56
学者	10（71.43%）	10（71.43%）	0（0%）	6（42.86%）	6（42.86%）	8（57.14%）	6（42.86%）	14

四、自由裁量权运行之规制

（一）明确违约损害赔偿的范围

违约损害赔偿是指违约方因不履行或不完全履行合同义务而给对方造成损失，依法或根据合同规定应承担损害赔偿责任，其目的在于弥补受害人所遭受的损失。[①]违约损害赔偿的范围是指非违约方可以就哪些损失（损害）向违约

① 参见王利明：《违约责任论》，中国政法大学出版社2003年版，第463页。

方主张赔偿。

我国《合同法》第 113 条所规定的“损失赔偿额应当相当于因违约所造成的损失”，其中“因违约所造成的损失”既包括“所受损失”（亦称“积极损失”），也包括“可得利益”损害，在标的物价格上涨的情况下，损失的最高限额应该是受害人在合同完全履行情况下所应取得的各种利益，即合同期待利益。[①] 具体到二手房买卖合同中买方所主张的损失类型而言，包括以下几个方面。

1. 利息

利息乃当事人因信赖对方将履行合同而支付的代价（通常表现为已付房款）所生之孳息，应属信赖利益。在房屋买卖合同中，合同解除导致合同溯及既往地消灭，合同当事人互付返还所取得给付之义务，故买方支付的房款应予返还，至于买方已付房款所生之孳息——利息能否予以赔偿，应区别对待：倘若已经赔偿了可得利益，那么对于利息损失应不予支持，因为可得利益的补偿包括了为实现这些可得利益而支出的费用，当事人想要得到合同履行后应得之利益，就必然要为之付出代价，如买方为了如期得到房产必须先支付一定的购房款以及放弃该购房款所生之孳息，因此在赔偿了可得利益以后，不应再赔偿为取得这些利益所支付的费用（包括购房款及购房款所生之利息）；[②] 倘若守约方仅主张信赖利益赔偿而未主张可得利益赔偿，则不存在信赖利益与可得利益重复赔偿问题，故守约方所支付的因信赖合同将为履行而支出的费用及孳息应予赔偿。

关于利息计算的日期，笔者认为除合同有约定外，应从合同解除之日起计

---

① 参见王利明：《违约责任论》，中国政法大学出版社 2003 年版，第 528 页。

② 关于利息与可得利益不予重复赔偿，笔者在最高人民法院指导性案例中也找到了依据，早在 1993 年最高人民法院审理的“湖南省总工会诉长沙市卫生防疫站房地产转让合同纠纷案”中，一审判决解除双方的房地产转让合同；防疫站退还总工会已支付的转让费 370 万元及利息；防疫站支付总工会房屋差价赔偿金 275 万元。最高人民法院再审指出，“总工会的经济损失应是双方协议转让的房地产原协议的价格与现行市场价格之间的差价，此差价已经包括了总工会付给防疫站 370 万元转让费的利息损失，原审法院判决防疫站赔偿总工会经济损失的同时，又判决支付转让费的利息，是不妥的”。

算至实际付清之日，鉴于因合同解除使得合同发生溯及既往消灭之效力，违约方所占有的购房款应予返还，购房款所生之利息应予赔偿。利息计算的方式有约定的从其约定，无约定的，从公平角度出发，建议参照中国人民银行同期存款利率计算。

2. 差价损失

房屋价格受到市场因素的影响，非人为所能控制，合同双方或许不能预见房屋价格上涨或跌落到何种程度，但作为商品交易中的一个理性人，能够预见或者应当预见到房屋价格存在波动（上涨或跌落）这一客观事实。因此，房屋差价损失在违约方可预见范围之内，属于可得利益损失。司法实践中，绝大多数的法官对于房屋差价损失属于合同履行后应得利益已经有了较为统一的认知。[①]《上海市高级人民法院关于审理“二手房”买卖案件若干问题的解答》（以下简称《上海高院解答》）以及《深圳市中级人民法院关于审理二手房买卖合同纠纷案件若干问题的指导意见》（以下简称《深圳中院意见》）对于房屋差价损失属于可得利益应予赔偿也作出了规定。[②]

3. 中介费

中介费能否纳入违约损害赔偿的范围？美国学者富勒和珀杜提出：信赖利益主要包括履行合同而耗费的支出，但受害人在合同订立之前耗费的某些支出，如果本来能够在合同履行之后得到补偿，也可以包括在赔偿范围之内。[③]中介费系为了促成合同的订立而支付的费用，该费用产生于缔约阶段，并非合同履行后本应获得的利益。故笔者认为，房屋买卖合同中对违约后中介费的承

① 但仍有少数法官认为，房屋差价损失非违约方所能预见，不属于违约所造成的损失，如广东省某法院法官认为，“房屋价格波动系受市场因素影响，双方在订立合同时难以预见，因此房屋差价损失不属于违约所造成的损失”。

② 《上海高院解答》第 6 条规定，“对于确不能继续履行的，违约方应当赔偿因违约而给对方造成的损失，包括直接损失和预期可得利益损失。其中房屋涨跌损失的确定，可参照以下方式……”；《深圳中院意见》第 18 条规定，“因一方违约导致另一方订立房屋买卖合同的目的不能实现，另一方主张差价损失的，予以支持”。

③ *Diabist v. Pulfod 42 Md App 173399 zd 1324(1979)*，转引自王利明：《违约责任论》，中国政法大学出版社 2003 年版，第 529 页。

担有约定的，只要无悖于公平诚信原则，应尊重当事人之意思自治，从其约定；没有约定的，赔偿了差价损失便不宜再赔偿中介费损失，如果合同中约定了违约金，且违约金的适用足以弥补守约方的损失，那么法官在判决违约方支付违约金后便不宜再判令其承担中介费。

4. 律师费

律师费是否属于“因违约所造成的损失”？律师费系违约行为发生后守约方主张债务不履行之损害赔偿过程中所产生的费用，并非违约行为直接造成的损失；且律师费具有不确定性，违约方在订立合同时并不能预见到会产生多大的律师费损失，如支持律师费损失，会诱导守约方以尽可能高的价格聘请律师，以将该笔费用转嫁到违约方头上，对于违约方似有不公。故笔者认为，对于律师费的赔偿，合同有约定且不违背公平诚信原则的，从其约定，合同没有约定的，在赔偿了可得利益后不予赔偿。

（二）明确违约损害赔偿的确定方法

1. 计算时间

违约损害赔偿的计算时间是指以什么时间的价格作为损害赔偿计算的依据或基础。关于违约损害赔偿计算时间，学术界有三种观点：第一种观点认为应从违约行为发生后开始计算；第二种观点认为应以受害人请求赔偿的时间为计算时间；第三种观点认为应以非违约方发现违约的时间为计算时间。[①]笔者认为，应以提出赔偿请求的时间为主并结合发现违约的时间进行判断。损害赔偿的目的在于填补受害人所遭受的损害，受害人请求给付，加害人即有给付的义务。只要受害人不是过分迟延或者故意拖延提出赔偿请求，应以受害人请求给付的时间计算房屋的市价。如果受害人在起诉前已经提出赔偿请求的，以请求时的市价为准，如果受害人直接提起诉讼的，以起诉时的市价为准。[②]如若在守约方

① 参见王利明：《违约责任论》，中国政法大学出版社2003年版，第517页。

② 《上海高院解答》第6条对认定损失的时间点作出了规定，即应从保护守约方的利益出发，以守约方的请求为基础，结合合同约定的履行期限届满之日、违约方的违约行为确定之日以及审理中房屋的涨跌情况等，合理确定。

发现对方违约后积极准备以提出赔偿请求或起诉的时间内，房价有所下降，笔者认为应从保护守约方利益的角度出发，允许守约方以发现违约时的价格主张赔偿。

2. 计算方法

违约损害赔偿的计算方法，有主观和客观之分。主观计算是指根据受害人具体遭受的损失、支出的费用来计算损害额；客观计算是指按照当时社会的一般情况来确定损害额，而不考虑受害人的特定情况。举例如下：

甲乙签订房屋买卖合同，合同约定价格 300 万元。后乙与丙签订房屋买卖合同，将房屋转卖于丙，合同约定价格 380 万元，此情形为甲所悉知。履行期到来，房价大涨 100 万元，甲违约，不为履行，乙遂对丙违约。按照客观计算方法，乙的损失为 100 万元（房屋差价损失），按照主观计算方法，乙的损失为 80 万元（380 万元 –300 万元）。

关于损失的计算方法，正如曾世雄学者所云，“买卖契约不履行时之损害，究应主观计算之抑或客观计算之，端以赔偿权利人之主张而定，易言之，其对于此两种计算方法有选择权也”[①]。笔者认为，损失的计算应以客观方法为主，主观方法为辅，从有利于守约方的角度出发，得允许守约方自行选择。当守约方无法证明其遭受的损失时，法官得采用客观计算方法；当守约方能够证明其遭受的具体损失时，如转售利润损失、另行购买替代物的损失（购买替代物的差价以及所支付的费用），且上述损失高于按照客观方法所得出的损失，那么应允许守约方按照主观方法来主张损失。需要注意的是，不能以违约方违约所获得的利益为标准来确定赔偿额，在上述例子中，倘若甲以 420 万的价格将房屋出售给第三人，则甲获利 120 万元（420 万元 –300 万元），乙的实际损失为 100 万元，此时应以乙所遭受的实际损失作为计算损害赔偿的依据。违约方从违约中获利部分可通过惩罚性违约金予以制裁。[②]

① 曾世雄：《损害赔偿法原理》，中国政法大学出版社 2001 年版，第 172 页。
② 参见王利明：《违约责任论》，中国政法大学出版社 2003 年版，第 531 页。

（三）司法裁量之规制：构建权力运行之“天平法则”

司法实践中，在违约损害赔偿的具体判定上，法官或采取不予说理、径行酌定的方式，或采取抽象说理、一笔带过的方式，导致自由裁量存在较大的随意性。尽管某些地区对损失的认定作出了规定，但仍停留在原则和抽象的层面，并不能对自由裁量形成有效规制。[①] 为尽可能减少同案不同判现象、提升司法公信力，笔者认为，应结合损害赔偿的考量因素、构造用以规制损害赔偿司法裁量的“天平法则”。

1. 违约损害赔偿的考量因素

根据《合同法》第 113、119 条以及《审理买卖合同适用的解释》第 29、30、31 条的规定，违约损害赔偿的考量因素包括：赔偿范围、减损规则、与有过失、损益相抵。[②] 违约损害赔偿的范围即违约损害赔偿所能涵盖的最大损失额，司法实践中对损害赔偿额的判定不得逾越此范围，因此赔偿范围最大值为违约损害赔偿判定的考量因素之一（Element 1）。减损规则是指守约方应采取适当措施防止损失的扩大，就没有采取适当措施造成的扩大损失部分不得要求赔偿，减损规则为违约损害赔偿判定的考量因素之二（Element 2）。与有过失是指受害方对损失的发生具有过错的，违约方得主张扣减相应的损失赔偿额，此为违约损害赔偿判定的考量因素之三（Element 3）。损益相抵是指守约方因违约而获得的利益应从损害赔偿额中予以扣除，这里的利益可以是因违约而节省了费用或开支，也可以是避免了某些损失。需要指出的是，在守约方以低于合同价实行替代性购买的情况下，守约方虽获得了一定的利益，但此种利益是

① 如《上海高院解答》第 6 条规定，“守约方损失的认定还应综合考虑守约方的履约情况、违约方能预见的因房屋价值涨跌而产生的损失以及双方是否已采取必要措施防止损失扩大等因素”，该规定对于损失的认定采用了较为原则、抽象的措辞。

② 《审理买卖合同适用的解释》第 29 条规定了损失的判定因素：“买卖合同当事人一方违约造成对方损失，对方主张赔偿可得利益损失的，人民法院应当根据当事人的主张，依据合同法第一百一十三条、第一百一十九条、本解释第三十条、第三十一条等规定进行认定。”第 30 条规定了与有过失：“买卖合同当事人一方违约造成对方损失，对方对损失的发生也有过错，违约方主张扣减相应的损失赔偿额的，人民法院应予支持。”第 31 条规定了损益相抵：“买卖合同当事人一方因对方违约而获有利益，违约方主张从损失赔偿额中扣除该部分利益的，人民法院应予支持。”《合同法》第 113、119 条分别是对损害赔偿的范围、减损规则的规定。

守约方为减轻损失、实现订约目的所获得的，并不是违约带来的直接后果，不应从赔偿额中扣除，否则不利于鼓励守约方依诚信原则从事替代性购买行为。[①]损益相抵为违约损害赔偿判定的考量因素之四（Element 4）。

2.“天平法则”之构造

如果将违约损害赔偿的最大值比作天平的一端，将与有过失、减损规则、损益相抵这些考量因素比作天平的另一端，将个案中违约损害赔偿额比作天平的游码，那么根据天平的杠杆原理，则有如下构造：

$$E2+E3+E4+D=E1\begin{cases}\text{RI（Reliance Interest）}\\ \text{EI（Expectation Interest）}\end{cases}$$

E2（Element 2）：减损规则

E3（Element 3）：与有过失

E4（Element 4）：损益相抵

D（Damage）：个案中违约损害赔偿额

E1（Element 1）：违约损害赔偿最大值[②]

RI（Reliance Interest）：信赖利益

EI（Expectation Interest）：期待利益

具体而言，在个案中对违约损害赔偿进行判定时，法官须先审查当事人的主张，将当事人的主张限定在 E1 范围内，然后结合具体案情，对 E2、E3、E4 进行考量（建议在判决书中就 E2、E3、E4 进行充分说理），[③]E1 如同被放置在天平一端的砝码，E2、E3、E4 如同被放置在天平另一端的砝码，此时法官运用自由裁量权判定个案违约损害赔偿额如同拨动天平上的游码，当法官拨动游码使天平两端平衡时，游码所指示的刻度即为个案中判定的违约损害赔偿额。

① 参见王利明：《违约责任论》，中国政法大学出版社 2003 年版，第 531 页。

② E1 可以是 RI，也可以是 EI，在标的物价格上涨的情况下，E1 为 EI，在标的物价格跌落或守约方为准备履行或作出履行所支付的代价已经超过了合同在如期履行情况下所应得到的利、守约方主张信赖利益时，E1 为 RI。

③ 因案情不同、违约情况不同，E2、E3、E4 被纳入考虑的情形有七种：E2、E3、E4、E2E3、E3E4、E2E4、E2E3E4。

如此，赋予法官对 E2、E3、E4 以充分说理和自由发挥的权力，但对 D 的判定须受限于“天平法则”，以此实现对自由裁量权的规制。

【专家评审意见】

房屋买卖纠纷、损害赔偿标准以及法官在审判过程中的自由裁量权等都是法学理论和实务界研究的热点问题，本文作者立足于 2016 年下半年房价飞涨所引发的二手房买卖中的违约损害赔偿审判问题，将这三个方面的热点结合起来进行研究，具有较强的问题意识和现实意义。作者通过筛选中国裁判文书网上的 111 份相关民事判决书，并面向法官、律师、学者针对性发放调查问卷（有效回收 150 份）的方式，对房屋买卖合同纠纷中有关违约损害赔偿的现状进行梳理，分析其中存在的赔偿标准不一、适法不当等问题，并将主观方面原因归结为法官对违约损害赔偿的认知不同而导致裁量权过于散漫的问题。对此，作者提出明确违约损害赔偿的范围及确定方法、构建判定个案违约损害赔偿额的“天平法则”以规制法官自由裁量权，从而确保权力行使的相对统一性，避免出现同案不同判现象，对于今后类似案件的审判具有重要的参考价值。

“互联网 +”时代下民事送达新路径探索

——以实名制手机支付软件为核心的电子送达方式

梁峙涛 *

【内容摘要】随着立案登记制的实行，法院案件数量急剧增多，民事送达数量大、困难多的问题愈加凸显，给司法审判造成了很大的负担。民事送达便捷性和有效性的停滞不前，与日益大幅增长的案件数量形成了鲜明而突出的矛盾。在信息化时代，推行电子送达更具实践意义。然而，传统电子送达有其法律要件和局限性，包括需受送达人明示同意电子送达、需配备电子传送设备、需能确认收悉的方式、需排除三种特定法律文书等。通过仔细分析其价值选择，可以把握立法者的意图。在此基础上进行开拓和创新，才不会偏离立法者的本意。经过问题的提出、价值的论证和分析，笔者提出“以实名制手机支付软件为核心的电子送达方式”的新模型，并对各必备要件逐一阐释。最后从实现“直接关联”的社会契约论的分析、实现“确认收悉”的内涵与外延的分析、政企结合的互惠共赢及可行性的分析等三个方面扫清理论障碍，以期对司法实践有积极的影响和帮助。

【关键词】“互联网 +” 民事送达 电子送达 实名制手机支付软件

* 梁峙涛，上海市松江区人民法院民三庭法官助理。

引　言

2015 年 7 月，国务院印发的《关于积极推进“互联网 +”行动的指导意见》指出，要积极发挥我国互联网已经形成的比较优势，把握机遇，增强信心，加快推进“互联网 +”发展，有利于重塑创新体系、激发创新活力、培育新兴业态和创新公共服务模式。所谓“互联网 +”，是指利用信息通信技术以及互联网平台，让互联网与传统领域进行深度融合，创造新的发展生态，充分发挥互联网在社会资源配置中的优化和集成作用，将互联网的创新成果深度融合于经济、社会各域之中，提升全社会的创新力和生产力。在法院系统，上海法院紧紧抓住国家实施大数据战略这一有利契机，制定了《“数据法院”建设发展规划（2017—2019）》，陆续建立了大数据办案辅助系统、大数据诉讼服务系统、大数据司法公开系统、大数据分析系统。[①] 然而，尽管 2016 年上海法院结案数量以 16% 的速度高速增长，但在民事送达领域，司法实践中仍然以传统的邮寄送达为主，直接送达、留置送达、委托送达以及电子送达等均甚少采用，故而送达效率不高，法院送达数量大、困难多的问题愈加凸显。在如今国家司法改革、“互联网 +”的浪潮席卷社会各个领域的大背景下，社会经济及文化的发展会在宏观及微观层面上推进司法制度的革新。[②]“互联网 +”也应该与民事送达紧密结合，发挥科技创新之于民事送达的推动作用，提高民事送达的效率，更好地服务于审判，服务于“努力让人民群众在每一个司法案件中感受到公平正义”这一司法目标。

一、现象与问题：民事送达数量大、困难多的问题愈加凸显

民事送达作为民事案件审理的开端，具有举足轻重的作用。送达有效与否，直接影响了案件审理程序的走势和方向。人口流动性大导致被告住所不固

① http://www.jcrb.com/xztpd/dkf/201612/2016sddxal/2016hjmd/201612/t20161213_1694733.html，最后访问日期：2017 年 6 月 26 日。

② 吐热尼萨·萨丁：《司法现代化视角下的我国民事电子送达问题研究》，载《湖南警察学院学报》2016 年第 5 期。

定、被告怀有逃避诉讼的心理导致消极应诉、原告恶意隐瞒导致被告住所错误或不明等，均造成民事送达之路困难重重。同时，自立案登记制实施以来，基层法院的案件量节节攀升，给民事送达工作带来了前所未有的挑战。[①]2016年上海法院结案数量以16%的速度高速增长，民事送达的任务数量、EMS法院专递的邮寄费用也随之快速增长。仅民事送达一项工作任务，就约占书记员总工作量的40%。由此可见，民事送达数量大、困难多的问题已十分凸显，给司法审判造成了很大的负担。另外，作为民事送达的兜底方式——公告送达，又极易因为稍有瑕疵而导致再审。据统计，S市某中级人民法院自2013年1月至2017年6月14日共裁定再审151件，其中因违反公告送达程序的共31件，占因程序性问题裁定再审案件总数的67.39%。

那么，电子送达的传统方式有何局限？新路径应如何设计以提高送达便捷性、有效性？

二、民事电子送达的实际使用情况

电子送达，是指经受送达人同意，人民法院可以采用传真、电子邮件等能够确认其收悉的方式送达除判决书、裁定书、调解书之外的诉讼文书。司法实践中，传真机因传输速度慢，并不被社会大众所广泛接受。而对于电子邮件来说，大多数法官均不配备连接互联网的工作电脑，所以导致对传真、电子邮件的使用甚少。笔者认为，电子送达中的“电子”不应当被限定在传真、电子邮件，从立法目的来看，只要符合法律规定的形式要件，能够实现送达目的的方式都可以被认定为电子送达。[②]该种送达方式的条件包括：（1）受送达人同意使用电子送达；（2）送达方式能够确认收悉；（3）送达的诉讼文书不包括判决书、裁定书、调解书。该送达方式是2012年《民事诉讼法》所增加的新型送达方式，是科学技术的发展影响和改变法律法规的具体表现。案件数量的递增性与司法

① 张奇、胡旭芬、练丽玲：《创新工作机制，破解送达难题》，载《人民法院报》2017年1月19日，第008版。

② 石春雷：《我国民事诉讼电子送达探析》，载《聊城大学学报（社会科学版）》2015年第3期。

资源的有限性之间的矛盾，决定了推行电子送达是应然之举。[①]

在信息化时代，推行电子送达更具实践意义。[②] 所以，探索民事送达的新路径，只有顺应时代的发展，积极运用“跨界融合、创新驱动、重塑结构、尊重人性、开放生态、连接一切”的“互联网 +”思维，以“电子送达”作为切入点，解决现有“痛点”，设计全新路径，以期提高送达效率，助力民事送达的司法实践。

三、问题解剖：传统电子送达的要件及局限

（一）需受送达人明示同意电子送达

根据《民事诉讼法》，电子送达需要当事人同意。目前的司法实践中，需先明确被告的有效地址，并通过其他的送达方式向被告有效送达，被告在知悉诉讼事宜后，至法院签署《送达地址确认书》，确认其传真号码、电子邮件地址等，最终构成被告对电子送达方式的同意。所以，电子送达需要建立在其他送达方式有效送达的基础上，故电子送达并不能在第一顺位直接使用。

（二）需配备电子传送设备

电子送达一般需要送达人员配备传真机或连接互联网的电脑等。一方面，判决作出之前的司法审判相关材料、文件属于国家秘密，而局域网更能有效屏蔽网络病毒的传染和黑客的攻击；另一方面，即使在上海等发达地区，也无法做到给每一位法官配备一台局域网电脑的同时，再另配一台连接互联网的电脑，其他经济欠发达地区更是在经济上无力承担。

（三）需能确认收悉的方式

电子送达必须可在发送后确认收悉。目前的传真、电子邮件基本均具备“成功发送”的回馈提示功能。法律规定，发送的电子信息到达受送达人电子系统即视为送达，即推定在受送达人同意电子送达的前提下，受送达人的电子

① 宋朝武:《民事电子送达问题研究》，载《法学家》2008 年第 6 期。
② 迟佳慧:《民事诉讼电子送达的实践与思考》，载《法制博览》2016 年第 6 期（下）。

系统收到后，受送达人必然查看并知悉。若受送达人同意了此种电子送达，又有意或无意不查看，则有违诚实信用原则，相应的不利后果应自行承担。所以，此种送达方式在性质上和公告送达一样，均是法律拟制的送达方式。

（四）需排除三种特定法律文书

民事送达的诉讼材料很多，包括但不限于民事起诉状、证据副本、送达地址确认书、举证通知书、传票、民事裁定书、民事调解书、到庭通知书、第三人参加诉讼通知书、合议庭组成人员告知书、司法鉴定意见书等，其中判决书、裁定书、调解书被明确规定为不能使用电子送达的方式。

四、问题分析：传统电子送达的价值分析和取舍

（一）“受送达人同意”的价值选择

电子送达需要受送达人同意，需要建立在其他有效送达方式的基础上，并不能在第一顺位直接使用，意在保证电子送达的有效性。若仅强调电子送达的便捷性，无谓地向无效的传真号码、废弃的电子邮箱送达诉讼材料，不仅达不到有效送达的法律效果，反而会浪费法院有限的人力、物力、司法资源。在这一方面，立法者在价值选择时放弃了便捷性，而选择了有效性。

（二）电子设备使用的价值选择

传统电子送达使用甚少的主要原因在于，缺乏连接互联网的工作电脑。若地方和法院的财政足够充裕，为每位法院配备两台电脑，一台用于涉密办公，另一台用于连接互联网查询资料、民事送达，那么送达效率必将大幅提高。然而，上述假设实际无法实现，仍是出于经济方面的考虑。在这一方面，司法机关在价值选择时放弃了电子送达的效率性，而选择了司法财政的经济性。

（三）确认收悉的价值选择

电子送达以到达受送达人特定系统为送达，无需受送达人实际知悉，故属

于法律的拟制送达。受送达人的实际知悉需要受送达人从特定系统中查阅，故实际知悉的结果依赖于受送达人的行为。如若电子送达不规定为拟制送达，电子送达将因受送达人有意、无意的没有实际查阅而无效，那么电子送达将失去其法律效果和意义。在这一方面，立法者在价值选择时，表面上放弃了实质正义，而选择了程序正义，但实际上通过法律拟制送达的方式，将受送达人同意后又不查阅的不利后果归咎于受送达人自身，是选择了效率性的同时，也选择了真正意义上的实质正义。

（四）排除三种法律文书的价值选择

判决书、裁定书、调解书不能使用电子送达，从立法者本意来分析，是认为上述三种法律文书非常重要，其送达与否直接影响了受送达人的权利、义务，而电子版的该三种法律文书或该三者的照片虽然可以通过电子形式发送，但只有纸质版才能避免或降低电子版被各种 PS 软件、病毒软件篡改的风险，只有盖章捺印的纸质版才最能体现法律文书的真实性，同时体现法律的庄严。在这一方面，立法者在价值选择时牺牲了便捷性、效率性，而选择了安全性和庄严性。

五、新路径的探索：电子送达新模型的构建

基于当下社会环境而做出的价值选择，已设立的法律条文不能朝令夕改，所以探索电子送达的新模型，需在传承原有价值选择的基础上，在目前的法律框架内，创新运用企业的科技助力，提高民事送达效率。

笔者建议构建的电子送达新模型可以表述为：使法院审判管理软件与受送达人的实名制手机软件的后台相连接，在受送达人登录实名制手机支付软件后即向其推送“弹出框”，载明所涉案件原、被告名称，案号，案由，以及其他诉讼文书的名称等，并附法院官网的下载地址链接和下载密码，如下图所示。

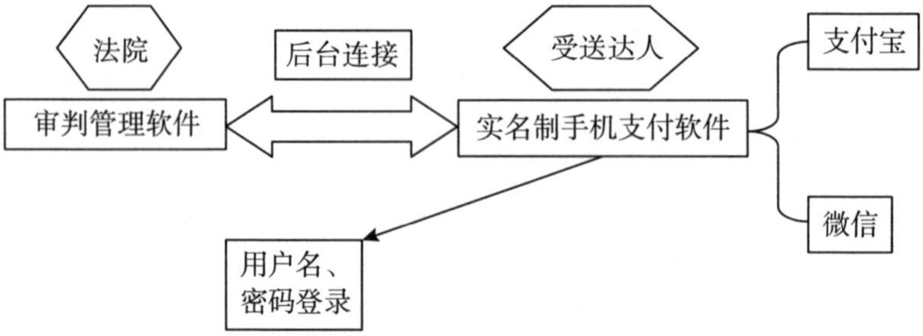

张某，你好，原告李某与被告张某房屋租赁合同纠纷一案（沪××民初字×××号）已由某人民法院立案，现向你送达民事起诉状副本、证据副本、送达地址确认书、传票、举证通知书、应诉通知书。你可至某人民法院官网：http://×××××××，凭密码×××××自行下载。如有疑问，可至某人民法院，或致电××××××××询问，联系人：王某某法官。

（一）与手机支付软件实名制结合——保证即刻登录软件者为受送达人本人的唯一性

2015年12月，中国人民银行发布了《非银行支付机构网络支付业务管理办法》，明确要求建立“支付机构分类监管指标体系”，自2016年7月1日起实施，由此，实名制在支付宝、微信支付等手机支付软件中得到全面推广和实行。中国人民银行提出的手机支付软件实名制，可以保证该手机与受送达人本人直接关联，保证涉及金钱的支付的安全性。由此可进一步推定，默认通过手机实名制支付软件向该手机发送信息后，收到信息的是受送达人本人，而非其他人，此与户籍地和受送达人本人直接关联，默认向户籍地寄送后受送达人本人即可收到同理。截至2016年年底，中国境内活跃手机上网号码数量达12.47亿，活跃的智能手机达23.3亿部[①]，由此可知，基本人均拥有约2部手机。若仅仅以向实名制手机发送短信的方式进行电子送达，那么又难免陷入被告以该手机并非其常用手机、无法获悉手机短信为由的抗辩和争议。若采取通过实名制手机支付软件而非实名制手机的方式进行电子送达，因实名制手机支付软件程序的支付过程，必须经过输入账号和密码，由此可进一步确定此时此刻登录软

① http://finance.china.com.cn/roll/20170518/4216652.shtml，最后访问日期：2016年6月29日。

件程序者即为受送达人本人，受送达人再无如上之抗辩理由，保证了即刻登录软件者为受送达人本人的唯一性。

进一步分析，基于实名制手机支付软件可以达到与户籍地同样的送达效果，电子送达也应同户籍地寄送一样可以不需要受送达人明示同意。但是，在目前的法律框架下，电子送达必须经受送达人同意，且社会接受电子送达也需要一定的过程和时间。所以笔者建议，如同附加同意软件定位信息、拍照的权限一样，可以在手机软件版本更新时添加电子送达的功能，同时附加同意进行电子送达的权限，以符合法律关于"同意"的规定。

（二）采用市场占有率较高的软件——保证电子送达方式的普适性

传真虽然被 2012 年的《民事诉讼法》归为电子送达的方式之一，但随着科学技术的发展，其他更加高效、更普遍使用的信息传输方式已经很大程度上取代了传真。截至 2016 年年底，中国境内活跃手机上网号码数量达 12.47 亿，其中支付宝每月活跃用户已达 4.5 亿，微信每月活跃用户已达 8.89 亿，虽然两种软件的使用者或有重叠，但二者合计高达 13.39 亿，已经基本覆盖了绝大部分的手机用户。截至 2017 年第一季度，中国第三方移动支付市场中，支付宝占比 53.7%，微信支付占比 39.51%，二者合计占比 93.21%，该两种实名制手机支付软件已经在手机支付市场占据了绝对主导地位。所以，通过与支付宝、微信支付进行合作，借助其巨大的市场占有率，向实名制手机支付软件用户进行电子送达，可以具有普适性，也即具有了制度实施的社会基础和可行性。

（三）立即推送与操作弹出框——保证受送达人对送达材料的"可收到性"

登录后立即推送弹出框，确保二者之间没有时间差，可保证受送达人的"可收到性"。法院如果要确认当事人是否获悉了送达的信息，就要对信息查看的反馈报告进行确认。[①] 因此，该弹出框应被设计为可被关闭，以保证该手机软件的正常使用，同时，进入弹出框内的链接或关闭弹出框的软件操作，均以

① 覃豪曼:《浅析民事诉讼中电子送达方式的适用》，载《法制与经济》2017 年第 2 期。

反馈报告的形式回传至法院审判系统，更进一步确认受送达人收到了该信息。根据电子商务领域的“不可否认”机制，在受送达人否认收悉的情况下，法院亦可要求中立的第三方服务商提供其所传输的数据记录及电子送达内容的备份，证明受送达人确已收悉。[①]

（四）明确材料名称和获取途径——保证受送达人对送达材料的“可知悉性”

对于EMS法院专递，快递面单仅需载明案号、文件材料的名称等即可，受送达人可以自行拆开邮件查阅材料的具体内容。同理，对于电子送达弹出框，也仅需载明案号、文件材料的名称等。材料的具体内容，可以链接至法院官网，通过所附随的密码下载。对于实际知悉，很大程度上取决于当事人是否主动打开、查阅，故知悉的程度，仅至让其知悉材料名称即可，而无需知悉材料的具体内容。对于具体内容，给予其可以获得的途径和方法，让其自行获取即可。即使其关闭弹出框，没有进入弹出框内法院官网的链接下载诉讼材料，也应视为已经送达。其法律效果应该与虽然送达了EMS法院专递，但受送达人将之抛弃而没有打开查看一样，均应属有效送达。

六、新路径的理论分析

（一）实现“直接关联”的社会契约论分析

受送达人的户籍地、注册地可以直接用于送达而无需受送达人的同意，是因为法院默认受送达人本人应该在户籍地居住、在注册地经营，默认向该地址送达可以实现有效送达。传真机通常为公司、单位公用，无法通过传真机直接与某个特定个人产生联系；而一人拥有数个电子邮箱，且无法时刻查看所有邮箱亦是普遍现象。所以，传真、电子邮件无法与受送达人产生直接关联，是该两种电子送达方式需经受送达人同意方可使用的原因。

反之，若电子送达方式可以与受送达人产生直接关联，即通过该方式送达

① 石春雷:《我国民事诉讼电子送达探析》，载《聊城大学学报(社会科学版)》2015年第3期。

就可以向受送达人本人有效送达，产生与向户籍地送达一样的效果，那么电子送达就与 EMS 的法院专递无异，也就无需当事人明示同意。

从社会契约论的角度来说，社会公权力的产生即是每个人私权利让渡的集合。受送达人通过软件实名制自行建立了此种"直接关联"，即向手机软件公司宣告通过此电子方式可以直接联系到自己本人而非其他人，其已经放弃了自己本人与该软件无关这一抗辩权利。既然受送达人已经让渡了抗辩权利，作为公权力机关的法院以此电子方式向受送达人送达，理论上即应视为受送达人默认同意了这种电子传输方式可以与受送达人本人直接关联，可以实现有效送达。

（二）实现"确认收悉"的内涵与外延分析

从语义分析的角度，"收到"和"知悉"共同构成"收悉"。那么，"确认收悉"是否在受送达人具备"可收到性"的基础上，还需对收到的具体内容实际知悉呢？有学者认为，对于"知悉"，必须确保受送达人在收到的基础上明确知悉送达文件的具体内容。但是，笔者认为，只要民事送达具备"可知悉性"即可，无需实际知悉。目前 EMS 法院专递上注明了案件案号和诉讼材料的名称，确保了受送达人在"收到"的基础上"知悉"所"收到"的文件是什么，法院民事送达的责任到此应认为已经履行完毕，受送达人可以之后自行拆开、查阅，最终实际知悉。至于受送达人是否拆开快递查看、何时拆开快递查看，或者拆开后是否仔细查看以达到最终实际"知悉"的程度，法院无法左右之，也应在所不问。若受送达人收到后有意或无意未拆开快递查看其内的具体材料，相应不利后果亦应由受送达人自行承担。否则，给法院附加过重的送达责任，必然不经济，也不现实。

（三）政企结合的互惠共赢及可行性分析

1. 企业为法院增加软件的电子送达功能

在政企合作方面，已经有很多卓有成效的先例。例如，腾讯先后宣布与河南省、重庆市和上海市政府合作打造"智慧城市"，其中一项重要内容就是将交通、医疗、社保等一系列政府服务接入微信，提高政府服务的效率。[①]杭州市政府也与阿里巴巴集团签署战略合作协议，共同推进“信用杭州”诚信体系建设，推动杭州打造“全国电子商务中心”和“国际电子商务中心”。[②]在司法送达方面，法院可以利用已经广泛实名制的支付宝、微信，将其与法院审判管理系统的后台连接，在手机软件上增设电子送达的弹出框功能、同意电子送达的授权，即可在电子送达方面起到巨大的作用。法院应以开放包容、合作互惠的心态，让专业的人做专业的事，将涉及科技方面的事宜交由科技企业处理，积极利用社会力量，方能达到改革的最大成效。

2. 法院为企业提供审判相关的个人信用数据

在大数据时代，包括案件的裁判结果、执行情况在内的司法审判大数据，对于阿里巴巴、腾讯这类科技企业来说，是一笔宝贵的资源和财富。例如，支付宝中的“芝麻信用”已经在通过各种渠道努力获得公众的信用大数据，其信用分值通过五个方面综合考察、计算确定，包括：行为偏好、人脉关系、信用历史、履约能力、身份特质。芝麻信用积累至一定分值，可以办理信用借贷、信用消费、信用骑行等众多业务，达到 700 分、750 分以上甚至分别可以申请新加坡、卢森堡的信用签证极简办理业务。由此可见，公民信用的用途在商业领域极为广泛，甚至获得了发达国家移民局的认可。

若当事人拒绝接受法院送达的诉讼材料、经过司法审判败诉、拒绝执行生效判决等，必然造成其行为偏好、信用历史、履约能力等方面评分的降低，直接影响其芝麻信用分值。所以，企业为法院增加软件电子送达功能及提供反馈报告，法院将与司法审判相关的不涉及隐私的大数据与企业共享和对接，对二者来说，是互惠双赢的。也正因为存在互惠双赢，才使“互联网 +”时代下民事送达新路径的实现具有现实可行性。

---

① http://news.cqnews.net/html/2015-04/15/content_33964187.htm，最后访问日期：2017 年 6 月 28 日。

② http://zjnews.zjol.com.cn/system/2013/12/03/019737439.shtml，最后访问日期：2017 年 6 月 28 日。

【专家评审意见】

立案难、审理难、执行难一直是羁绊司法的三大难题。近年来，随着立案登记制的实行，法院案件数量急剧增多。但大量的案件给司法审判带来了很大的负担，审理难和执行难仍然有待解决。其中，送达难是造成审理难和执行难的"瓶颈"之一，2012年《民事诉讼法》增设了有关电子送达方式的规定，但对于电子送达方式的适用作出了诸多限制，因此也影响了电子送达方式的实际应用。对此，本文作者从规范的角度分析了传统电子送达的法律要件，从实证的角度分析了传统电子送达方式的局限性，在分析《民事诉讼法》中有关电子送达规定的价值选择以及立法者意图的基础上，提出"以实名制手机支付软件为核心的电子送达方式"的新模型，并对各必备要件逐一阐释，从实现"直接关联"的社会契约论的分析、实现"确认收悉"的内涵与外延的分析、政企结合的互惠共赢及可行性的分析等三个方面扫清理论障碍，对于法院案件急剧增多背景下送达制度的完善具有重要的借鉴意义。

损坏房屋承重结构查处困境与出路

松江区城市管理行政执法局法制课题组*

【内容摘要】本文从城市住宅小区管理中的难题顽症——损坏房屋承重结构行为的查处入手，剖析了治理中的八大难点，总结了行之有效的破解办法，对有效治理此类违法行为，全面推进民主法治建设和社会治理创新提出了具体意见。

【关键词】损坏房屋承重结构　城管执法　入户　取证

房屋安全事关民生大计，与百姓安居乐业、日常生活息息相关。居住房屋违法违规装修和使用行为长期以来是我区房屋管理领域群众反响强烈的顽症之一，主要表现在损坏居住房屋承重结构、擅自改变物业使用性质等方面。因其违法行为隐蔽性强、事实认定难、市民对于该类违法行为的法治意识薄弱、抵触情绪强，一直以来缺乏有力执法手段和处置机制。在全面推进民主法治建设和社会治理创新的背景下，如何切实推进对查处损坏房屋承重结构的课题研究，是关系到完善依法治国、社会和谐稳定、人民安居乐业的现实课题。

一、查处损坏房屋承重结构的执法背景

2015 年 11 月 30 日上海市人民政府发布了上海市人民政府令第 37 号（《上海市城市管理行政执法条例实施办法》），自 2016 年 1 月 15 日起，损坏房屋承重

---

* 课题负责人：赵宏伟，上海市松江区城市管理行政执法局纪委书记、副局长；课题执笔人：钱子渊、范海霞，上海市松江区城市管理行政执法局科员。

结构的违法行为的执法主体由区、县房屋管理部门转移到城管执法部门。城管执法部门依据物业管理方面的法律、法规和规章的规定，对损坏房屋承重结构的违法行为实施行政处罚。2016 年 12 月 6 日，上海市人大常委会法制工作委员会发布沪会法（2016）3 号文，确定非住宅物业管理区域内损坏房屋承重结构的违法行为由城管执法部门参照《上海市住宅物业管理规定》相关条款实施行政处罚。

自 2016 年城管执法局接手房办移交执法事项后，我们即面临了历史遗留存量大、新增现象势头猛、市民诉求矛盾多、执法切入手段少等一系列难题。为有效解决这些执法难题，区城管执法局积极探索办案新思路、创新办案新模式，综合运用各类社会资源，在各部委联合发文的法律支撑下，攻难点、破难题，通过及时梳理损坏房屋承重结构的法律资源、排摸总结查处损坏房屋承重结构案件的八大难，逐一寻求应对措施，进而确定查处流程，制作流程图、文书样张等，逐步理顺并形成了较为全面、高效的案件处置机制。仅一年时间，松江城管已成功查处损坏房屋承重结构类案件 133 件，严厉打击了我区损坏房屋承重结构乱象。

二、查处损坏房屋承重结构类案件处置机制

在探索查处损坏房屋承重结构类案件处置机制的过程中，我们摸着石头过河，坚定目标、披荆斩棘、攻坚克难，总结并破解了主要存在的八大难："入户难""取证难""鉴定难""恢复难""调取难""注记难""送达难""执行难"。

（一）拓宽思维，守株待兔，攻克"入户难"

在本类案件查处中，业主往往不肯配合案件调查，甚至吩咐装修公司阻止执法人员进入装修现场采集证据。在实际执法过程中，第一次上门成功入户的概率不足 40%；第二次上门成功入户的概率下降到 20%；联系违法当事人后，当事人愿意主动配合入户检查的成功率甚至低于 10%。

为攻克这一难题，我们在实践中积极运用各类社会资源的协助。比如，借助物业、居委会等身份进入现场，在房产中介、检修维修等人员的帮助下进入

现场。对于当事人长时间不在违法实施地，在执法人员屡次吃“闭门羹”时，用守株待兔的“笨”方法，与物业紧密联系配合，抓住外来车辆送货到违法地点时机，进入违法施工现场。

（二）研究房屋户型，确定违法位置，攻克“取证难”

现场检查是城管执法人员全面记录违法情况、收集违法证据的证据性文书。进行现场勘查是法律、法规赋予的权力，在查处行政违法案件过程中，是针对当事人涉嫌违反法律规定而进行证据收集的重要途径。在损坏房屋承重结构类案件中，当事人已经装修完毕甚至已经入住的概率很大，由于违法行为已实施完毕、现场痕迹泯没，给执法队员现场检查认定带来极大的困难。

通过分析，我们总结出损坏房屋承重结构的案件基本以小区分类，相同小区相似性高，不同小区情况各异。由于单个小区内房型基本相同，因此业主在装修中也会出于相同的目的损坏相同位置的承重结构。这往往造成一个小区内类似的案件少则几十起，多则上百起。不同小区的房型差异较大，损坏的承重结构位置和类型也各不相同，目的也是多种多样。面对纷繁复杂的执法情况，高效把握每一次入室取证的机会，要求执法队员必须事先成竹在胸，清楚了解每个小区的情况，事先排摸总结业主破坏承重结构的目的及可能的位置。

在某起案件查处过程中，执法人员事先了解到涉案户已经进入了装修收尾阶段，极有可能出现现场违法痕迹不明显，难以第一时间确定违法位置的情况。为了把握难得的入户检查的机会，执法人员仔细研究了该小区相同样板房户型的结构，对该小区类似房型的案件进行了全面复查，总结出业主可能实施违法行为的几处位置并熟记于心。在实际执法中，执法队员正是利用“心中有图”的优势，迅速定位违法实施位置，拍摄有效的现场照片，采集违法痕迹。同时在现场，执法队员能沉着地揭穿当事人的谎言，有力反驳当事人的辩解，这一切与事先的充分准备密不可分。

（三）补足底气，引入第三方鉴定机构，攻克“鉴定难”“恢复难”

办理损坏房屋承重结构的案件中，我们遇到的最大困难是对违法事实的认定，也就是确认当事人是否损坏了房屋承重结构。在实际执法过程中，执法队员会接触各种复杂的现场情况，常面对当事人对执法队员专业知识的不信任和诘难。这一切给执法工作带来巨大的阻碍和压力。另外，房屋承重结构的恢复认定也是摆在城管执法队员面前的一道难题。

为此，松江区城管执法局引入了具有鉴定资质的第三方鉴定机构提供专业鉴定服务。在确认疑似破坏房屋承重结构的行为后，由城管队员陪同鉴定机构工作人员进行现场检测，事后出具书面检测报告。以此报告为依据，中队将向当事人开具责改文书，要求业主恢复原状并提交有鉴定资质的专业机构出具的《承重结构恢复检测报告》。第三方鉴定机构的引入有效弥补了城管队员专业技术性知识的欠缺，也增强了城管执法的权威性和严谨性，为执法办案补足了一口“底气”。

（四）双拳出击，采取房屋限制交易，攻克“调取难”“注记难”

除高额罚款外，对存在违法行为的房屋进行限制交易还会给当事人在后续房产交易、房产继承的过程中引发高额代价，是办案的巨大助力。

在与违法当事人交流的过程中，执法人员需要通过告知其不依法自行整改的后果来进行震慑，促其自行恢复损坏房屋承重结构的部位。沪建法规联（2016）735 号文和 575 号文的出台理顺了对存在损坏房屋承重结构违法行为的业主的信息进行调取，对存在违法事实的房屋进行注记的流程。通过与区房产交易中心的不断沟通，我们成功将调取信息和房屋注记的限制手段落到了实处，成为办案的助推力。通过宣传高达 20 万元的行政罚款以及限制房产登记会给当事人在后续房产交易、房产继承的过程中引发的高额代价，迫使当事人感受到法律的强大压力。

在办案过程中，一旦执法人员详细地向当事人解释了巨大的违法后果，就有可能说服当事人。当事人在衡量了现今房价不断上涨、房屋置换频繁、未来法律对损坏承重结构行为的打击力度越来越大的情况后，积极主动承诺自行整改。

（五）未雨绸缪，填写地址确认文书，攻克“送达难”

法律文书的送达同样是办理损坏房屋承重结构类案件时需要关注的方面。由于损坏房屋承重结构通常发生在房屋装修期间，当事人并不住在案发现场，导致法律文书无法当面送达。尤其是需要对当事人采取行政处罚时，大量的文书都需要依法送达给当事人。为此，我们制作并采用了《城管执法文书送达地址确认书》，有效规避了当事人以未收到送达文书为由消极阻挠正常执法程序的情况发生。

（六）双向沟通，形成合力，攻克“执行难”

对损坏房屋承重结构的行为，《上海市住宅物业管理规定》第76条规定：违反本规定第50条第2款第1项规定，损坏房屋承重结构的，由区、县房屋行政管理部门责令立即改正，恢复原状，可处一万元以上十万元以下的罚款；情节严重的，可处十万元以上二十万元以下的罚款。因此，如果当事人拒不改正或者未在规定时间内改正违法行为，执法部门可以考虑对其处以行政罚款。由于当事人基本不会自行缴纳行政罚款，这就需要城管执法部门与法院执行庭密切合作，按照法院的要求准备申请法院强制执行的案卷并移交，通过理顺申请强制执行的流程，为查处该类案件提供有力的保障。

三、损坏房屋承重结构行为治理机制的完善

损坏房屋承重结构类违法行为隐蔽性强、危害性大，甚至引起房屋坍塌、物损人亡，像一颗“地雷”般埋藏在城市公共安全中。而依法治理损坏房屋承重结构行为是一个系统工程，不仅需要源头管理、执法保障，更需依托市民的自觉和社会的德治、共治、自治予以辅助，具体表现为以下三点。

（一）完善法律支撑，有效治理控源头

对于损坏房屋承重结构类违法行为，城管执法部门可以对违法行为人通常即户主责令改正、要求恢复原状，并可处罚款。但在实际生活中，大量损坏房屋承重的现象是由房屋装潢公司直接或间接导致的，而城管执法部门对于该

类主体缺少有效的抓手。比如，在住宅物业小区管理与执法中，物业服务企业对业主的服务与监管是第一道防线，如果物业服务企业不尽责，往往使得执法相当被动，房管部门作为主管部门，对于物业服务企业有一票否决的年终考核权，但该项权限并没有随各执法事项转移给城管执法部门。作为查处损坏房屋承重结构的执法部门，松江城管执法局承担着积极作为，严格执法，有效遏制损坏房屋承重结构类违法行为的责任。然而末端执法永远无法扮演源头的管理者，只有通过法律法规的完善支撑，房管、物业等源头管理部门的有效管理，加之执法的有效惩戒才能形成一个闭合有效的监督体系，真正减少乃至杜绝损坏房屋承重结构现象的发生。

（二）加强部门协作，长效管理不放松

损坏房屋承重结构案件要想在终端查处取得实效，需要多部门加强联动，提供信息及资源作为保障。例如，在案件来源上，需要物业管理部门第一时间及时反馈；在调取业主信息上，需要公安机关、社保部门予以保障；在调取物业信息、房屋注记上，需要区不动产交易中心予以保障等。只有各部门间加强沟通协调，理顺协作机制，才能确保对损坏房屋承重结构行为的高效处置。

（三）围绕重点领域，依法治理入人心

推进社会治理，除提高执法效率、加强末端执法外，依托社会力量开展德治、共治和自治也是同样重要的方式。为此，我们深入社区开展普法宣传，营造良好整治氛围。通过向市民朋友发放损坏房屋承重结构整治告知书以及在社区内悬挂横幅、张贴公告、发放宣传资料等方式，广泛宣传相关法律法规及相关政策，将损坏房屋承重结构的危害性、违法性向居民说清楚、讲明白，让越来越多的业主通过各种渠道了解到“敲承重墙”是不可逾越的一道红线，自觉守法，不“敲墙头”。更积极引导广大居民群众自觉参与到相关行为的整治工作中来，共同打好损坏房屋承重结构行为整治攻坚战。

查处损坏房屋承重结构作为城市管理领域中的硬骨头，不仅是市民群众和社会各界关注的焦点，也是城市管理和执法办案领域的难点，空前考验城管部

门全方位的业务素养和执法水平。党的十八届五中全会提出加强和创新社会治理的总体要求，市委6+1文件提出的基层治理改革方案，都是对谋求治理效益最大化的有力呼唤。城管执法部门是损坏房屋承重结构违法行为查处的执法主体，必将对损坏房屋承重结构行为坚持“零容忍”，对新增违法行为坚持露头就打，切实保证居民生命财产安全，守护一方公共安全。

【专家评审意见】

房屋结构符合建筑标准直接涉及居民的生命、财产安全，但在现实中，居民违法装修、损坏房屋承重结构的现象屡有发生，成为城市住宅小区治理中的难题顽症。由于这类违法行为具有隐蔽性强、发现难、事实认定难、居民抵触情绪强等特点，对这类违法行为的查处存在着一定的难度。对此，本文作者基于松江区查处损坏房屋承重结构类案件的实践，分析在查处损坏房屋承重结构类案件中存在的“入户难”等八大难题，并从实际工作出发总结了松江区城管执法部门应对这八大难题所采取的破解措施，在此基础上针对推进损坏房屋承重结构行为的治理提出了对策性的建议，对于今后的执法工作具有一定的推进作用。但是，本文的分析不够充分，首先，在实证分析方面，对于松江区城管成功查处的133件损坏房屋承重结构类案件未加以分析，未结合这些成功查处的案件以及查处遇到困难的案件实证地分析查处的成功经验以及执法中遇到的问题；其次，在理论分析方面，本文未论及损坏房屋承重结构行为的查处涉及行政强制权、行政处罚权等行政权力与居民居住权、住宅权、隐私权等个人权利之间的冲突与平衡等理论问题；最后，在规范分析方面，本文未结合《行政强制法》《城市管理行政执法条例》《城市管理执法办法》《上海市房地产登记条例》等法律法规进行分析。

衔接破产与执行分配　破解“司法执行难”

何积华 *

【内容摘要】执行分配程序旨在把执行所得分配于各债权人以实现其债权，有的分配方案涉及权利的实体处置，分配方案异议制度、分配方案异议之诉是配套的救济途径。然而，分配制度与企业法人破产制度并不能互相取代，实践中某些做法并未遵守法律规定，当正本清源。民诉解释虽然也规定了执行如何转破产，但其执行分配规定的可操作性不足，在实践中却存有各种误区，本文一方面旨在厘清法律对分配方案异议之诉的相关规定，以期指引司法实践，另一方面旨在探讨如何正确适用《最高人民法院关于执行案件移送破产审查若干问题的指导意见》，并提出有关执行转破产的更多构想。

【关键词】破产　执行分配　执行转破产

一、被执行人为个人时的“执行难”问题

（一）提出分配申请

1. 提出申请的时间

申请开始日，应该在执行程序启动之后，并且执行法院已经查封、扣押必要的财产。关于申请参与分配的截止日期，根据《最高人民法院关于人民法院

* 何积华，上海市松江区人民法院民二庭审判工作人员。

执行工作若干问题的规定（试行）》（以下简称《执行规定》）第90条的规定，“在被执行人的财产被执行完毕前，对该被执行人已经取得金钱债权执行依据的其他债权人可以申请对该被执行人的财产参与分配”，该规定并不明确。比如，“执行完毕前”是指被执行人财产被用于清偿或清偿完毕前，还是财产被拍卖、变卖或者其他处分措施终结前？由于实施清偿一般都有一个过程，此过程中会有其他债权人提出参与分配申请，则法院只好重新调整分配比例，并重新制作分配方案，以此类推，就会出现不断修改分配方案的情况，操作过程不胜其烦。因此，在立法上应该明确截止日期，同时在强制执行效率与债权平等保护之间保持合理的平衡，笔者建议将其他债权人申请参与分配的截止日期定为分配方案送达第一个申请人之日。理由在于，分配方案制作之后，没有通知申请人之前，自有撤回重新分配的余地，但一旦通知申请执行人，考虑到执行效率以及司法严肃性，不应该一再更改。但是，对于处置的资产有担保物权的债权，因其可优先于一般债权而受清偿，法院在分配时，自然应依职权将其列入分配，无需考虑参与分配申请日期。

2. 取得债权执行依据

执行分配方案异议之诉的债权人，限于已经取得债权执行依据的债权人以及对法院查封、扣押或冻结的财产有优先权、担保物权的债权人。对于未取得执行依据的债权人，因申请强制执行的条件尚未具备，不应作为参与分配的债权人。并且，未取得执行依据的债权人，与债务人之间尚存争议，解决争议与分歧尚需时日，在参与分配程序中解决这种争议会减损程序保障，与执行机构的职责不符。为防止债权得不到实现，有时候执行机构会查看本院的相同被执行人的涉案情况，操作中，也有通过延缓对被执行人的执行程序，达到让后续债权人也能参与分配的目的，这体现了执行公权力的随意性，不符合参与分配制度的立法目的。

3. 债务人不能清偿所有债务的证据

参与分配申请需提供被执行人不能清偿所有债务的必要证据，以说明参与分配的理由。实践中，有法院严格要求债权人证明“被执行人财产不能清偿所有债权”[①]，这可能会影响普通债权人债权的实现，因为普通债权人并无强有力的搜集财产线索的能力，而普通人的财产信息作为其个人的隐私，并不易从公开途径获取。申请执行是债权人借助公权力对债务人财产线索进行查询，了解债务人财产信息的重要手段。

（二）制作分配方案

执行法院明确可供清偿财产和可受分配债权范围后，应当制作分配方案，用以确定各债权人就执行所得应受清偿的份额。依据《最高人民法院关于适用〈中华人民共和国民事诉讼法〉执行程序若干问题的解释》（以下简称《执行解释》）第25条，只要有数个债权人对同一债务人主张债权，都要制作分配方案，而不论执行所得是否足以清偿各个债权人的全部债权。分配方案作成后，执行法院应当指定一个分配日期，并将分配方案副本交付被执行人及各债权人，或放置于执行法院供债权人查阅，以便当事人了解分配方案的内容，如此，其才可能提出异议。应当注意的是：其一，该分配日期至少应在分配方案作成之日15日以后。因为依照《执行解释》第25、26条的规定，债权人收到执行法院交付的分配方案后，可对该方案提出异议，异议期为15日内。其二，鉴于民事执行以实现私权为目的，有权请求查阅分配方案及相关资料的人，应仅限于被执行人及各债权人，其余人不得任意查阅。[②]

（三）什么债权可以参与分配

1. 以执行依据所载债权的性质为标准，强制执行可分为金钱债权的执行与非金钱债权的执行。参与分配既然是就执行所得金额在数个债权人之间按比例公平受偿，故只有多个执行根据均以金钱给付为内容，才能予以适用。而对于非金钱债权的执行，不能适用参与分配。

2.《最高人民法院关于适用〈中华人民共和国民事诉讼法〉的解释》（以下简称《民诉解释》）第508条将参与分配的债权人范围限定为“其他已经取得

① 参见（2013）曲民特字第4号民事判决书。

② 杨晋广：《民事执行参与分配制度研究》，兰州大学2015年专业学位研究生学位论文。

执行依据的债权人”，该规定排除已经起诉但尚未取得执行依据的其他债权人。强制执行程序应该以执行效率为导向，应尽快满足有执行依据的债权。未取得执行依据的债权人，因申请强制执行的条件尚未具备，不应作为参与分配的债权人。并且，未取得执行依据的债权人，与债务人之间尚存争议，解决争议与分歧尚需时日，这种争议在参与分配程序中解决会减损程序保障，也与执行机构的职责不符。

（四）执行分配方案异议之诉的审理范围

1. 关于债权真实问题

对于通过虚假诉讼取得生效法律文书参与分配损害其他债权人利益的，其他债权人不可要求法院对生效法律文书予以实体审查，否定生效法律文书认定的事实。理由如下：第一，既判力制度，既判力的基本含义指的是判决确定之后，判决中针对当事人请求而作出的实体判断就成为规定当事人之间法律关系的基准，此后当事人既不能再提出与此基准相冲突的主张来进行争议，法院也不得做出与此基准矛盾的判断。既判力概念虽然是针对生效判决而提出，但同样适用于其他生效法律文书。由于制定执行分配方案的依据是生效法律文书，当事人的实体权利义务已为生效法律文书固定，因此执行分配方案只是依法对业已取得的确定的金钱债权的受偿顺序和比例的分配，当事人在后发的执行分配方案异议之诉中不能对执行依据确定的权利义务关系提出异议。当事人如果就执行分配方案中的实体权利提出异议，则不属于执行分配方案异议之诉的审理范畴，而应当依据审判监督程序或者另行起诉解决。第二，“同案不同判”的担忧。尽管依据我国的民事诉讼证据规则，生效裁判确定的事实可以在对方当事人有相反证据的情况下予以推翻，但该债权实体法律关系是否存在是前诉判决给付内容的前提基础，若予以否定会动摇前诉判决的根基，进而推翻前诉判决。执行分配异议之诉要在执行法院受理，前诉（指确认债权债务关系的判决）与后诉（指分配方案异议之诉）为同一法院，同一法院出现同案不同判的现象，难以为社会公众所接受。因此若后诉在审理中发现有反证证明前诉是虚假的，应按照再审程序纠正前诉判决。[①]

理论上，还可以在执行分配异议之诉中嵌入第三人撤销之诉。需要注意的是，为防止第三人撤销之诉对生效判决的冲击，第三人撤销之诉中应严格审查第三人的主体资格问题。对于因受判决而事实上间接受到影响的第三人能否认定为“有法律上的利害关系”，并因此予以受理的问题，由于参与分配异议之诉的审理中，被执行人的财产已经被处置而转为金钱，债权人之间关于被执行人财产的分割更为急迫，利害关系更为直接，应当赋予参与分配中的受损的债权人提起第三人撤销之诉的主体资格。在程序的衔接上，则应该中止原执行分配异议之诉的审理。不过这从时间上进一步加大了执行分配异议之诉对参与分配的影响。

2. 债权的顺位

（1）享有优先权的债权

如劳动债权在性质上虽属于民法上的普通债权，但考虑到工资是劳力之报酬，是劳工生活之依赖，各国立法大都从保护劳动者权益出发，将其列为法定优先权予以特别保护。[②]

（2）查封冻结在先的债权

在先申请查封的债权人确实付出了更多的时间、金钱和精力，在先采取保全措施的债权人往往承担着较大的风险，而他们申请保全的目的在于保障自身权益，并非全体债权人的利益。债权的平等保护是原则，先查封冻结的债权拥有优先性并没有相应的法律依据，故实践中，法院也不敢轻易突破债的平等原则。[③] 在没有法律规定的情况下，笔者认为司法适用应该采纳后一种观点，但在立法构建上，可以采纳第一种观点。

（五）自然人及其他组织执行不能的出路

个人可能因为经营或者其他的系统风险需承担巨大的债务后果，随着执行

① 参见张卫平:《中国第三人撤销之诉的制度构成与适用》，载《中外法学》2013 年第 1 期。
② 参见（2015）浙台执分终字第 5 号民事判决书。
③ 参见（2015）中法民一终字第 307 号民事判决书。

力度的加大，个人财产申报制度、限制高消费制度、黑名单制度的逐渐完善，如果没有个人破产法，经济关系就没有办法来理顺，三角债得不到清偿，个人可能成为债务的奴隶，人类文明一个很重要的进步是人不能因为债务不清偿成为奴隶，社会愿意给予每个人机会。个人破产制度的建立给真正的破产者一个重新来过的机会。不过另一方面，还应规定故意隐瞒财产、虚假破产逃避债务的法律责任。

二、被执行人为企业法人时的“执行难”问题

（一）法源解析

参与分配作为一项强制执行制度，在设立目的上与破产程序明显不同，前者是为了使各债权人能够利用同一执行程序获得清偿，以节省执行时间和执行费用，后者则以实现债权人之间的平等满足为根本目标。但是，我国实行有限破产主义，破产制度主要适用于企业法人，当债务人为公民或者其他组织时，各债权人无从利用破产程序来获得公平清偿。此时，参与分配就承担着弥补有限破产主义的功能，在公民或其他组织资不抵债时，通过执行程序来为各债权人提供一条公平受偿的途径。《最高人民法院关于适用〈中华人民共和国民事诉讼法〉若干问题的意见》(以下简称《民诉意见》)关于执行程序中参与分配程序的规定将被执行人具有企业法人资格不能清偿到期债务的情形排除在债权人参与分配制度之外，规定在该排外情形下，人民法院可因债权人或者债务人的申请宣告破产。制定《民诉意见》时，公司法及破产法律并不成熟，对企业的破产制度只停留在理论上，没考虑破产程序如此难以推进。故对于被执行人为企业法人的案件，未规定若债权人申请破产程序无法进行时，该如何处理执行程序。

《执行规定》第96条规定，突破了《民诉意见》规定的参与分配制度只适用于自然人和非法人组织的边界，将企业法人也作为参与分配的主体，也导致了很多本应进入破产程序的案件进入了执行程序。其原因无非在于:（1）破产程序很难启动;（2）不患寡而患不均的思想作祟，怕申诉、怕信访的压力。实

践中，大量被执行的企业法人涉案众多、债务缠身，执行财产变现后不足以清偿全部债务，在《民诉解释》出台前，执行中多根据《执行规定》第96条的规定，对上述企业法人参照适用参与分配制度，即对企业法人的诸普通债权人按照债权比例进行清偿。大量“僵尸企业”和“未经清理或清算而撤销、注销或歇业，其财产不足清偿全部债务的”企业，负有清算义务的股东或者其他责任人员并不会出现，债务人本身并不会申请破产，债权人考虑到效率和成本等问题，更不愿意申请破产。鉴于上述考虑，适用参与分配制度的企业法人越来越多。

上述企业适用参与分配制度尽管能够保障已经申请执行的债权人之间按照债权比例公平受偿，却剥夺了尚未进入执行程序之债权人的受偿机会和可能，从而造成没有得到清偿的债权人不断向法院申请执行，形成大量执行积案。故《民诉解释》第513—516条规定了执行与破产的衔接程序，旨在将执行程序中财产不足以清偿债务的企业引入破产程序，彻底了结企业债务，保障债权公平受偿，规范企业市场退出机制。因此，《民诉解释》出台之后，企业法人不再适用参与分配制度，也无执行分配方案异议之诉提起之可能，在被执行人为企业法人时，债权人主张适用参与分配制度，不应该准许，若此时当事人再提出异议，此种异议仅仅是对于执行程序的异议，不再适用执行分配方案异议制度。不过虽然债务人已具备破产实体要件，但依照破产法的规定，在债权人未提出破产申请时，法院并不能依职权启动破产程序，或由民事执行程序转入破产程序。鉴于司法解释的位阶低于法律，故《民诉解释》第516条规定，在当事人不同意移送破产或者被执行人住所地人民法院不受理破产案件时，执行法院“在扣除执行费用及清偿优先受偿的债权后，对于普通债权，按照财产保全和执行中查封、扣押、冻结财产的先后顺序清偿”。这就回到了强制执行的本来面貌，先来先得。最高院也期待通过这样的规定，迫使债权人主动申请破产，解决企业法人为被执行人的所有执行案件，防止执行案件大量积压。[①]

---

① 参见唐应茂:《为什么执行程序处理破产问题》，载《北京大学学报（哲学社会科学版）》2008年第6期。

（二）执行转破产的法律适用与制度设计

1.《民诉解释》

（1）破产启动人缺乏动力

《民诉解释》关于执行转破产程序的启动采取的是申请主义之下的职权辅助模式，将申请执行人、被执行人作为破产启动主体，给予法院破产启动的释明权和建议权。而无论是申请执行人抑或被执行人，启动破产都不会给其增加更多的利益，反而会因破产费用的承担、无法享受执行优先权以及避免暴露企业管理中的问题而不愿意申请破产，导致执行转破产程序的启动较为困难。

（2）职权配置尚存隔阂

这一点表现为破产审判资源不足和部门利益有待协调。一方面，破产案件耗时费力且对审判人员有较高的业务要求和技术要求，破产审判资源的有限在一定程度上制约了执转破程序的顺利推进；另一方面，执行部门向商事审判部门移送案件，执行程序即告中止，而对于商事审判而言则意味着新增案件，给有限的商事审判资源带来压力，使得审判部门容易对执转破产生抵触情绪。

（3）程序衔接流程缺失

《民诉解释》未对执转破程序的衔接流程作出具体规定，该衔接流程的缺失会导致执行法官在无规可循的情形下为避免承担责任而怠于启动执转破程序，成为执转破顺利推进的又一绊脚石。

2.《最高人民法院关于执行案件移送破产审查若干问题的指导意见》

（1）三个要件

A. 主体要件，被执行人为企业法人；B. 意思表示要件，被执行人或者有关被执行人的任何一个执行案件的申请执行人书面同意将执行案件移送破产审查；C. 破产原因要件，被执行人不能清偿到期债务，并且资产不足以清偿全部债务或者明显缺乏清偿能力。

（2）管辖

执行案件移送破产审查，由被执行人住所地人民法院管辖。在级别管辖上，为适应破产审判专业化建设的要求，合理分配审判任务，实行以中级人民法院管辖为原则、基层人民法院管辖为例外的管辖制度。中级人民法院经高级人民法院批准，也可以将案件交由具备审理条件的基层人民法院审理。

（3）执转破的主要环节及注意事项

A. 执行法院的征询、决定程序

执行法院应在执行程序中加强对执行案件移送破产审查有关事宜的告知和征询工作，如申请执行人、被执行人均不同意移送且无人申请破产的，执行法院应当按照《民诉解释》第 516 条的规定处理，企业法人的其他已经取得执行依据的债权人申请参与分配的，人民法院不予支持。

执行法院作出移送决定后，应当书面通知所有已知执行法院，执行法院均应中止对被执行人的执行程序，但对被执行人的季节性商品、鲜活、易腐烂变质以及其他不宜长期保存的物品，执行法院应当及时变价处置，处置的价款不作分配。受移送法院裁定受理破产案件的，执行法院应当在收到裁定书之日起 7 日内，将该价款移交受理破产案件的法院。

为确保对被执行人财产的查封、扣押、冻结措施的连续性，执行法院决定移送后、受移送法院裁定受理破产案件之前，不解除对被执行人的查封、扣押、冻结措施。查封、扣押、冻结期限在破产审查期间届满的，申请执行人可以向执行法院申请延长期限，由执行法院负责办理。

B. 移送程序

执行法院作出移送决定后，应当向受移送法院移送审查决定书、财产清单、债务清单等材料，相关材料由受移送法院立案部门负责接收，受移送法院不得以材料不完备等为由拒绝接收。立案部门经审核认为移送材料完备的，应以“破申”作为案件类型代字编制案号登记立案，并及时将案件移送破产审判部门进行破产审查；如其认为移送材料不齐或有误，影响对被执行人是否具备破产原因作出判断的，可以要求补齐、补正；如其认为案件不应由其管辖，可以按移送管辖的程序处理。

C. 审查、处理程序

受移送法院的破产审判部门应当自收到移送的材料之日起30日内作出是否受理的裁定，在作出裁定后5日内送达申请执行人、被执行人，并送交执行法院。收到受理裁定后，执行法院应当于7日内将被执行人财产移交给受理破产案件的法院或管理人。

受移送法院作出不予受理或驳回申请裁定的，应当在裁定生效后7日内将接收的材料、被执行人的财产退回执行法院，执行法院应当恢复对被执行人的执行，并不得重复启动执行案件移送破产审查程序。申请执行人或被执行人以有新证据足以证明被执行人已经具备了破产原因为由，再次要求将执行案件移送破产审查的，人民法院不予支持，但可以直接向具有管辖权的法院提出破产申请。

（三）清算义务人法律适用及构建

1.《破产法》立法沿革

《破产法》第125条与2004年6月全国人大财经委提请全国人大常委会审议的《企业破产法（草案）》中相应条文的表述并不相同，《企业破产法（草案）》第151条规定："企业董事、经理或者其他负责人违反对忠于职守、勤勉尽责义务，致使所在企业破产的，应当承担相应的民事责任；因为故意或者重大过失致使所在企业破产的，对企业债务承担连带民事赔偿责任；构成犯罪的，依法追究刑事责任。"可见，当时条文中明确了董事对债权人承担责任的可能性。《破产法》第125条有让董事对债权人承担责任的意思，并不是对立法者本意的臆造。根据参与者的论述，是为了避免适用上的僵化才改成现在的表述，在现行立法表述下，董事责任形式应当根据个案情况和相关法律规则来具体确定。[①]可见，破产法通过两个条文、从两个不同角度对破产阶段董事对债权人的民事责任进行规制，是董事对债权人民事责任制度立法的重大进展。虽然不

① 参见王卫国：《破产法精义》，法律出版社2007年版，第367页。

断有学者就董事在破产阶段的责任进行论述，[①] 但实践中，用得少之又少。

2.《最高人民法院关于适用〈中华人民共和国公司法〉若干问题的规定(二)》

公司清算是公司在解散过程中了结公司债务，分配剩余财产，结束与公司有关的一切法律关系的一种法律行为。公司清算涉及众多利益群体，如果清算义务人不及时选任清算人（清算组）、启动清算程序，甚至借解散之机逃避债务，不仅将严重损害公司债权人利益，也将扰乱经济秩序。[②] 鉴于此，《最高人民法院关于适用〈中华人民共和国公司法〉若干问题的规定（二）》规定，有限责任公司的股东、股份有限公司的董事和控股股东因怠于履行义务，导致公司主要财产、账册、重要文件等灭失，无法进行清算，债权人主张其对公司债务承担连带责任的，人民法院应依法予以支持。据此，在有限责任公司中，若股东怠于履行清算义务致使公司清算不能，应就公司无法向债权人清偿的债务承担连带责任，且与股份有限公司不同的是，该项连带责任的负担及于全体怠于履行清算义务的股东，而非仅限于公司的董事和控股股东。

3. 最高人民法院第 9 号指导性案例（上海存亮贸易有限公司诉蒋志东、王卫明等买卖合同纠纷案）[③]

有限责任公司的清算义务人与公司股东身份直接关联，公司债务连带清偿责任应及于怠于清算的全体股东。股东以未实际参与公司经营管理为由对公司债务连带清偿责任提出的抗辩不能成立，最高院审判委员会讨论通过后，于 2012 年 9 月 18 日发布该指导案例，影响深远。

4.《民法总则》

《民法总则》第 70 条规定：法人解散的，除合并或者分立的情形外，清算义务人应当及时组成清算组进行清算。法人的董事、理事等执行机构或者决策

---

① 冯果、柴瑞娟:《论董事对公司债权人的责任》，载《国家检察官学院学报》2007 年第 1 期；刘宏光:《论破产阶段董事对公司债权人的民事责任》，西南政法大学 2012 年硕士学位论文。

② 吴洪、李霄敏:《清算义务人赔偿责任理论依据及范围》，载《人民法院报》2012 年 8 月 22 日。

③ 参见（2009）松民二（商）初字第 1052 号民事判决书，本案例系笔者所在法院所在庭室承办和编撰。

机构的成员为清算义务人。清算义务人未及时履行清算义务，造成损害的，应当承担民事责任。这意味着在立法层面，真正规定了清算义务人的责任，也会成为有限责任的有利的配套措施，此后必然会成为司法适用的重点和难点。

三、结　语

在企业法人主动申请破产意愿不高、破产案件受理难、缺乏具体规则指导的情形下，《民诉解释》所规定的执行转破产程序面临着可能被“束之高阁”的现实窘迫。因此，对执行程序与破产程序的衔接进行具体的规则设计，完善执行程序与破产程序的对接机制，畅通执行程序与破产程序的运行轨道，确保该机制能够顺利推进和开展，乃是执法实践的当务之急。此外，个人无破产法律规定，导致执行难度极大提升。政府应当建立以企业组织机构代码证及公民身份证为基础的统一社会代码制度信用体系，建立社会信用平台，这不仅会大幅降低交易成本，增强经济活力，也能促使社会主体积极守法、诚信。在法律上也能强化执行部门的执行能力，更容易查控涉案当事人的财产，并能够对当事人形成心理上的压迫，促使其主动履行债务，防止赖账。

【专家评审意见】

“执行难”是长期困扰我国司法实践的问题，特别是被执行人缺乏履行能力，甚至涉及破产时，问题更为复杂。为此，最高人民法院发布了《关于适用〈中华人民共和国民事诉讼法〉的解释》，其中的第513条至第516条规定了执行程序与破产程序的衔接制度，这些规定起到了疏通执行与破产两个程序的关键作用。但从司法实践来看，该制度的实施效果并不理想。对此，本文作者从司法实践出发，指出这些规定的可操作性不足、在实践中存有误区等问题，针对今后在司法实践中如何适应执行转破产程序提出了构想，对于今后的司法实践具有一定的指导意义。但是，该论文论述问题过于分散，论文结构不太合理，对策部分论证不够充分。

推进依法行政　破解“行政执行难”

松江市场局课题组*

【内容摘要】行政执行是国家行政机关最根本的职能，是行政权的集中表现。它是指行政主体按照行政管理的客观规律，依据法律法规，为实现行政决策目标而进行的行政活动，也就是行政执法活动。目前，我国行政执行存在比较多的问题，而“行政执行难”是一个比较突出的问题。本课题对照国家有关行政执行的原则，结合市场管理执法，特别是行政执行过程中“执行难”状况，从被执行者、执行取证、部分政策不够周全等方面分析“行政执行难”的表现，同时从主客观上剖析执行主客体存在的认知缺陷，重点对被执行者法律意识淡薄、缺乏对法律后果的认知、缺乏社会责任性、心理障碍四个方面进行分析。原因分析也涉及了我国现阶段行政执行缺乏良好的社会环境与法制环境、社会舆论监督、多职能单位执行力量分散以及政策制定部门存在的“门槛”不均的因素。本课题在分析“行政执行难”存在的突出表现和问题的原因的基础上提出了对破解“行政执行难”的思考，从完善法律、提升素质，建立健全宣传教育机制、增强社会公众法律意识，建立执行工作联动机制，特别对执行主体从公正性和程序合法性方面提出了必须“依法行政”的要求。

【关键词】行政执行　执行难　依法行政

---

*　课题负责人：浦吉安，上海市松江区市场监督管理局方松所所长；课题执笔人：沈懿婷，上海市松江区市场监督管理局方松所科员。

行政执行是国家行政机关最根本的职能，是行政权的集中表现。它是指行政主体按照行政管理的客观规律，依据法律法规，为实现行政决策目标而进行的行政活动，也就是行政执法活动。目前，我国行政执行存在比较多的问题，既有行政主体行使行政权的问题，也有被管理者依法履行行政义务的问题。“行政执行难”就是一个比较突出的问题。“执行难”是指政府制定的目标和制度无法顺利落实；执行包含行政检查、行政处罚、行政强制以及行政仲裁后的执行等。现在行政管理的各个环节都存在“执行难”的问题，如市场监督管理部门对餐饮企业履行检查职能，但被检查者不配合，使检查难以进行。“执行难”不仅影响行政主体职能的履行，增加执行的成本，也使其他社会主体的合法权益遭受损害。

一、“行政执行难”的表现

（一）被执行者不配合，致使执行难

行政执行的过程是执行者与被执行者之间相互沟通，相互理解，相互配合的过程。一方不予配合就会导致“执行难”。被执行者不配合主要有两个方面的表现：一种是“软磨”。他们表面上对执行主体的行政行为比较配合，实质上不愿意接受检查。如某药店违法经营药品，采取相当隐蔽的办法进行销售，相关部门检查时，他们往往采用转移、伪装等各种方法进行“周旋”。另一种是“硬抗”。他们属于“要钱没有，要命一条”的“老赖”。如无证经营的小餐饮店，认为自己小本经营无法承担罚款而在立案后弃店跑路，最后需要行政机关公告送达决定书并交由法院强制执行，处理时限非常长。他们明知自己的行为违法，但就是不肯接受处罚，抗拒行政主体的处罚行为。被执行者这两种不配合的行为，给行政主体依法执行造成了困难。

（二）取证比较困难，影响行政执行

“依法行政”就是行政主体依据法律法规实施行政行为，依法行政表现在内容与程序的合法。“取证”是实施行政行为的基础和关键，也是依法行政的

关键。没有强而有力的证据，很难实施有效的行政行为。随着社会的发展，被执行者运用各种手段实施违法行为，行政主体要进行查处，有时取证比较困难，难以处理。取证困难，“行政执行难”的情况屡见不鲜。如夏季是小龙虾的销售旺季，许多不法商贩在小龙虾底料中投入罂粟壳，此违法行为的取证就较为困难，在长期的实践中得知，商贩后厨的底料是没有罂粟壳的，在上菜过程中才投入进去，以往市场监督管理部门对后厨正在熬制的或者未拆封的底料进行抽检时，往往查不到问题。又如，医疗器械经营是商业贿赂高发的行业，现在往往采用老板个人账户出资的方式用于各个渠道的打点，而在公司财务凭证中难以查到有力的违法证据。执法机关往往明知对方有违法行为，但是取证难造成执行难。还有的人采用“游击战”方式从事违法行为，他们运用这种方式与行政主体进行周旋，要对他们进行查处，获取查处的证据比较困难，难以处理。如交通管理部门查处“黑车”，也是难以获取证据，行政执行的效果不明显。不能说交通管理部门不作为，而是苦于证据不足，有时非常无奈。

（三）利用政策的不周全，打“擦边球”

有的市场从业人员，利用政策的不周全，打“擦边球”，这种情况还是比较多的。有的具有市场主体资格，但从事超越经营范围的行为，如对校外培训机构的整治，有不少属于教育咨询类的公司，比较多的机构属于“有照无证”。上海七千多家机构，两千多家“证照齐全”；两千多家“有照无证”，大多数以教育科技咨询公司形式进行市场行为；还有一千多家“无证无照”。市场监管部门对“无证无照”的机构比较好处理，它们不具有市场主体资格，可以让其关门停业，或者给予取缔；对“有照无证”，比较难处理，他们具有市场主体资格，但从事校外培训属于“擦边球”的行为，在整治当中，由区市场监督管理局与区教育局共同制发行政指导书，让其按指导书意见规范经营。而这类公司依旧不具备办学许可，还未走向正规化。

二、“行政执行难”的原因

“行政执行难”的原因既有客观的，也有主观的，主要有以下几个方面。

（一）执行者认知上的缺陷

执行者在对法律法规及行政决策的认识上存在缺陷，导致对行政决策的实施态度消极，甚至抵制。还有的由于受利益的驱使，使行政执行过程中出现比较严重的问题，出现不公平的现象。由于执行者在执行过程中出现各种问题，产生不良的社会影响，致使被执行者对行政执行产生各种各样的想法，采用各种不良手段，有意或无意地影响行政执行。任何一项行政执行除政策合理有效外，还必须有执行的环境资源，执行主体。行政执行中滥用权力、不作为、乱作为现象时有发生，主要表现在以下四个方面：一是在法定期限不作出行政决定，超期办理的现象严重；二是有利的抢着办，不利的推着办或是拖着不办；三是乱收费现象屡禁不止，普遍存在收费标准过高等问题，群众反映较强烈；四是滥用职权现象时有发生，执行能力有限，一些执行主体不注意学习，政治素质低，不能准确及时理解上级的政策精神，导致政策在执行中变形、走样。所以，从根本上说，执行者认知上的缺陷是“行政执行难”的重要原因。

（二）被执行者对行政执行存在认知上的缺陷

认真执行法律法规所规定的义务，具有社会责任感是每个公民应尽的义务。但不少公民对行政执行存在着各种认识上的缺陷，致使行政执行比较困难。被执行者存在的缺陷主要表现在以下四个方面。

1. 法律意识淡薄。被执行者法律意识不强又可以分为两类。一类是不知法。不少被执行者对法律法规的规定知之甚少。笔者接触过不少经营者，对国家法律了解不多，出现了不少的误解，他们将执行者宣传相关的法律法规看成“多此一举”；把按照法律规定的程序办事，看成“故意刁难”；对执行者履行职责，他们不愿意配合，以致“行政执行难”。另一类是知法但不守法。随着法律的普及，越来越多的人懂法、知法，但出于种种原因不守法。利用药店违法经营药品者，医疗器械企业利用公司账外账户进行商业贿赂者，这些人都具有相当的学历，具有比较高的法律意识，也知道他们的做法是违法的，但出于利益的驱使还是做了。行政执行过程中，第二类人的影响大于第一类人。

2. 缺乏对法律后果的认知。通常行政执行机关对被执行人采取的措施只是行政检查、行政处罚、行政强制以及行政仲裁后的执行等，不涉及限制人身自由的处罚，看似过于温和。就笔者的工作经验，在监管中发现经营企业的一些违法问题，如果只是限期要求其整改，通常对方应付了事的概率比较大，而当发现一些违法行为之后直接立案查处，对方在知道自己违法事实的法律后果之后，态度尤其配合。特别是在涉及行刑衔接的案件中，若被执行人可能面临坐牢的情况，行政机关的一系列工作都会开展得比较顺利。

3. 缺乏社会责任性。社会责任性是衡量经营者道德水平的标尺，有社会责任性的经营者必须对社会负责，对消费者负责，生产、销售质量合格的产品，保证消费者权益。有些经营者缺乏社会责任性，采取各种不当手段“坑害”消费者，如价格欺诈，又如缺斤少两使用作弊秤。他们把精力和时间放在了对付执行者、用不当手段对行政执行者依法实施正常行政行为设置障碍上。这是“行政难”的重要原因。

4. 心理的障碍。不少被执行者利用各种手段，妨碍执行者执行公务，有着心理障碍，致使产生“行政执行难”的问题。他们心理障碍有：第一，心理膨胀。这是一种赌徒式的心理，由于受利益的驱使，为了自己的利益，为了金钱，存在“赌一把”的心理。具有这种心理的人，往往比较嚣张，对执行者往往采用“硬抗”的手段。第二，侥幸心理。他们认为：“我只要小心，不会查到我的。”“就做这一次，不太会查到我。”具有侥幸心理的经营者不在少数，他们不会像心理膨胀者那样嚣张，而是办事谨慎小心，一旦被查到就采用“软磨”的办法。这两种心理的人，表象上存在不同，但本质上是一样的，多是受利益的驱使，成为“行政执行难”的始作俑者。

（三）缺乏良好的执行社会环境与法制环境

缺少尊重裁判权威和法律权威的传统，人治意识不在少数。一些被执行人或协助义务人在需要配合执行时，主观上不积极。相反，他们能拖则拖，能摆则摆，没有形成自觉意识，没有站在维护法律尊严和法律权威的角度来看待执行或协助。这种表现实际上是对裁判权威和法律权威的不尊重。

缺乏有力的舆论监督。监督是比较好的防腐剂，舆论监督除要监督行政主体“依法行政”外，也要对被执行者的执行行为进行监督。现有的舆论对行政主体的监督比较多，而对被执行者认真执行自己义务的监督比较少。

（四）执行力量比较分散，尚未形成合力

行政主体执行某项任务，往往需要多部门的帮助，形成部门之间的合力。过去，工商与食药监是分设的，要查处无证无照经营户，需要食药监与工商协协同，难度比较大，现在两家合力，组建市场管理局，很多事就比较好办了。但市场管理仅靠市场管理部门是难以取得成效的。

（五）政策制定存在“门槛”不均的问题

政策是行政执行的依据，也是“标杆”。政策是否合理，对执行是否顺畅有比较大的影响。合理的政策，不仅有利于行政主体执行，也有利于被执行者遵守，有利于解决“执行难”的问题。现行有关市场管理的政策所规定的“门槛”总体上是可行的，但也存在“不均”的现象。如校外教育市场的“入门”就“门槛”不均，它的要求是一统的，不管是规模比较大的民办学校，还是规模非常小的培训机构，办学条件、注入资金是一样的，这就不太合理，导致“有照无证”的现象出现。

“行政执行难”现象的产生已造成了极具危害性的后果，部分执行不到位，甚至未执行的案件使得广大群众产生信任危机，在他们眼中法律已不再是神圣而有权威的，行政处罚已成为一种游戏，已经没有规则可言，解决“执行难”已成为我们当前亟须解决的问题。

三、破解“行政执行难”的思考

（一）完善法律，提升素质

完善行政法律制度，真正做到有法可依。改革开放以来，我国重视立法工作，制定了许多行政管理的法律，但还存在不够完善的问题。完善行政法律制度的过程中，一方面要逐步制定出台解决部门执法争议的相关法律制度。另一方面，根据各执法部门的共性，尽快制定出台行政收费、行政强制执行以及行政主体监督方面的法律制度，建立科学有效的执行机制，依法行政、依权行政、依程序行政。

建设高素质的行政执行队伍，切实提高行政执行水平。要解决“行政执行难”的问题关键在于人，在于有素养、有能力的执行者。建立一支政治素养高、具有比较高的政策水平、执行能力强的队伍是目前必须解决的问题。基层执行者的素质主要表现在：政治素质要高，有为市民服务的信念；忠诚于自己的岗位；业务能力要强，掌握业务内的知识，要有分析问题的能力，要有化解矛盾的能力，要有相当的沟通能力。笔者认为，基层执行者的工作，主要不在学历，而在于各种工作能力。

（二）建立健全宣传教育机制，增强社会公众法律意识

要利用多种途径，积极开展形式多样的执行法律宣教活动，提高公民履行生效法律文书的自觉性，教育引导人民群众增强法治观念，为行政执行营造良好的舆论氛围和社会环境。国家行政管理部门应该重视对公民的教育，采取行之有效的手段，加大法制宣传力度，进行法制教育、诚信教育、心理疏导，提升公民的知法、守法、配合执行的意识。特别是心理疏导，现在，不少的被执行者对行政执行存在各种各样的心理问题，必须通过心理疏导，解除他们的心理负担和障碍，这样有利于行政执行。国家行政执法机关应该重视对心理咨询、心理疏导队伍的建设，加强对被执行者进行心理教育和疏导，可以起到事半功倍的效果。

（三）建立执行工作联动机制

行政管理是以“条块结合”的模式，行政机关依据法律赋予的权力行使行政权。行政主体行使行政权力不是孤立的，它与内部、外部有着密切的关系。过去，行政管理体制存在孤立作战的现象，部门之间缺乏联动，缺乏沟通，使许多事难以执行。行政执行是个系统工程，一个执行行为可能涉及多个部门，只有多个部门配合，才可能成功。建立执行工作联动机制是破解“行政执行难”的重要条件。市场管理是市场监管部门为主，但没有其他部门协同是不行的，现在街镇网格化中心很好地结合了市场监管部门、城管、公安、安全生产等人员共同参与工作，联勤联动，确定部门之间信息共享机制，确定协同执行的规则，确定情况反馈机制。只有建立联动机制，加强对执行工作的协助和配合，才有可能解决“行政执行难”的问题。

（四）执行主体必须“依法行政”

“依法行政”是破解“行政执行难”的良药，执行主体只有依法行政，才能提升自身的公信力，才可能“服众”，才可能使“难”变成“易”。执行主体依法行政表现在以下两点。

1. 强化公正性。行政机关特别是基层部门由于地域范围、管辖范围狭小，在行政执法时比较容易遇到“说情”“打招呼”的现象，如果执法人员一味迁就，甚至放手不查，在社会上将造成行政部门执法不公的不良影响，同时也会给后续的检查、调查和执行工作带来阴影，甚至触犯国家利益，构成渎职。笔者认为，既然身为行政执法人员，手握国家法律的利剑，执法工作中需公私分明，依法办事，一视同仁，绝不姑息。

2. 程序合法性。行政程序是法律的生命形式，是法律内部生命的表现，法律通过程序体现其生命力，权力也在程序中依附运作，没有执法程序就没有行政查处具体行政行为。因此，依法行政的核心是依照程序办事，充实的证据材料能真实反映违法事实的真相。现行法律不但重视实体法，同样重视程序法，一系列程序法的出台如《行政许可法》《行政复议法》《行政处罚法》《行政强制法》等，都表明了对行政机关工作人员依程序做事的工作要求。现实行政执法过程中常会存在一些程序上不规范的地方。例如，执法人员在进入行政相对人的经营场所时未按程序出示执法证件，城管拆除违章之前未向行政相对人送达责令限期拆除违法建筑事先告知书等。上述这种行政执法程序的不合法，会造成行政相对方不配合的情况出现，造成执行难问题。所以在行政执法过程中，要按照行政程序做事，并且充分尊重当事人的权利、充分听取当事人陈述和申辩，做好说理式执法工作，及时化解矛盾，让相对人理解行政执法工作。

总之，行政执行是政府工作的关键环节，执行工作的好与坏，关系着政府的形象，关系着人民的利益，关系着人民对政府的信心和信任。因此，只有解决好行政执行难问题，行政执行才会有一个全新的局面。在我国现阶段，行政执行难有着深刻的社会根源。这个难反映了我国法治发展水平，要彻底医治这一问题，既需要制度的变革，也需要全面实施依法执行。

【专家评审意见】

随着改革开放的不断发展和行政管理体制改革的不断深化，我国政府职能转变取得了积极成果，行政执行力有了明显提高。特别是《行政强制法》等法律的制定和实施，为行政执法的执行力提供了直接的法律依据。但在现实中，“行政执行难”的问题在一定程度上依然存在。对此，本文作者立足于行政执法实践中“执行难”的状况，从被执行者、执行取证、部分政策不够周全等方面分析“行政执行难”的表现形式，从执行主体和对象认知上的缺陷、执法力量、执法环境、执法依据等方面分析“行政执行难”的原因，并从完善立法、健全宣传教育机制、建立执行联动机制、强化依法行政等方面提出对策性建议，对于今后的行政执法具有一定的参考价值。但是，本文的论述过于抽象，并没有结合现实中“行政执行难”的案例以及相关法律规范进行分析。

城市住宅小区“四治合一”治理模式的构建

松江区审计局课题组*

【内容摘要】社区居民是城市住宅小区的最大主体，居委会是最基层的管理服务主体，物业单位是与社区居民联系最密切的服务提供方，基层政府机构是协助居委会提供相关管理服务的支持部门，四方主体角色定位各不相同，如果四方能以法治为前提，以德治为补充，以共治为优势，以自治为途径，发挥各主体的最大优势，形成合力，那么就能达到城市住宅小区治理的良好效果。

【关键词】居民自治　基层治理　“四治合一”

城镇化率是衡量一个国家现代化的重要指标，我国在推进国家现代化建设的过程中也在大力推进城镇化建设，大量政策和法规为推进城镇化建设而改革推进。城镇化的推进一方面提高了人民的生活质量，另一方面也给基层管理带来了新的问题：本地人口占比不断降低、外来人员管理难度增加、生活习俗冲突不时显现、新环境适应要求难以快速满足等。基层管理层对于出现的上述状况必须有充分的思想准备和处置预案。

对此，本文试图以城市小区“社区居民、居委会、物业单位以及基层政府机构”四个主体（以下简称小区主体）出发，以“法治、德治、共治和自治”四个治理理念为模式，探讨、设想一种城市住宅小区高效治理模式。

---

* 执笔人：陶波、屠晓峰。

一、推动“法治为本”的住宅小区治理大前提

（一）城市住宅小区的管理必须遵循依法治国这个最大前提

党的十八届四中全会提出全面推进依法治国。依法治国理念深入人们生活、生产的各个领域。何为“依法治国”，简言之，依法治国就是依照宪法和法律来治理国家，是中国共产党领导人民治理国家的基本方略，是社会文明进步的显著标志，还是国家长治久安的必要保障。城市住宅小区的治理必须遵循依法治国这个最大前提，法治是治理的总前提，在有法可依的前提下，必须法治处理。随着法治宣传的不断深入，法治理念不断深入人心，社区居民在遇到问题时，最普遍的是选择“报警”“依照法律规定处置”“保护自身合法权益”等法治处理方式。城市住宅小区作为一个基本的生活区域和生活单元，小区主体在发生纠纷时，必须有一套现行的、普遍被接受的、公正的处理标准，协助解决纠纷。毫无疑问，法律是当前唯一符合上述要求的标准。笔者在松江区洞泾镇基层政府机构工作，工作内容需要时常与社区居民、物业公司等城市住宅小区主体接触，从对方提出的希望解决纠纷的过程中发现，社区居民的法治意识正稳步提高。例如，在发生矛盾纠纷之后，小区主体普遍会提出如下问题：纠纷的过错责任在哪一方？对方的行为是否合法？我方的合法权益受损是否是因为对方的不法行为造成的？此类问题饱含“依法处置”的法治精神理念。因此，城市住宅小区的管理必须遵循依法治国这个最大前提。

（二）城市住宅小区法律制度尚需进一步完善，社区居民法治意识尚需进一步提升

现阶段，我国针对城市住宅小区的相关法律制度已经有了基本框架，如《中华人民共和国城市居民委员会组织法》、民法类法律的相关规定等。但是面对纷繁复杂的社会关系，以及不断发展的社会经济、生活情况，法律仍应该有进一步完善的紧迫感。以洞泾镇某小区遇到的实际困境为例：某小区系 20 世纪 90 年代建造的老小区，人口密度较高，人员情况相对复杂，房屋结构变动较大。上层因出租的需要，将原本的厨房改建成了卫生间。由此导致，下层

居民在吃饭的时候时常能听到抽水马桶的声音，下层居民的心理感受可想而知，导致矛盾发生。对此，居委会和基层政府机构很难套用现有的法律严格执法，最直接的办法就是劝导和协商。设想，如果针对此类情况有明确的法律禁止性规定以及处罚性规定，执法人员的执法难度将大大降低，社区居民也能在规范的法律规定面前规范自身行为。又如，洞泾镇某新开发小区，野猫野狗数量较多，时常影响该小区居民的生活。居委会和物业部门对此也束手无策。经了解，主要原因是捕捉资金问题和捕捉后如何处理的问题。其实，针对犬类管理，上海市有专门的地方性法规《上海市养犬管理条例》，但是一般居民并不知晓该部法规，因此野猫野狗泛滥的问题久拖不决。由此可以看出，城市社区居民的法治意识虽然在近些年有了较大的提升，但是尚需进一步深化。遇事找法的理念要深入每个人的内心。一方面，根据社会的最新情况，不断更新、补齐、完善各类法律法规；另一方面，通过不断的法治宣传，一步步深化社区居民的法治意识。通过两方面的结合，持续优化城市住宅小区的法治环境，让城市住宅小区在法治的轨道上健康运行。

（三）法治是协调城市住宅小区四方主体关系的压舱石

公平、公正、公开是现代法治精神的重要组成部分，也是为人们所普遍接受的价值观，城市住宅小区的四方主体，对这“三公”原则普遍也是认可和接受的。在城市住宅小区的治理和运转过程中，必须要有一个四方主体普遍接受的价值观作为平台，不然根本无法在一个层面上交流沟通，法治正好提供了这样的基础平台，法治甚至是协调城市住宅小区四方主体关系的压舱石。笔者在与社区居民的接触中发现，居民普遍要求政府公开一些与居民生活相关的政策、方案等。例如，洞泾贸易城进行“五违四必”整治后，商铺经营方对于整治后的补偿方案普遍最为关注。笔者认为，只要该方案是符合法律规定的，是公正的、公平的，那就一定能得到绝大部分商铺经营方的认可和接受。又如，集体土地房屋动迁期间，政府所制定的拆迁赔偿方案也是原村民普遍关注的要点，只要该套方案合法合规、公平公正，而且在拆迁期间依法公示公开，那就能得到大部分村民的认可，大家就可以高高兴兴地主动迁房。相反，如果城市住宅小区的管理、治理缺少了“法治”这块压舱石，存在内容不公开、程序不合规、规定不公平等问题，社区居民肯定不会接受和认可，居委会管理难度大增，物业部门对此无可奈何，甚至会互相指责，各不作为。

二、完善“德治为辅”的住宅小区治理大格局

（一）法律无法涵盖生活的每个方面，道德是对法治遗漏点的有力补充

社会生活不断发展，新生事物不断出现，法律的边际总是无法及时跟上社会的需求和变化，因此法律无法涵盖生活的每个方面，法律有自身的局限性。例如，时下流行的各类共享经济就是一个新生的事物，当前法律对此没有专门规定，虽然有部分法律规定能对其进行管理，但是无法包含全部内容。又如，当前人工智能领域发展迅猛，汽车无人驾驶技术有突破性进展，或许若干年后，无人驾驶汽车将大范围走入寻常百姓家，由此带来的交通法规变革将是颠覆性的。当法律无法赶上社会的步伐时，道德应当发挥其自身优势，为法律提供有力支撑。民法学中有个专业术语是“公序良俗”，所谓“公序良俗”，笔者认为就是人们普遍认可的道德标准和社会风俗。民法对于“公序良俗”的规定只能是笼统的、泛泛的。再如，法律无法具体规定子女如何孝顺父母，这超出了法律的能力范围。但是道德则不然，道德可以约束子女孝顺父母、体恤兄弟。人们普遍的道德谴责和自身的道德自责是道德发挥作用的保证。德治是一种内在约束，边际较广，能涵盖生活的细微之处。但是德治不是不要法治，而是对法治的有力补充和支撑。

（二）我国有深厚的德治社会基础

德治在我国具有深厚的社会基础，我们的基因里存在无法磨灭的德治元素。早在西周时期，就提出了“明德慎刑”“为政以德”，所谓明德就是提倡尚

德、敬德，是慎罚的指导思想和保证。后经两汉魏晋南北朝的法律儒家化运动，礼法合流，唐律最终确定了“德礼为政教之本，刑罚为政教之用”的德治方略，并为以后历代所尊崇。德治是中国古代的治国理论，是儒家学说倡导的一种道德规范，被封建统治者长期奉为正统思想。儒家的德治就是主张以道德去感化教育人。习近平同志指出：改革开放以来，我们深刻总结我国社会主义法治建设的成功经验和深刻教训，把依法治国确定为党领导人民治理国家的基本方略，把依法执政确定为党治国理政的基本方式，走出了一条中国特色社会主义法治道路。这条道路的一个鲜明特点，就是坚持依法治国和以德治国相结合。[①] 城市住宅小区总体来说还是一个以“人”为主要主体的环境，人与人之间的接触需要的是一种人情味，道德是最好的人情味调和剂。在法律之下，人情被规避，法律是无情的，但是城市住宅小区是一个居住空间，需要人情味的存在，所以德治在城市住宅小区管理和治理过程中必将发挥较大的作用，必将给法治小区建设提供有力的补充和支撑。

（三）法治的完善需要道德的制约

法律在实践中是动态的、开放的体系，需要在面对新情况、总结新经验的基础上，不断延续、提升和发展。道德的自觉约束与法律的强行约束是互相制约的，也可以互相转化，某些道德规范需要适时提升为法律规范。在法律未涉及的领域，道德就在其中起到一个补漏的作用。厉行法治，必须辅以德治。笔者在从事基层社区管理工作期间，遇到过这样一个案例：男女朋友各有配偶，但是都处在分居状态，男女二人因为工作关系（都是船员）就长期共同生活在一起，同居时间长达十多年，现两人要求分居，返回各自家庭，但是双方之间存在部分经济纠葛。对于这个案例，法律的边界有限，处理难度较大，但是道德却可以处理。首先，男女双方的行为是明显违背道德底线的，各自应该受到道德谴责。其次，双方既然当初是以感情为基础同居的，那么分手时出现的经济纠纷就参照婚姻关系处理。对此，双方最终同意接受这样的处理方案。现阶

① 《习近平主持中共中央政治局第三十七次集体学习》，http://www.gov.cn/xinwen/2016-12/10/content_5146257.htm，最后访问日期：2017 年 6 月 20 日。

段，法律无法处理的问题，或许等道德部分地转换为法律之后，便有法可依了。法治在这样的过程中逐步得到完善。

三、实现“共治为先、自治为优”的住宅小区治理总目标

（一）积极搭建社区共治平台

1. 利用好区域党建工作平台

为更好实现社区资源共享、社区事务共治，积极发挥区域党建工作平台的作用，洞泾镇于2016年建立了社区议事“云平台”。以镇党委为核心，强化区域统筹概念，融合了镇域内各类党组织。通过定期走访、召开联席会议、座谈会等方式，主动了解相关社区的需求和建议、依托结对共建、组团服务等已有的工作机制，更好地为居民群众提供资源。

2. 落实好社区党员联络员工作平台

安排机关领导带头派驻社区，建立社区民情、舆情联络员制度，定时定点收集各居民区的民众需求及建议，及时向镇党委汇报，合理解决一系列群众关心的“急难愁”问题，做到真正扎根在群众、为群众服务的宗旨。迄今为止，联络员制度为洞泾镇社区稳定、和谐发展起到了极大的作用。

3. 服务好党员志愿服务平台

升华“党员到社区、人人做公益”志愿行动，积极开展以“服务党员、服务群众”为主要内容的党员服务日活动，进一步弘扬志愿服务精神，以实际行动倡导良好社会风尚。结合“镇招聘会”“学雷锋日”“五八世界红十字日”“防灾减灾日”“劳动节”“七一党的生日”等节点开展党员上街宣传服务活动，为居民排忧解难，弘扬社会正能量。

4. 培育好社会组织公益平台

充分利用镇社会组织服务中心作为支持平台，建立健全“购买＋创投＋合作”社会组织资金支持体系，引导社会组织开展社会服务项目，大力推动社会组织参与社会治理。充分利用“洞泾之窗”“社区小报”等宣传媒体推广本地

区社会组织的品牌机构、品牌项目，实现社会组织长效发展。通过一年多的摸索及实践，培育了“明珠公益”等地方公益组织，开展了“癌症康复协会”“社区资源共享点开放”“社区老人关爱”等一系列共治案例。

（二）激发活力提升社区自治水平

1. 稳步推进民主评议平台

以光星居民区为例，2016 年建立了“社区民意恳谈会”议事平台，实现了居民区自下而上的工作评价体系，由居民区的居民代表、党员或党员代表、老干部代表、居民小组长、居委会工作人员组成评议小组，参与民主评议，不断提升居民自治能力和自治水平，提高办事效率，维护社会稳定。一年多来，通过“社区民意恳谈会”，光星居民区先后解决了诸如小区乱停车、宠物扰民、高空抛物、毁绿种菜等众多小区治理难题，也制定了一系列相关自治公约。

2. 积极搭建社区睦邻点平台

根据区委区政府关于组建一批吸引居民群众积极参与的社区睦邻点的号召，我们以每个小区居民的兴趣爱好为依托，建立了“心动光影睦邻点”“绚丽海欣睦邻点”“许阿姨睦邻点”等涉及学习性、娱乐性、生活互助性的睦邻点 11 个。通过社区睦邻点的建设，建立起了新型的邻里关系，促进社区居民不断提升自身整体素质和生活质量，提升自治水平。

3. 大力开展社区工作项目化建设

以项目化为驱动，开展党建引领下的社区自治，进一步加强居村规范化建设。围绕“一居一品”，做强做大“文明楼道”“美丽庭院”“民意恳谈会”等自治项目。通过动员发动、走访调研、评议实施，迄今为止，已经形成了 11 个居民区的共计 14 个自治项目。以海欣居委会“社区邻里节”自治项目为例，第四届社区邻里节的“感恩母亲、创意童年、我型我秀”环保时装秀活动动员了近半数的小区居民，从学龄前儿童到大学生，从阿姨到白领，都积极参与亲手制作环保时装，实现了社区活动中最大限度的“居民自治”。

城市住宅小区是最基层的社会区块，有着自身的运行特点，“四治合一”

的治理模式是符合其运行特点的，本文是一种有关“四治合一”治理模式的设想，并有了初步实践。后续，根据实践的反馈，将持续修正该种模式。

【专家评审意见】

社区是社会的基本细胞，是政府和群众的沟通桥梁。社区居民自治是社区基层治理的基本形式，其中涉及社区居民、居委会、物业以及基层政府等多方面的主体。在社区居民自治过程中，必须处理好这些主体之间的关系，使这些主体形成合力，共同参与基层治理。本文作者针对这四方主体在社区自治中的作用，分别界定各方护体的角色定位，并提出以法治为前提、以德治为补充、以共治为优势、以自治为途径的“四治合一”的治理模式，对于今后社区居民自治和基层治理的实践工作具有一定的指导意义。

第二部分
松江区依法治理优秀案例

着力构建维稳平台　打好拆违控违攻坚战

松江区九亭镇人民政府

一、背景缘由

为落实上海市委 2016 年 1 号调研课题——“补短板”和松江区“1+16”整治工作部署，九亭镇以清除“五违”现象、推进污染企业清拆和建设用地减量化工作为主要抓手，全面推进区域生态环境综合整治。在老宅基动迁、无证企业拆除、非法经营取缔等各项治理工作稳步推进落实的过程中，多类型矛盾纠纷频发，不稳定因素持续增加。为了依法、铁腕、稳妥地推进我镇生态环境综合整治各项工作措施，建设生态宜居宜业新九亭，我镇坚持深化法治宣传教育，努力扎实做好人民调解和社区矫正工作，不断拓宽法律服务领域，从而有效预防冲突、调处纠纷、化解矛盾，着力解决群众最关心、最现实、最直接的利益问题，维护辖区和谐稳定。

二、基本做法

在此过程中，我镇重点从以下三个方面着力构建维稳平台，打好拆违控违攻坚战。

第一，围绕重点领域，抓好重点对象，营造依法治理浓厚氛围。我镇进一步加强领导干部和公务员学法用法工作，推动党员干部自拆立标，明确要求所有党员干部自觉地在宪法和法律的范围内活动。整治前期，对有集体背景及党员干部的违法建筑统一拆除。在随后约谈动员其他业主自拆时，先拿“自家”开刀、先从“自己人”拆起，在社区内树起标杆，起到良好的带头示范作用。

同时，深入社区开展普法宣传，营造良好整治氛围。通过向市民朋友发放生态环境综合整治告知书，在社区内悬挂横幅、张贴公告、发放宣传资料等方式，广泛宣传环境整治工作的相关法律法规及相关政策，将“五违”整治工作的重要性和必要性以及整治重点、主要内容、相关政策和措施向居民说清楚、讲明白，引导广大居民群众自觉参与小区的环境整治工作，共同打好生态环境综合整治攻坚战。针对企业租户做好围绕整治“五违”问题的法治宣传教育工作，特别是做好《城市规划法》《土地法》《城市市容环境卫生管理条例》等法律法规和相关政策中重点条款的适用与释疑工作，突出重点，强化渗透，不断提升企业租户的认知率和参与率，在法律的框架内，争取企业租户的理解与配合，合力消除“五违”现象。

第二，加强民主沟通，注重源头预防，深入排查化解矛盾纠纷。我镇持续深入地开展矛盾纠纷大排查工作，以各人民调解委员会为重点，定期重点排查因“五违”整治、征地拆迁引发的矛盾纠纷，做到底数清、情况明。对影响社会稳定的突出问题和群众关注的难点、热点问题，以及涉法、涉诉、缠访、缠诉等问题，在稳定事态的基础上，引导当事人通过合理合法的渠道加以解决，避免出现严重后果。同时，深入企业疏导动员，通过耐心劝导将问题矛盾化解在第一线。我镇建立责任包干制度，班子领导带领工作组，深入企业进行拆前动员，向大家讲清违法建筑的严重性、危害性，释明污染企业清拆的必要性、大趋势。通过不断加强前期的民主沟通，安抚、舒缓企业租户的情绪，并在法律的框架内，通过政策引导，晓之以理，动之以情，从源头上预防和减少矛盾纠纷的发生。另外，努力提高人民调解员整体素质，注重从退休党员干部、政法干警和具有相关法律专业知识的人员中发展人民调解员，注重邀请律师、其他法律工作者以及相关领域专家参与人民调解工作，为调解纠纷提供专业人才和智力支持。

第三，关注弱势群体，强化法律援助，拓展民生领域法律服务。我镇加大法律援助服务工作力度，维护弱势群体利益。针对生态环境综合整治过程中产生的租赁合同纠纷、老人赡养纠纷和侵权类纠纷等民事纠纷，全面、及时地提供相关法律咨询，发挥好群众求助最便捷的咨询主渠道作用，解答市民群众在法律上的困惑和疑虑。为辖区内有法律援助申请需求的困难群众提供相关指导，对于符合法律援助范围的申请人，帮助其联系区法律援助中心进行申请受理。加强民生领域的法律服务，落实村居法律顾问工作制度。同时，引导律师和法律服务工作者做有利大局的工作，为每个村居配备一名专业律师担任法律顾问，不断强化法律在维护群众权益、化解社会矛盾中的权威地位，支持和引导辖区市民群众理性表达诉求、依法维护权益，全力解决好在九亭镇生态环境综合整治过程中市民群众最关心、最直接、最现实的利益问题。另外，深入开展律师参与政府信访接待工作，协助相关职能部门依法妥善处理因生态环境综合整治工作可能引发的市民群众信访案件和群体性事件。要求律师保持中立立场，运用专业的法律知识和实务经验提出协调和处理有关信访事项的建设性意见，协助相关职能部门及时公正地解决纠纷，防止矛盾激化。

三、主要成效

2016 年 1 月至 12 月，九亭镇市级整治区域内 280 家企业无证建筑房东，已签约 242 家；消除违法用地 1445.83 亩（1 亩 ≈ 666.67 平方米），其中市级区域 1164.4 亩、区级区域 262 亩、其他区域 19.43 亩；完成建设用地减量化 280.52 亩，已立项 6 个合计 1109 亩；拆除“五违”建筑 172.05 万平方米，其中：库内 162.79 万平方米，库外 9.26 万平方米；消除违法经营 1055 户；清拆污染企业 128 家；整治河道两岸 23 条，补种河道绿化 11 条，疏浚河道 12 条段 14.98 公里，疏浚河道淤泥 12.46 万立方米，处置三无船舶 24 艘；消除违法居住 1881 户 4527 人；宅基动迁丈量洽谈 1065 户、签订协议 1002 户；补种地被植物 17.5 万平方米，植树 53.5 万棵，涉及总面积 32.9 万平方米；整治违规广告 2029 处共 11585.5 平方米、乱设摊 144 起、跨门经营 84 起、乱晾晒 501 处、乱停车 704 辆、乱张贴 512 处。

四、推广价值

针对“五违四必”整治工作，九亭镇坚持加强人员整合力量的工作措施，强化人员配备，形成工作合力。在市级整治区域按照领导包干原则，依法铁腕稳妥推进，目标快速取得实效；在区级整治区域划片分组，沿路扫、沿路拆，各个击破、逐点推进。坚持落实、落小、落细的工作标准，制定生态环境整治攻坚战行动方案及整治任务时间表，严格规定任务完成时限。按照整治任务时间表，目标细化、态度细致、措施细密，深入推进环境整治。坚持源头控制、属地负责、部门协作、公众参与、社会监督的原则，全力以赴做好生态环境整治作。坚持任务上图、上墙、上表的工作方式，市、区、镇三级整治区域确定后，九亭镇通过实地航拍，制作高清整治区域图。结合前期对各区块内企业生产经营状态的深入梳理，将企业点位清楚标注于图，用不同颜色标注企业性质，整治区域以图、表相结合的方式罗列清晰，并对整治区域内的无证建筑、违法建筑进行编号、上墙，并做到实时更新。

【专家评审意见】

随着我国经济高速发展，城区建设步伐不断加快，随之而来的违法建设现象也愈演愈烈，已经成为困扰城市发展和市民生活的一大难题。有效清除违法建设，既是消除公共安全隐患、维护城市整体规划的需要，又是提升城市形象、改善人居环境的保障。但是，由于拆违过程中涉及当事人的实际利益，经常发生各种抵抗执法的问题，甚至引发群体性事件。对此，松江区九亭镇人民政府采取加强领导干部学法用法、党员干部带头自拆、深入社区开展普法宣传、引导居民群众自觉参与小区环境整治、事先做好定期重点排查和预防工作、深入企业疏导动员、关注弱势群体、强化法律援助等措施，构建维稳平台，打好拆违控违攻坚战，在维护社会稳定的前提下做好拆违工作，取得了较好的成果，同时也为松江区乃至全国各地目前仍在进行的拆违整治工作提供了有益的经验。

运用法治思维方式推进民防行政审批改革

——从“经验化”向“法治化”转变

上海市松江区民防办公室

扎实推进人防系统简政放权，更好地服务区域经济社会发展，已经成为当前人防（民防）事业改革发展的主要命题。如何实现全市场要素决定的，更能体现服务功能的透明化、规范化、法治化的管理模式，松江区民防办在民防行政审批领域进行了一系列有益的尝试和探索。

一、背景缘由

近年来，松江区民防各项工作都走在了全市民防体系前列。但对标全国先进典型，我们还是清醒地认识到，需要提高的工作还有不少。首先，对民防法律法规的重视程度有待进一步加强。《上海市民防条例》于2003年修改通过，《上海市民防工程管理办法》于1993年实施，在瞬息万变的今天，有些法条规定显得滞后。当法律法规的指导作用在弱化，人们对法律法规的重视程度也必然会有所淡化。其次，主动求变意识有待进一步加强。受人员来源、年龄结构等诸多因素影响，部分同志主动学习、主动变革的意识不足，做事凭经验现象偶有出现。最后，审批和监管环节的衔接有待进一步加强。受人员编制等限制，区级层面在抓好审批环节外，在民防工程的建设、使用、维护等监管环节还有心无力。而区块上的街镇层面，民防条线的干部往往身兼多职，分身无术的情况下必然疏于督察、惰于反馈，使审批和监管的衔接有隙。

二、基本做法

发展中产生的问题，也必然需要我们用自我变革的方式解决。而松江民防办选择了用“法治化”补短板，强实效，提效率，真正发挥人防（民防）的社会效益、经济效益和战备效益。

（一）“依据法”，强化主动学深入学

《中华人民共和国民防法》《上海市民防条例》等法律法规以及《关于优化民防行政审批流程支持本市产业园区加快建设的政策意见》等具体工作文件，是我们民防审批改革的根本依据和流程规范，容不得半点含糊。区民防办每年都把全员的业务法律知识学习列为年度重要工作，利用网站、公告栏、内部简报等阵地加强对法律条款的宣传与解读。同时，推进行政执法证学习、考核工作，实现上岗前有培训、上岗后有考核的工作常态。区民防办还邀请市民防办、区法制办等领导、老师讲课，送骨干审批员、法制员到市民防办学习，务求掌握民防法律法规的立法思想，灵活学法、科学用法。

（二）“瘦身法”，完善服务执行机制

根据市区两级有关行政权力清单清理工作要求，结合《民防行政处罚裁量基准》的实施，近年来，区民防办共清理民防行政权力责任共计 130 项，减少审批环节，缩短审批时限。民防部门建设工程审查程序由原来的 3 个阶段缩减为现在的 2 个阶段，相关流程事先征求市民防办、审改办等上级部门、行政相对人意见，事后主动公开公示。

（三）“约束法”，规范行政权力运行

不透明的审批容易导致权力寻租和腐败问题的产生。区民防办按照权力制衡原则，分岗设权，设民防法制科，与工程科、工程管理所形成既相互制约又相互协调的分权架构。采取“事前、事中、事后”的“动态式、闭合式、公开式”监管，杜绝灰色地带产生。“事前”即重要项目实施班子会审制，“事中”即实施多部门、多岗位参与的动态公开监管机制，“事后”即分段实施验收、检查、执法流程。

（四）“立改法”，持续优化服务流程

根据区委、区政府“创新驱动、转型发展”的总体要求，区民防办每年召开行政审批工作专项讨论会，陆续推出重大工程、民生工程“绿色通道”、提前介入服务、限时办结手续等措施。同时，加强行政审批标准化建设，编制民防行政审批事项的办事服务指南折页。另外，注重听取党风廉政监督员反馈意见，即行即改，不断提高民防行政审批窗口服务质量。

（五）“案例法”，深化案件教育意义

通过对九亭镇某公司欠缴结建费案、小昆山镇某公司未落实民防建设项目案等典型案件的查处，编写依法行政典型案件，制成典型案例反思读本，在审批、检查、执法等环节向企业建设方、承建方和普通群众宣传，强化典型案件的教育意义。

三、主要成效

推行“经验化”向“法治化”转变，从群众的反响、市办的考核等综合指标来看，松江民防审批服务改革成效显著。

一是“培训”练出真本领。区民防已连续多年保持行政审批窗口无投诉，廉洁自律无违规。窗口服务质量的提高，很大程度上源自工作人员高效、科学的办事能力和水平。

二是“瘦身”推出新举措。开启“1+2+3”快速审批模式，在“松江新兴产业园南部综合体”项目中实现松江区大型园区民防工程建设“零”的突破。

三是“规范”抓出新形象。各种依法、透明、规范的审批流程，方便于民，用政府权力的“减法”换取市场、社会活力的“加法”，增强了政府的公信力。

四是“宣传”产出新震慑。以身边典型案例作范本，在严格执法的名义下开展普法宣传，有力地震慑了部分企业主、当事人有法不守、侥幸“装傻”过关的心理。多位业主在看了行政执法、依法治理宣传案例后表示，在目前严审批、强监管、重处罚的背景下，存侥幸心理最后是伤害自己。

五是“衔接”变出新机制。打破以往线上来不及管、块上不愿管的格局，明确了区镇两级民防工作部门的职责分工，使审批、发现、反馈、执法各个环节形成闭环，各项职能更趋法治化、合理化。同时在审批与执法部门对接上，部门之间、岗位之间的分工协作能力也得到了加强。

四、推广价值

“经验化”和“法治化”不是简单的意识转变，更重要的是在法治思维的指导下，通过依法、科学、简便的措施形成制度化和每个工作人员的内心准则。区民防办通过“五法”探索实践，保障了各项权力运行更加规范、合理，有助于打造法治政府、廉洁政府、服务政府、透明政府，无论是在理论上还是举措上均具有一定的推广借鉴价值。

【专家评审意见】

人民防空工作是军事斗争准备的重要组成部分，是保护人民群众生命及财产安全的一项重要措施。人民防空行政审批作为人民防空建设管理的重要手段，意义重大。但是，作为人民防空行政审批依据的《防空法》《上海市民防条例》《上海市民防工程管理办法》等颁布时间较长，一些规定比较原则、笼统，一些条文可操作性不强，还有些条文只规定了法律义务，而对违法行为没有规定相应的制裁手段。因此，民防办以往在实施过程中主要依靠“经验”。对此，松江区民防办在简政放权和行政审批改革的时代背景下，选择用“法治化”补短板，充分运用“依据法”“瘦身法”“约束法”“立改法”“案例法”等方法，强实效，提效率，真正发挥了人防（民防）的社会效益、经济效益和战备效益，也为其他地区今后的民防行政审批工作提供了值得推广和借鉴的经验。

创新商户自治共治机制
推进多层次多领域依法治理

——车墩镇商户自治共治机制实践探索

松江区车墩镇人民政府

作为传统工业重镇，车墩镇受产业升级、业态重组、人口快速导入等因素影响，整体呈现出社会层次立体化、社会主体多样化、社会利益差别化、社会矛盾复杂化的新格局。特别是人口集聚井喷与商业业态散乱、集镇扩容加速与低端业态丛生等社会管理矛盾有所加剧。为强化社会全员参与、自治共治并举的基层治理模式，车墩镇以商户自治委员会的探索为突破口，深入推进多层次多领域依法治理实践，取得了一定的成效。

一、项目背景

由于诸多历史原因，车墩集镇商业配套多以小、散、乱的个体商户为主，该业主群体对环境卫生、违法搭建、诚信经营等社会管理要求，普遍存在着法律认识不清、自律意识不强、大局观念不强等问题，致使社会管理成本增加、管理实效较差。2015 年，车墩镇在振兴街成立全区首家商户自治委员会，2016 年，又推出影视路升级版，在探索商铺自律管理新机制的路上迈出了扎实的一步。

二、主要措施

（一）整合力量明确职责，推进机制创新

梳理、融合市场监督管理所、城管中队、环卫所、居委会等9家职能部门及单位所涉管理职责、工作要求、管理目标，经过打包，整合成了管理、执法、作业、商家“四位一体”的门责管理机制，从而使商户自治委会员有了“基本法”。

（二）自主选举自主管理，调动参与热情

转变管理与服务观念，职能部门只负责把游戏规则定好、把台搭好，把舞台充分让给商铺业主。自治管理委员会实现了自我筹备、自我选举、自我管理，其中影视路自治委在2016年10月选出会长、副会长、秘书长5人管理团队，并进行成员情况公示。选出有影响力、有一定规模、有信赖度的商户业主作为管理团队成员，保证了后续的执行力。

（三）建章立制落实规矩，细化自治模式

振兴路商户自治管理委员会成立后，马上出台了《振兴路商户自治管理委员会会员手册》，罗列了理事会名单，制定了《章程》《管理公约》《星级商户评选规则》等10份文件、办法，既明确了《上海市市容环境卫生责任区管理办法》等管理的法律依据，又建立健全自治委员会的运行机制，更为重要的是像考核指标、评星依据等具体的操作细则，让自治委员会管理起来更有底气。

（四）星级评选能上能下，形成良性循环

根据《管理公约》等自治细则，自治委牵头组织开展了星级商户评选，分设二星级到五星级共四个等级。门责自律规范、主体资格合法、经营行为有序、社区融入紧密、从业人员达标等五大指标一起构成了评比标准体系。定期考核、定期挂星、限期整改，同时引入区网格中心、城管、第三方测评机构和市民巡访团的巡查考核，实行动态挂星摘星制度，形成了全时段全领域的监管、考核、评议格局。

（五）讲好道理做好服务，赢得理解支持

一是前期挨家挨户上门了解商铺经营状况、业主信息、管理设想，从建设互利共赢模式出发，算好社会效应、经济效应两本账。二是提倡跨前服务。在得知有 7 户临开张商户在营业执照办理上存在困惑后，市场监督所同志主动上门集中讲解；在听到几户商户门前存在黑车占道影响生意反映后，城管、路政等部门及时出手，定点整治、拔钉，还商户一片清净。前端抓宣传、后端抓服务，赢得了商户的理解和支持，振兴街在“星级商户”评选中，全街 95 家商户全部参与。

三、主要成效

（一）争先评优，依法经营正向引导

巡访点评、商户互评，公开唱票计票、定期挂星摘星等举措，使星级评选与商铺整体经营品质挂钩。消费者认可挂星背后的价值，逐渐养成凭星级选店消费习惯，有效刺激了商户对商誉价值的重视和维护。在荣誉感、经济利益等诸多因素的正向引导下，商户诚信经营意识有了提高，环境卫生观念有了改善，服务质量理念有了深化。在二星至五星的分档限额管理的模式下，升级、升星意识的存在，必定会促使商户之间从纯粹的赚快钱，转变到依法守信的赚信誉、赚长钱。

（二）自觉维护，市容环境较大改观

来自车墩城管执法中队的数据显示，商户星级评选活动开展以来，车墩镇振兴街投诉受理数和案件查处数大幅下降，在市、区、镇三级督查反馈单上也“榜上无名”，成为全镇几个活跃度较高的区域中市容环境实效测评最好的区域。振兴街上大部分商户都有这样的体会——只有整体环境搞好了，客人才会愿意进店消费，因此业主们共同维护有序环境的行动也更加自觉，乱设摊、跨门营业、乱搭乱建等管理难点，随着商户自我管理、自我约束意识的复苏有了明显的好转。

（三）主动奉献，加快融入社区治理

得知原来停靠地翻修需要新的停放点，两家相邻商户联手腾出门前停车位给血站的献血车暂作新家。城市管理顽症“牛皮癣”本是无人愿意过问的，现在大部分商户都把街区当成自家的后花园，正义感满满地随时劝阻，让张贴小广告的“黑手”无从下手。原本脏乱不堪的果皮纸箱，现在商户们都愿意自扫门前雪，主动包干清洁；以往随处可见的地上小杂物，现在大家都会多走几步扔进垃圾桶。

（四）归口对接，有效减轻管理成本

振兴街95户、影视路135户，以往一项活动、行动，政府职能部门要一一通知，现在只要和自治管理委员会沟通、对接即可，由自治委成员挂钩做商户的工作。2016年年末，振兴街沿街商铺启动“五违四必”清拆清理工作，对超过20户商户经营产生一定影响。自治委收集商户意见，及时与镇相关职能部门沟通，最终初步谈妥商户自拆方案。2017年车墩镇全面推开“三个创建”工作，职能部门除常态化的宣传外，还由自治委牵头做商户思想工作，商户接受度高，执行效果好。

四、推广价值

（一）架起了一座沟通共赢的桥梁

自治管理委员会不仅是一个自我管理的组织，也是政府职能部门与全体小业主的沟通桥梁。通过政府部门的服务与引导，实现了小业主自我管理、共赢互惠的目标。管理部门与商户不再是单纯的治理与被治理的关系，而是一个大目标下的两个市场主体。这种角色和关系的转变，使管理的难度下降了，各类执法发生冲突、纠纷的概率也下降了。

（二）摸索了一套自治共治的机制

车墩镇在推动振兴街、影视路商户自治管理委员会的实践中，构建职能部

门法律规制、市场主体自主管理、社会群体全面监督三者有机结合的依法治理机制，建立起了协作共赢的“统一战线”。充分发挥市场主体的主观能动性，既体现了城市文明建设中“人”这一根本性要素的重要性和不可或缺性，也集中体现了依法治理、全面治理的理念。

（三）找到了一把调动热情的钥匙

当前通过《村规民约》《居民公约》等形式，探索基层自治共治管理路径的实践不少，但真正可持续的并不多。究其原因还在于政府职能部门热、自治主体冷的反差。车墩镇的商户自治管理委员会用星级评选引导社会大众消费倾向，迫使商户更加注重商誉、周边环境等软实力，再辅之以健全的规范、透明的操作、动态的管理，从而保障自治共治有了深入人心的土壤和持续发力的舞台。

【专家评审意见】

加强和创新社会治理，是完善和发展中国特色社会主义制度、推进国家治理体系和治理能力现代化的重要内容。党的十九大报告高度重视社会治理问题，从统筹推进“五位一体”总体布局和协调推进“四个全面”战略布局的高度，对社会治理问题进行了阐述，明确提出要打造共建共治共享的社会治理格局。作为传统工业重镇的车墩镇响应中央的号召，将党的十九大报告中的共治理念落实到社会治理中，不仅整合已有的政府职能部门加强管理，而且由职能部门制定规则、搭建舞台，让商铺业主通过自治管理委员会的形式进行自治，并通过星级商户评选和做好前端抓宣传、后端抓服务工作等措施，引导商户依法经营和自觉维护市容环境，不仅减轻了管理的成本，而且增强了治理的效果，实现了共赢。这一套自治共治机制，为今后的社会治理积累了经验，值得推广。

“城市 e 管家”打造“全民城管”新模式

松江区泗泾镇人民政府

一、背景缘由

近年来，泗泾城市化步伐加快，中心城区和外来人口数量导入严重，同时随着市民生活水平的不断提高，对城市管理也提出更高的要求。城市化进程中特定的发展阶段，给泗泾城市管理工作带来了前所未有的压力。为应对新形势下城市管理工作的新情况和新挑战，泗泾镇党委、政府与时俱进、主动研究，着力构建和创新城市综合管理模式，开发泗泾“城市 e 管家”公众交互系统平台，显著提升城市管理水平，开创全民“城管”新时代。自正式上线以来，截至 2016 年年底，平台实际完成市民注册 7927 人，接收案件 7176 件，受理 3602 件。其中事件类 1925 件，主要是道路破损、三乱、跨门经营等问题；部件类 1677 件，主要集中在井盖雨水篦子缺失，交通信号灯、路灯、公交站亭等问题。“城市 e 管家”有效地推动了全镇城市综合管理快速响应和快速处置的能力。

二、主要做法

（一）科研开创，开发适合全民参与城市管理的软件

一是建设专用的城市综合管理数据库，实现事件和部件信息、案件信息、图像音频资料等数据的海量存储和管理，为开展城市综合管理移动化应用创造数据库支撑环境。二是开发泗泾镇城市综合管理移动 APP（针对市民用户、网格长、职能部门开发对应的三款 APP），实现问题的上传、处理、查询、反馈

的闭环过程管理。三是开发统一的调度监督管理平台，实现问题受理、立案分派、核实结案的全过程数字化管理，集中进行问题处理满意度调查，进行市民积分奖励和管理操作，统一发布共享服务信息，能对案件受理处置情况进行统计分析和监管，并能够对网格长、处置部门的工作效能进行考核评价。四是开发泗泾镇城市综合管理领导决策分析平台，可通过平台调阅全镇城市综合管理受理和处理情况及绩效统计表，并通过饼图、柱状图、走势图直观地进行报表展现。五是集成 GPS 定位和 Internet 共享地图应用，在用户对事件和部件进行拍照上传、网格长进行问题核实以及承办部门调阅案件时，能动态获取用户位置信息和进行实景地图的展现。

（二）保障运作，确保“城市 e 管家”实现城市治理正效益

泗泾“城市 e 管家”由手机端 APP 软件和指挥平台两部分组成。安装后，市民可通过手机端 APP 软件将发现的问题以图文方式上传至系统，指挥平台完成案件筛查，经网格长现场核实后，再由平台分类派遣至责任部门，部门快速处置后反馈网格长核查，后交由市民进行满意度评价，最终结案。若网格长核查后认为不合格，则再次退回责任部门处理，市民满意度评价较低的，最终将影响考核。同时，系统还推出了会员注册管理和举报奖励办法，奖励均以微信红包形式立即兑现，5 元、4 元、3 元、2 元、1 元不等，极大地调动了市民参与城市管理的积极性。

（三）建章立制，建立处置反馈、考核机制和奖励机制

泗泾镇城市综合管理委员会办公室制定了考核细则，考核实行百分制，包括结案得分、工作量、市民满意度三个方面的内容。由镇长担任平台考核工作小组组长，社治办负责具体实施考核，统计评价各职能部门工作成效，每季度排名一次。考核排名“动真格”。镇城管委每季度研究分析考核数据，对因主观原因未按职责完成整治任务、未达工作标准、未按指挥中心分派要求落实整改，导致排名靠后的单位进行通报批评。为鼓励市民广泛参与城市管理，泗泾镇推出注册和举报奖励办法。用户完成注册，同时进行第一次举报，经平台确

认接单后，便以微信红包形式奖励20元。泗泾镇还将评选“十佳城市好管家”，每半年组织一次评选，设一、二、三、四等奖若干，分别奖励1000元、800元、600元和400元。

三、取得成效

（一）建立数据库，奠定了城市管理大数据的基础

泗泾“城市e管家”由一个微信公众号、两个PC平台（分办平台、数据分析平台）和三个APP（市民用户、网格长、职能部门）构成，有动态跟踪、催办督办、考核评价、活动交流、综合分析、地图标识等功能，实现泗泾镇个性化、智能化的数据统计和效能分析，可以说是奠定了城市管理大数据形成的基础。泗泾“城市e管家”公众交互系统受理范围涵盖公众设施、道路交通、市容环境三大类，细分51小项，几乎囊括了城市管理的方方面面。通过统计分析“城市e管家”中的数据，能够发现泗泾地区最常见的城市管理问题、城市管理问题集中点等重要数据，可以从中预见问题、发现问题、解决问题。

（二）信息透明化，实现了城市管理问题实时公开

“城市e管家”平台举报投诉事件全程公开，市民只要下载该软件，不需要注册，即能浏览所有投诉举报案件的流转情况，包括投诉事项、受理部门、处置反馈等动态情况。实时公开投诉举报案件的全过程，实现了透明化的行政执法、行政管理。一方面充分保证了市民的知情权，让市民能实时跟踪所关心的城市管理问题现状，另一方面在阳光下开展行政工作，无形中给责任部门带来压力，有利于监督责任部门更好更快地完成市民交办的任务。截至2016年年底，平台接受市民各类投诉举报并处置结案的共计6988件，满意率高达96.65%。

（三）全民共参与，体现了城市管理中的主体作用

“城市e管家”平台上线，完善了城市执法的公众参与体系，充分发挥了市民在城市综合管理工作中的主体作用。本项目投入运行后，广大市民通过智

能手机、平板电脑设备和覆盖全镇的 3G、4G 及 Wi-Fi 等无线互联网积极参与本镇的城市综合管理工作，及时、全面发现并提交问题，动态跟踪问题处理情况，对政府部门的工作效能进行监督。该项目让市民能够广泛地、民主地参与到城市综合管理工作中，市民成为城市管理的“管家”，更好地推动政府行政效率和执行力的提升，从而有效推进政府部门与市民、政府各部门之间以及市民与市民之间的交流和互动，实现了全民参与城市综合管理。

四、推广价值

“城市 e 管家”公众交互平台的建立，使传统城市管理难题得到了破解，同时为公众开辟了一条实时便捷的问题反馈渠道，也方便了政府及时发现并解决问题，成为政府与公众沟通的又一座桥梁。这一平台既能保证老百姓对身边事的知情权，也在无形中时刻监督政府部门的工作态度与工作效率，真正实现了全民参与、全民监督，有效提高了城市自治的水平，也将提高政府的依法行政能力和水平。

【专家评审意见】

城市管理涉及方方面面，城市管理执法过程面临诸多利益分歧，容易引发矛盾和纠纷。松江区泗泾镇人民政府面对中心城区和外来人口数量严重导入，同时市民对城市管理的要求越来越高的新形势和新挑战，积极应对，结合现代网络信息技术的发展，开发出泗泾“城市 e 管家”公众交互系统平台，将其运用于城市管理中，并且建章立制，通过建立处置反馈、考核机制和奖励机制，着力构建和创新城市综合管理模式，显著提升了城市管理水平，开创全民“城管”新时代。现代网络信息技术的应用不仅改变了人们的生活，而且可以运用于社会治理中。泗泾镇人民政府“城市 e 管家”的开发和运用可以说为今后的社会治理提供了有益的尝试。

城管执法暂扣物品管理标准化、规范化建设

松江区城市管理行政执法局

党的十八届五中全会以来，如何更好地将法治思维和法治方式应用于城市管理领域被摆在了我们的面前。作为创新社会治理的排头兵和先行者，松江区城市管理行政执法局聚焦执法工作突出矛盾点，着力破解暂扣物品管理难题，先后建成使用了松江城管直属仓库、仓库管理信息系统等项目，力求以现代科技手段与企业化管理方式相结合的创新管理模式为依托，大力推进暂扣物品管理工作标准化、数字化建设，实现对暂扣物品管理的有效监管。

一、背景缘由

随着松江城市化建设脚步的加快，城管执法作为城市管理中不可或缺的重要力量，已经渗透进了老百姓日常生活的方方面面。近年来，随着城管日常执法事项的激增、案件量大幅增加及我区区域环境综合整治工作的全面展开，各中队固有的仓储条件与实际工作需求之间的矛盾日益突出。在此背景下，如何运用创新管理手段，在确保执法工作有效推进的同时，构建、完善暂扣物品管理的监督机制，切实保障公民、法人的合法权利，成为松江城管亟待解决的课题。

二、基本做法

（一）建立松江城管直属仓库

2015 年，经前期调研、摸索，松江区城市管理行政执法局于同年 10 月以公开招投标方式采购了位于松江区甘德路 540 号的场地租赁及仓库管理服务，

建立了仓库面积约为1001平方米、室外停车场地及其他场地面积共约4.45亩（约2966.67平方米）的直属仓库，为全区的执法办案工作提供了有力的后备支撑和保障，并以此为试点探索、优化暂扣物品管理模式。

松江区城市管理行政执法局直属仓库自2016年3月正式启用至今，运行良好有序，不仅很大程度上缓解了各中队暂扣物品保管难的燃眉之急，更在支援区域环境综合整治工作中，对九亭地区的拆违工作涉及的合法财产进行了妥善的保管，确保了该地区整治工作合法、高效进行。

（二）建设仓库管理信息系统

2016年，为进一步强化对暂扣物品工作的刚性管理，结合基层管理工作实际，松江区城市管理行政执法局以直属仓库为试点，以信息化建设为依托，打破原有人工管理的模式，创新管理理念，在机制创新上下功夫，研发松江区仓库管理信息系统，通过仓管系统暂扣物品进行网上虚拟流转，实现了对暂扣物品管理全过程的实时监督、动态管理。

三、主要成效

（一）以点带面，构建标准化管理体系

松江区城市管理行政执法局以直属仓库为试点，创新性地将采购仓库管理服务模式运用于暂扣物品管理工作中，实行场地专用、专人负责、严格管理，更将企业化管理模式引入仓储管理工作。一是管理手段制度化。针对仓储管理实效制定《松江区城市管理行政执法局仓储管理服务考核标准》并实行月度考核，严把暂扣物品入库、在库、出库三个关口，实行“一案一账，一物一卡”管理模式。二是管理人员专业化，配备专业的仓储管理及安保人员，持证上岗。三是基础设施标准化，直属仓库根据日常执法需求合理规划了基础仓库、室外停车场、易燃易爆等高危物品储藏室等不同存储区域，并实施库位细化分类管理，确保暂扣物品保管合理有序。四是管理场所安全化。仓库实行24小时管理模式，严格执行管理人员不定时、不间断巡逻制度。仓库内外共配备了

16组数字高清枪式、半球式摄像机，重点区域实时监控。以人防、物防、技防的“三防管理机制”，有效提升仓储场所的安全性。

（二）智慧监管，强化业务全程监督

信息化手段的引入，正在给暂扣物品的日常管理和监督考核带来巨变。首先，我们通过仓管系统实现了暂扣物品的网上虚拟流转，指挥中心只需要通过平台信息查询就可以追查到某一暂扣物品的当前状态、入库时间、保管库位、对应的案件信息等，第一时间掌握仓库运行情况。其次，以数据平台取代人工台账，更从机制上杜绝了各类违规处理现象的发生，确保账物相符、账案相符。通过系统设置的提示功能，确保了暂扣物品能够得到依法、按时、有效的处理，避免了以往因案件周期长、人员疏忽而导致暂扣物品超期等损害当事人合法权益的情况发生。对于暂扣物品逾期不接受处理的，经公示期届满，仓管系统将自动流转进入收购、拍卖、变卖或销毁程序，并记录处置结果，从源头杜绝了逾期不处理就无人问津、凭空消失的情况发生。

（三）源头把控，完善风险管理机制

暂扣物品管理与当事人权益息息相关，长期以来也是信访、投诉矛盾突出的领域。暂扣物品管理机制的完善，作为一个破解城管执法行业管控难点，化解矛盾冲突，保障公民、法人合法权利的有力武器，已经在松江城管的日常工作中扮演了举足轻重的角色。

四、推广价值

推进依法治理工作，就是要善于运用法治精神引领社会治理，用法治思维落实社会治理，用法治方式破解社会治理难题。松江区城市管理行政执法局通过直属仓库的标准化建设模型推广，借助信息化手段整合资源、强化监管，通过细化明晰责任标准、健全完善机制流程，将暂扣物品管理工作置于“产业链”中有序运转，也逐渐形成了可推广、可复制的科学化管理手段。

作为一个行政执法部门，“有法可依、有法必依、执法必严、违法必究”

这16个字，是我们推进依法治理工作的准则。其中“法”的含义除了法律之外，更可以引申为创新方式和方法。松江城管推进直属仓库和暂扣物品管理信息化建设，正是创新工作方法的具体体现。在新形式、新要求下，松江城管将继续本着大胆创新、勇于开拓的精神，探索创新工作机制，提升城市管理法治化水平。

【专家评审意见】

扣押财物是行政机关在行政执法过程中经常采用的行政强制措施，而且随着行政执法范围的扩大与执法力度的增强，行政机关扣押财产的领域、品种和数量日渐增多。但由于扣押财物直接涉及公民、法人或者其他组织的财产，因此，在具体的执法过程中遇到抵抗或者发生冲突的现象比较常见。对此，2011年制定的《行政强制法》对于扣押财物这一行政强制措施作出了明确的规定，一定程度上规范了现实执法过程中的扣押财物行为。但是，从《行政强制法》实施以来的行政执法实践来看，扣押财物仍然存在着很多争议的问题。对此，松江区城市管理行政执法局聚焦执法工作突出矛盾点，着力破解暂扣物品管理难题，先后建成使用了松江城管直属仓库、仓库管理信息系统等项目，力求以现代科技手段与企业化管理方式相结合的创新管理模式为依托，大力推进暂扣物品管理工作标准化、数字化建设，实现对暂扣物品管理的有效监管。这不仅对于今后的城管执法工作，而且对于其他领域的行政强制措施的实施也具有借鉴意义。

基层治理中干部挂钩社区网格工作机制的构建

松江区九里亭街道办事处

九里亭街道紧扣市委“1+6”精神，坚持“眼睛向下，一切围着基层转”，通过建立街道干部挂钩联系社区网格工作机制，进一步改进基层干部工作作风，密切党群、干群关系，畅通群众表达意愿渠道，着力解决群众最关心、最迫切的实际问题。

一、背景介绍：以破解社会治理“最后一公里”为目标，树立“眼睛向下看，身子往下沉”的制度理念

1. 树立联系群众理念，街道干部要“到群众中去”。通过街道干部挂钩联系社区网格机制，旨在去除街道干部“机关化”倾向，畅通与居民的联络渠道，深入了解群众所思所想、所需所盼，保持良性互动，不断拉近党群、干群关系。

2. 树立联系基层理念，街道干部要“解基层之难”。以往街道与居委会之间，主要以条线工作联系为主，但条线分工存在无法全面覆盖和条线交叉等问题，街道干部挂钩联系社区网格机制旨在建立块状联系机制，让街道干部挂钩联系基层，协助基层及时解决问题；同时，通过该机制将街道党工委、办事处的工作动态与基层进行沟通交流，取得基层单位的理解和支持。

3. 树立联系网格理念，街道干部要“凝社区之力”。通过机制的施行，力求进一步融合社区网格资源，发挥协同作用，以社区网格为基础，将社区拧成

一股绳，形成以街道党工委、办事处为核心的社区整体凝聚力，为建立“宜居九里亭、和美新家园”奠定良好的基础。

二、主要做法：以街道干部挂钩联系、社区网格为抓手，形成“闭环式”问题解决制度设计

1.“带着任务下网格”，固化联系网格四个方面。《九里亭街道干部挂钩联系社区网格实施意见（试行）》在工作内容、工作流程等方面都作了相关规定，确保责任到人，落实到位。第一，固化联系区域。街道将辖区划分为27个社区网格（以自然小区为基础），规定每位班子领导按照居委会行政划分联系多个网格；科级干部与工作人员（1人至2人一组）联系一个网格，确保每个网格都有街道领导、机关干部挂钩联系。第二，固化工作内容。明确街道干部“下网格”的主要任务：一是网格管理巡查，包括环境卫生、违法建筑、治安消防、道路交通、非法经营等方面，罗列巡查项目，对网格管理情况进行巡查监督；二是日常走访联系，这是街道干部体察民生、了解民情、倾听民意、解决民忧的一种重要方式；三是参与社区活动，包括参与、策划、推动居民自治项目和社区共治项目，组织参与居民区公益服务活动、群体文化活动，联系走访贫困居民、开展调研等。第三，固化巡查走访频率。街道党工委、办事处党政领导班子每月走访基层不少于两次，街道科级干部和工作人员每周走访网格不少于一次。第四，固化工作记录。街道干部每人一册民情日记本和工作手册，对于发现的问题，及时做好记录，做到“一事一表，附带照片”；对于社区居民的意见建议，也及时记录在民情日记中，事后进行归纳总结上报。

2.“解决问题为导向”，设计问题解决两套流程。街道干部挂钩联系网格机制以解决居委会和居民的实际问题为导向，明确两套问题处置流程。第一类是网格管理巡查发现的问题的处置流程；第二类是日常走访联系和参与社区活动中发现的问题的处置流程。两套问题处置流程均形成了多个层面的问题解决机制，即街道干部督促网格或协调街道职能部门解决、挂钩领导协调街道或区级部门协同解决、专题会议讨论解决的逐步递进的解决流程。

3.形成“问题清单库”，建立长效治理三项机制。一是建立问题清单销号机制。对于疑难问题，列入问题清单，逐一进行编号，通过挂钩领导和专题会议等方式予以解决，进入销号程序，切实做到解决一件销号一件。二是形成沟通研判机制。明确通过“三会”即工作例会、专题会议、季度通报会，对问题解决情况交流沟通，对疑难问题“问诊把脉、开出药方”。三是实行考核检查机制。一方面，将干部联系社区网格巡查结果作为对网格长（员）和环境卫生、市容市貌等相关工作人员的考核奖惩依据；对于网格长（员）应予发现和自查自处的问题未按时上报或解决的，严格进行责任倒查。另一方面，街道将挂钩联系社区网格情况，作为对科室（部门）工作人员考核的重要依据。

三、工作成效：以提升群众满意度为最终目标，达到对内对外多重制度效果

一是改作风、转理念，做到“眼睛向下”、紧盯问题。街道干部挂钩联系网格机制督促街道干部面向基层、面向群众，改变“官本位”的思维，改进工作作风，做到“眼睛向下”，从根本上摆正自己的位置，切实把公共服务、公共安全、公共管理做牢做实，使街道干部以实实在在的行动更好地服务社区居民。

二是贴民心、补短板，提升社区居民的满意度和获得感。干部挂钩联系社区网格有效回应了居民最关切、反映最突出的问题，随着小区内外环境的不断改观、难点问题的逐步化解，居民对街道干部挂钩联系社区网格机制表示肯定。

三是促协同、解难题，推动形成社会共治的良好格局。通过该机制的有效运行，构建了干部挂钩、部门协同、民众监督的问题解决机制，并充分动员和吸纳社会各方力量积极参与问题解决的全过程，形成街道党工委、办事处与辖区居民携手共治的良好格局，积极打造和谐、美丽、宜居、活力、幸福的九里亭“五型家园”。

四、推广价值：以创新社会治理为工作目标和要求，确保人民安居乐业、社会安定有序

九里亭街道干部挂钩联系社区网格制度着重在解决问题上下功夫，一方面，让街道干部下基层、下网格，察民情、听民声、汇民意、解民忧，通过制度让实践来检验效果，让居民来评价工作。该制度设计也在区域环境综合整治及“两学一做”教育活动中充分发挥了作用，切实让社区居民有更多的获得感。另一方面，该制度用设置挂钩领导和挂钩干部的方式，解决了由于街道部门职责分工所带来的基层群众诉求无明确对应部门或部门职责交叉等问题，在居委会与街道之间，建立了一种“块”与“块”的关系，防止一些问题被以往部门之间“条”与“条”的工作模式所遗漏。此外，该制度“问题清单销号”模式，将街道所有疑难问题梳理编号、解决销号，是以问题为导向、以需求为导向、以目标为导向的社会治理方式创新，具有示范和可推广的作用。

【专家评审意见】

在城市基层治理中，有关街道办事处的性质和职能、社区的作用、街道办事处和社区的关系等一直以来并没有厘清。对此，上海市委、市政府高度重视，将街道办事处作为创新社会治理、加强基层建设的关键所在，下发了深化街道体制改革的“1+6 文件”。2016 年 9 月，上海市人大修改了《上海市街道办事处条例》。九里亭街道针对社区治理中的问题，紧扣市委“1+6 文件”精神，依据新《上海市街道办事处条例》，通过建立街道干部挂钩联系社区网格工作机制，要求街道干部“带着任务下网格”，以“解决问题为导向”，通过网格管理巡查和日常走访联系、参与社区活动发现问题，形成“问题清单库”，建立问题清单销号机制、沟通研判机制和考核检查机制，进一步改进基层干部工作作风，密切党群干群关系，畅通群众表达意愿渠道，着力解决群众最关心、最迫切的实际问题，在基层治理方面具有推广价值。

村务监督委员会标准化建设

松江区泖港镇人民政府

一、项目背景

2014 年 11 月以来，泖港镇紧紧围绕“加快建设迷你生态宜居的美丽泖港”发展目标，大力推进村务监督委员会运行机制建设，使之成为民主监督、服务群众、促进和谐、推动发展的基层建设重要力量，有效促进农村基层党风廉政建设和民主政治建设，取得了良好的实践效果。

二、主要做法

1. 明确工作保障标准化。为切实保障村务监督委员会成员有效开展工作，村务监督委员会全面达到“十个有”的标准，在配齐配强村务监督委员会成员的同时，建立健全工作制度，探索建立村务监督绩效评估制度，确保村务监督委员会发挥监督作用。

2. 明确监督内容标准化。泖港镇选择了基础相对较好的黄桥村作为试点单位，先试先行，积累经验。黄桥村根据村务监督委员会具体工作职责和权利，明确了村务监督委员会重点规范村级重大事项民主决策情况监督、村务公开情况监督、村集体“三资”管理情况监督、村干部廉洁履职情况监督以及村民代表会议授权的其他事项监督等。

3. 明确运行制度标准化。为规范工作规程，杜绝监督不到位、缺位、越位等问题，黄桥村根据实际，草拟了《村务监督委员会系列制度汇编》，通过召开村民代表大会、党员大会、议事小组会议、各类座谈会等征求意见，修订完善各类制度 13 项。例如，在参与村务管理上，明确要求村民监督委员会主任必须列席村“两委”班子重要会议，召开党员大会、村民代表会议时邀请村务监督委员会全体成员列席。

4. 明确培训教育标准化。为确保村务监督委员会工作规范高效运转，泖港镇制定了《村务监督委员会定期培训制度》，采取集中培训、以会代训、讨论交流等形式。其中集中培训每年一次，帮助委员会成员了解村务监督委员会工作职责、义务及运作规程，村务公开民主管理有关规定，农村财务管理制度等，切实提高委员会成员开展监督工作的能力和业务水平。

5. 明确考核指标标准化。为督促村务监督委员会履职尽责，泖港镇制定了《村务监督委员会工作考核办法》，每年年底进行一次年终考核，重点考核履职情况、遵守守则情况、目标完成情况，同时由村民会议或村民代表会议对村务监督委员会及其成员的工作情况进行民主测评，结果列入村务公开内容，并与村务监督委员会成员误工补贴挂钩。同时把村务监督委员会运行情况纳入落实党风廉政建设责任制工作考核，作为对各村总体评价的重要依据。

三、工作成效

1. 民主监督实现新突破。村务监督委员会的建立，从原有单纯地进行村务公开监督，向全面村务事项监督延伸，扩大了监督范围。村务监督委员会通过事前参与决策、事中积极参加、事后及时公开的机制，把监督渗透到村级事务管理的各个方面，监督更加全面有力。

2. 民主决策实现新突破。自黄桥村村务监督委员会运行以来，通过搜集村民意见建议，实行联系户代表制度，发挥出了“1+1>2”的效应。村务监督委员会及时整理、反馈村民的诉求信息，并对村委会的落实、整改过程进行监督。村务监督委员会还充当了村级事务的宣传员和矛盾调解员，推动村级决策得到更好落实。

3. 干群关系实现新突破。村务监督委员会增强了村级权力运行与监督的公开透明，通过发现纠正党务、村务、财务公开问题，参与重大事项监督，有效规范村干部行使权力。同时，积极吸收采纳村民的意见和建议，消除村民的疑虑和不满，密切党群干群关系。通过回应村民各类诉求，帮助村民排忧解难，增强了村民的信赖感和满意度，塑造和树立了党员干部在村民中的良好形象。

四、推广价值

村务监督委员会对农村民主自治具有重要推广价值，它实行对自治体的财务监督，减少了村干部贪占行为；形成自治体的民主治理体系和运作机制，防止发生农村基层治理危机；村民逐步回归村务管理主体地位，缓解了被边缘化的危险；提升村庄权力组织的权威，化解了村干部权能危机；开启了民主管理与村民自治的良性互动。

【专家评审意见】

2010年10月28日，《村民委员会组织法》经第十一届全国人民代表大会常务委员会第十七次会议修订通过，其中第32、33条明确规定，“村应当建立村务监督委员会或者其他形式的村务监督机构”，“民主评议每年至少进行一次，由村务监督机构主持。村民委员会成员连续两次被评议不称职的，其职务终止”。该法实施以后，村务监督委员会在村民自治和村务监督方面发挥了重要的作用。但是，由于法律规定得较为抽象，在实践中，各村的做法并不完全相同。对此，松江区泖港镇人民政府通过村务监督委员会标准化建设，明确村务监督工作保障标准、监督内容标准、运行制度标准、培训教育标准、考核指标标准，不仅在民主监督和民主决策方面取得了成绩，而且改善了干群关系。泖港镇探索的这套村务监督标准对于其他地区的村民自治工作具有借鉴意义。

演出活动远程监管模式的创建

松江区文广局　松江区文化市场行政执法大队

为进一步加强对辖区内演出市场的监管，实现对演出活动全程监控，确保演出内容健康规范，区文化执法大队于2016年4月正式启用了针对演出场所的视频监控系统。该系统是由大队在演出场所内安装摄像设备，借助网络将演出情况实时传输到大队视频监控平台终端，由专人进行远程监控和管理，从而可以做到每个场所、每场演出都有专人全程监控，及时准确发现违规行为，予以阻止，并可以随时调取资料，为执法办案证据链的形成提供了技术保障。

一、背景缘由

松江区有近2000家文化经营场所，其中演出场所6家，分布在5个不同的街镇，每个活动每天（下午及晚上）举行2场，而大队一线执法人员不到20人，仅配备演出专管员1名，执法力量的相对不足制约了对演出场所的实时监控。目前活跃在松江地区的演出团队都是一些小团体，节目质量良莠不齐，监管上稍有疏忽，就可能出现低俗、淫秽色情表演等违法经营行为。

例如，2015年11月16日晚，上海电视台新闻透视栏目曝光了松江区4家演出场所涉嫌色情演出问题。市总队和区大队领导高度重视，立即进行部署和应对，在第一时间安排执法人员赶赴案发现场查处，并组织执法力量对松江区10家演出场所（2015年清查之前为10家，目前只有6家）进行全面清查。2015年11月27日至2016年1月27日，大队每天派出3个执法小组对10家演出场所进行全时段、全过程、全方位执法监管，出动执法人员324人次，检查场所 442 场次，全程观看检查 133 场次。但是集中式的专项整治需占用大量执法力量，几乎没有可持续性，针对上述情况，大队及时总结经验教训，积极思考对策，主动探索新的监管模式。

二、基本做法

（一）研究探索，推进筹建安装监管系统

一是协调各方支持配合。大队领导先后走访了区公安分局治安支队，区文广局、辖区派出所等相关管理部门，听取意见，探讨建立安装系统事宜，后向区分管领导汇报了筹建监控系统的原因、方案等，取得了区分管领导的同意。

二是实地走访观摩学习。大队会同区文广局先后实地走访了宁波市和常州市等地文化执法部门，现场观摩了当地文化执法部门通过监控系统对网吧、演出及其他文化市场进行监管的情况，并就具体使用过程中的一些问题进行了交流和探讨。

三是着手系统安装调试。大队召集演出场所和经纪公司负责人，传达了在演出场所安装监控系统对演出活动进行实时监管的意见，并布置了具体方案，随后聘请网络公司进行监控设施安装调试，2016 年 4 月正式启用。

（二）科学监管，大力提升监管效率

一是明确监控细则和操作规范。大队制定了《远程视频监控系统工作机制》，明确监控人员职责和操作规范，并配备了专管员，实行专人、专机、专房管理，建立值班日志。执法人员通过平台对各演出活动进行实时监控，一旦发现违规行为，执法人员就能在电脑上进行截图、录像取证，并通知其他执法人员到现场进行核实，为执法办案证据链的形成提供了技术保障。

二是做到实时监控和远程执法。监控系统的使用，使执法人员“足不出户”就能对演出活动进行实时监控，缓解了大队执法力量薄弱的问题，而大队同时与区网格化指挥中心、街镇二级指挥中心联网进行远程监控，发现违规演出或其他安全问题可及时相互通报，进一步提升了发现违规行为的能力。

此外，由于演出场所无法操控本场所监控设备，杜绝了其恶意删除监控录像资料的行为。

三、主要成效

系统安装运行至今一年多，大队做到了辖区内场场演出有专人全程监管，仅在运行之初发现了1起违法违规经营案件。2016年5月24日下午，大队执法人员在使用监控系统对当天的演出活动进行查看时，发现某场所正在举行的演出活动中疑似含有淫秽色情内容，并持续了近10分钟。执法人员迅速保存好演出活动的录像并刻录成光盘送市文广局进行鉴定。经鉴定，该演出活动确属于淫秽表演。大队立即对承办该演出活动的经纪公司进行了立案调查，最终由市总队吊销了该经纪公司的营业性演出许可证，在行业内形成了较强的震慑力，此举可以说是釜底抽薪之策，从根本上杜绝了演出中的违法违规行为，确保了辖区内演出市场的规范经营。

四、推广价值

在全市文化执法领域，安装视频监控系统对被监管场所经营活动进行全程监管属开创先河之举，大队去年以此申报了市总队的《个性化项目》，并以此在年终考核中获加分，且市总队去年以两篇简报单篇介绍大队视频监控系统，在其他区队中引起了重视，其推广价值主要体现在以下两个方面：

1. 大大提高了演出市场监管效率。使用该监控系统，仅需配备两名执法人员，就能对辖区内所有演出活动进行全程监控，一旦发现违规行为能迅速采取行动。而且该系统使大队与区网格化指挥中心、街镇网格化指挥分中心的监管实现了联网，可同时进行远程监控，发现违规演出可及时相互通报，从而形成了“人防”与“技防”相结合、一线执法检查与网络技术监控管理相联动的监管格局，有效提高了监管效率。

2. 为执法办案证据链的形成提供了技术保障。执法人员在进入演出场所检查之前，必须出示执法证件亮明身份，而场所工作人员在获知大队人员身份后迅速利用通信工具向场内通报，等执法人员进入场所后违规演出活动已停止并恢复正常，取证非常困难。即便执法人员调取演出活动录像，但由于当时的摄像设备为场所自行安装，对涉及违法违规的演出内容的音像资料作了人为删除，致使执法人员难以取得有效的证据。通过监控系统实时查看演出活动情况，对演出活动全程监管，不但可以及时发现违法违规行为，而且能够完整地取得与违法行为相关的证据。

【专家评审意见】

行政审批改革后，强调加强企业的事中、事后监管，但由于企业经营活动的复杂性，执法部门的事中、事后监管在现实中遇到了诸多问题。对此，松江区文广局、松江区文化市场行政执法大队将视频监控技术运用于监管过程中，通过大队安装在演出场所内的摄像设备，借助网络将演出情况实时传输到大队视频监控平台终端，由专人进行远程监控和管理，从而可以做到每个场所、每场演出都有专人全程监控，及时准确发现违规行为并予以阻止，从根本上杜绝了演出中的违法违规行为，确保了辖区内演出市场的规范经营。这为其他行政执法机关在新形势下如何运用新技术提高企业经营活动事中、事后监管的效率提供了借鉴。

以礼治推进社区民主自治建设

松江区泗泾镇人民政府

一、项目背景

随着社会的发展，人们的生活节奏随之加快，人与人之间的距离越来越远。居住在一个社区的人们在高节奏的生活状态下，邻里之间的接触交流很少，情谊很淡。当发生问题矛盾时，邻里之间互不相让，纠结不放，容易将小问题、小矛盾复杂化。润和苑居委是泗泾镇的一个老居委，管辖三个小区，共有 2017 户，自住率为 50% 左右，居民来自五湖四海。由于社区内常常发生邻里纠纷，纠纷的起因都是一些鸡毛蒜皮的小事，法无明文规定，清官难断家务事，居委工作面临着不小的挑战。对此，润和苑居委从推进民主自治建设的角度出发，在全镇推行《居民公约》的基础上，推出了“以礼化人”的礼治社区理念，探索创新社区自治模式。

礼治社区是一个新的社区自治模式，通过这种方式拉近居民之间的关系，打破楼宇之间居民的冷漠，用礼义来促使居民相互包容、尊重、礼让，把社区内的小矛盾、小问题在没有争吵、共同协商中化解，实现共同推进社区民主自治建设。

二、基本做法

（一）征求意见，明确礼治社区核心内容

新生事物的引入，总会引发不适应和莫名的恐惧。为确保“以礼化人”的礼治社区理念能立足于社区内，润和苑居委在前期开展了调研工作，通过党员

会议、楼道组长会议、个别座谈会，了解居民对礼治社区的认可接受程度。在广泛听取了社区居民的意见后，润和苑居委根据居民提出的问题及想法，制作了一套礼治社区模式的工作手册，明确了礼治社区模式的核心内容，将“以礼化人”作为居民公约、居民自治的重要补充，在居民心中树立“礼治”威信，从而达到社区居民自治的目的。

（二）搭建平台，架起一座社区交流桥梁

深究如今社区矛盾越来越频繁的原因，在于社会竞争激烈、工作压力如山，人们经过一天的工作，回到家后已经疲惫不堪，与邻里之间的交流少之又少。没有交流何来情谊？在没有感情基础的人们之间就更难有礼让的可能。为了解决小区内“关上门都是陌生人”的现状，润和苑居委会积极为社区居民搭建沟通交流的平台，组建了居民微信群，居民不出家门就能与居委会干部、社区邻居交流。基于线上的交流，居民之间的关系也从“关上门的陌生人”变为“不陌生的群朋友”。此外，居委会还通过举办元宵猜灯谜、端午包粽子等各种社区活动，在传播中华传统文化的同时，让“不陌生的群朋友”渐渐成为“熟悉的邻居”。

（三）宣传推广，引导礼治社区入心入脑

主要通过线上、线下来宣传：线下即传统的宣传栏张贴告示、悬挂横幅等，而所谓的线上即通过组建的业主微信平台来引导大家积极参与。在宣传和推广的过程中，居委会晓之以“礼”、以“礼”动情，营造包容、尊重、礼让的风气。中国素有礼仪之邦的称号，礼治所需的优秀文化都已扎根在人们心中。正因如此，在居委会的引导下，居民们纷纷参与到礼治社区的队伍中，自觉践行“以礼化人”。

三、主要成效

（一）礼义深入人心，改善了社区公共秩序

礼治对居民来说是一种自我衡量与自我约束，通过践行“以礼化人”，润

和苑居委的公共秩序得到了很大的改善。居民在行车时，自觉降低车速，按照规定文明停放车辆，不压线、不越线，不影响左右车位。对于楼道内的公共区域，不再自私地占为己有。小区里的乱晾晒少了，高空抛物基本没有了。

（二）邻里关系紧密，减少了居民之间的矛盾

推行“以礼化人”的礼治社区模式以来，居民之间的关系比以前有了很大的改善，住同一栋楼的居民们在楼里楼外遇到时会热情地打招呼。随着关系越来越密切，居民之间多了一份礼让、少了一份自私，邻里之间因为抢占公共部位、抢占停车位、噪声扰民等引起的矛盾纠纷有了显著的下降。邻里之间和谐、互助、谦让的氛围越来越浓厚。

（三）参与意识提升，推进了社区民主自治

从构建和谐民主社区的高度出发，以减少社区矛盾纠纷为目的，以提升社区居民素质为抓手，以推进社区民主自治为落脚点，在社区管理中融入中国传统“礼”文化，以居民较为容易接受的方式切入，在营造礼治社区氛围的同时，提升了社区居民的参与积极性，推进了社区民主自治建设。

“礼”的文化积淀让社区治理收获了良好的效果。随着“礼治”引入社区管理，解决问题更温和，更易让居民接受。润和苑居委在半年多的实践中，通过推行“以礼化人”的礼治社区模式，社区的矛盾有所减少，邻里情谊有所增进，社区自治程度有所提升。

【专家评审意见】

法律和道德的作用不同，但两者都是社会上层建筑的重要组成部分，都是规范人们行为的重要手段。习近平总书记指出，法律是成文的道德，道德是内心的法律，法律和道德都具有规范社会行为、调节社会关系、维护社会秩序的作用。治理国家、治理社会必须一手抓法治、一手抓德治，既重视发挥法律的规范作用，又重视发挥道德的教化作用，实现法律和道德相辅相成、法治和德治相得益彰。可见，法治和德治是相辅相成、相互促进的关系。松

江区泗泾镇人民政府积极落实“一手抓法治、一手抓德治”的精神，将礼治运用于社区民主自治建设中，通过广泛征求居民意见、搭建社区交流平台以及各种方式的宣传推广，推行“以礼化人”的礼治社区模式，不仅减少了社区的矛盾，增进了邻里的情谊，而且提升了社区自治程度，是新时期法治与德治相结合的典型。

夯实企业合同管理　有效防范经营风险

松江区国有资产监督管理委员会

2016年6月至7月，松江区国有资产监督管理委员会（以下简称松江区国资委）对出资监管的7家国有企业开展了合同管理抽查工作。通过合同管理现状调查，对企业合同管理的制度建设、人员机构设置、流程设计、层级管理等方面情况进行深入了解，针对薄弱环节提出建设性意见。同时，对这些企业2013年至2015年的历史合同进行了分类抽查并提出合同条款改进建议，力求弥补企业日后在合同签订环节的漏洞。

一、背景缘由

自2011年松江区国资委在国有重点企业范围内推行企业法律顾问制度以来，各级国有企业对依法治企、合规经营的重视程度有所提高，法律风险防范体系建设逐渐深入。合同管理作为企业法务基础工作重点，也得到了制度化、体系化的巩固和加强。然而，根据近两年的工作调研发现，各级企业的法律事务工作推进情况仍然存在发展不平衡、机制不健全、体系不完善、落实不到位等诸多问题。因此，松江区国资委从合同管理抽查工作入手，对企业合同管理工作进行指导和督促，以此减少和规避企业在经营活动中因合同带来的法律风险。

二、基本做法

（一）全面调查、分类指导

松江区国资委成立专项工作小组，按照系统内企业的行业、层级分类，挑选了7家具有代表性的国有企业作为此次抽查对象。专项工作小组采取“数据统计＋现场访谈”的模式，预先设定调查方向，以调查问卷表的形式对企业合同管理各环节情况进行摸底调查。根据企业上报的数据资料，拟定现场访谈问题，对企业法务工作分管领导、法务部门负责人、法务人员、相关业务部门负责人进行访谈，并对相关工作档案进行查看。通过对调查问卷表、访谈记录等相关资料的汇总梳理，掌握企业合同管理工作现状，摸清基层工作发展“瓶颈”。

通过全面调查发现，各企业在合同管理工作中的问题主要体现在：（1）合同管理不够全面。多数企业的合同管理限于起草、审核、归档，前期调查、授权委托、履行跟踪、证据材料归档、合同专用章管理、相关部门的分工衔接等方面的工作尚待规范完善。（2）人员和岗位职责设定不到位。法务岗位职责不够全面，工作缺少规划和针对性。部分企业法务人员为其他部门人员兼职，法务人员独立性不强。（3）流程设计尚待完善。多数企业法务人员未参与前期调查和合同谈判，对法律风险的防范以事后修正为主。个别企业的法务审核环节未能覆盖所有业务合同。（4）层级管理有待加强。各企业对下属企业法务工作的层级管理普遍处于起步阶段。究其原因，主要有对依法治企工作要求的重视程度不够、法律风险防范意识不足、法务工作基础薄弱、业务需求较小等。专项工作小组结合各企业的行业类别和业务实际情况，针对其在合同管理工作中的薄弱环节提出了建设性意见。

（二）查漏补缺、及时修正

专项工作小组对7家企业在2013年至2015年的合同类型及数量进行了汇总统计，按比例分类抽取了近60份合同进行审查，并对每份合同的条款内容逐一提出修改建议。

审查中发现，抽取合同中存在的主要问题有：（1）条款规定前后矛盾；（2）权利义务分配不合理；（3）条款指向不明；（4）条款规定过于笼统，缺乏可操作性；（5）文字表述不准确；（6）缺乏关键性条款；（7）签章处有遗漏；

（8）缺少必要附件。亮点条款有：（1）在劳动合同中对录用条件、离职交接、告知义务、文书送达等内容的规定；（2）在房屋租赁合同中将房屋图纸列为合同附件；（3）在工程发包合同中对工程质量保用期的约定。这些约定都为避免合同履行中出现分歧、发生纠纷起到了积极作用。专项工作小组要求相关企业根据工作建议及时修正合同模板，在日后审核过程中重视各类条款问题。松江区国资委通过国资系统法务工作例会，对合同问题进行提示，对亮点条款予以推广。

（三）跟踪整改、巩固成效

为确保合同管理抽查工作成效，专项工作小组对本次专项工作中发现的问题进行建档跟踪，及时听取企业反馈意见、跟进整改进度，实行问题闭环管理。2017 年年初，专项工作小组再次对抽查的 7 家企业开展了“回头看”工作，督促企业，防止同样的问题和漏洞在今后的合同管理过程中反复出现。

三、主要成效

合同管理抽查工作开展以来，被查企业对合同重要性的认识明显提高，企业法务人员的积极性被充分调动。各企业按照专项工作小组所提的建议，与相关业务部门沟通采取相应的补救措施。同时邀请外聘律师参与，对各类业务合同重新修订合同模板，形成格式合同库，规范合同文本，有效规避合同风险。另一方面，各企业结合本单位实际情况，进一步完善合同管理制度，健全合同管理机构和法务岗位职责，弥补合同管理环节的漏洞。企业合同管理体系初具规模，法律风险防范机制初显成效，依法治企、诚信守约的理念得以进一步深化。

四、推广价值

党的十八届四中全会以来，依法治国理念被提升到了历史新高度。松江区国资委作为国有资产的监管部门，为适应国资国企改革和国资监管服务工作要求，创新工作形式，积极开展法治实践。通过开展合同管理抽查工作，推动国有企业进一步加强和完善合同管理的制度建设、程序规范、体系完善等方面的工作。抽查对象选取了不同行业、不同层级的企业，结论较为客观地体现了松江区国有企业合同管理工作现状；抽查工作深入合同管理各环节，深层次挖掘了现有合同管理体系中的潜在问题；改进建议充分结合被查企业的工作现状和发展“瓶颈”，保证了建议的针对性、可行性和可操作性；专项工作有始有终，建档跟踪问题整改情况，确保了各项改进措施落到实处。下一步，松江区国资委将适时出台相关监管制度，把合同管理抽查工作巩固为国资委对监管企业的常态管理措施，进一步扩大抽查工作的覆盖面，延续抽查工作的效果。

【专家评审意见】

在社会主义市场经济体制下，签订合同是企业之间最主要也是最重要的交流方式。但是，在现实中，国有企业对于合同管理工作还存在着不足，由此引发了不必要的法律风险。对此，作为主管部门的松江区国有资产监督管理委员会对出资监管的7家国有企业开展了合同管理抽查工作，通过合同管理现状调查，对企业合同管理的制度建设、人员机构设置、流程设计、层级管理等情况进行深入了解，针对薄弱环节提出建设性意见，通过加强合同管理有效地防范经营风险，为国资委在新形势下对国有资产进行有效监督提供了新的思路，值得今后的国有资产监管工作借鉴。

查处违法教育广告　依法治理培训市场

松江区市场监督管理局

一、背景缘由

2015年《广告法》实施满一年后，松江区市场监督管理局（以下简称松江区市场监管局）对一些重点领域组织了一次回头看，本案例就是在教育行业这一重点领域广告中的一次重要执法实践，为后续的执法办案起到一定的导向作用。同时，在“魏则西事件”等特殊社会背景下，对面向学生这一特殊群体的广告监管起到了良好的推进作用，有效树立了执法部门依法履职的权威性，收到了不错的社会效应。

二、基本做法

（一）案情简介

2016年11月初，松江区市场监管局接到举报，称当事人上海某教育培训有限公司涉嫌广告违法。经初步核实后，该局依法对当事人立案调查。经查，本案当事人为推广教学培训业务，自2016年10月17日起，自行设计标有“没有考不过的CPA”的广告宣传页及“学金融，找……没有考不过的……”“17年，职业教育领跑者”等内容的广告牌，在上海市松江区文汇路955号八楼（文汇新天地）即当事人的办学点供前来咨询的顾客自行取阅，并在大学城地铁站利用两块广告牌的方式进行发放和宣传。当事人委托上海市虹口区睿瑞标牌制件服务社印刷上述广告宣传页400份。在进行上述广告宣传活动中，当事人共计支付广告费用15480元。

经查实，当事人培训学员中存在考试无法通过且当事人公司成立不足 17 年等情况，上述内容构成虚假广告。到 2016 年 11 月 10 日案发止，当事人共发布上述广告宣传页 30 份，剩余 370 份均做销毁处理，当事人于 2016 年 11 月 15 日得知立案当天撤下标有上述内容的广告牌，并完成整改。

依据 2015 年《广告法》第 55 条第 1 款的规定，对当事人发布虚假广告的行为，松江区市场监督管理局责令当事人立即停止发布违法广告，并决定对当事人处以广告费用三倍的罚款，即罚款人民币 46440 元。

（二）案例亮点

本案是因举报而获得案件线索，但是，执法人员并不局限于举报中涉及的地铁站广告牌这一阵地广告，对当事人公司在本辖区内办学点也进行巡查，从而发现其印刷品广告上也有类似问题，并做实证据。因最终罚款是根据广告费用确定，执法人员并未因为阵地广告的广告费用较印刷品广告高出一截，而忽略印刷品广告的费用，有效保证了案件调查取证的完整性和客观性。办案过程中，也对案件的起始时间做到准确把握，对于当事人在案发后及时整改的行为予以认可，同时扣除其整改后租用广告牌阵地的广告费用，做到不漏算一笔也不错算一笔，真正体现依法行政，办案力求公平、公正。

三、主要成效

松江区市场监管局在该案例中对法条竞合亦进行了有益的探索。针对当事人广告内容既违反了《广告法》第 24 条第 1 项、第 4 条第 1 款的规定，构成了在广告中作出保证性承诺的行为，又违反了《广告法》第 28 条第 2 款第 2 项的规定，构成了发布虚假广告的行为。办案机构认为当事人上述两项行为产生竞合，根据《广告法》法律责任的对比，两者竞合择一重处。结合本案实际情况，故建议对当事人按照《广告法》第 55 条第 1 款的规定，处以广告费用三倍的罚款。对当事人同一版面的同一违法广告内容进行吸收处理，而不是“简单粗暴”地分别予以处罚，这是办案机构在行政法领域的一次大胆尝试和创新。这样做既维护了法律的严肃性，也有效体现了过罚相当原则。

四、推广价值

本案的处理，首先对涉案企业有着积极的教育意义。当事人积极进行内部法律培训，并及时撤换广告牌，对违法印刷品广告予以销毁处理。对重新设计制作的广告，也是在经过公司内部法务人员审核后，再征询执法部门建议，才予以投放。可以说，本案的处罚，真正做到了处理一起、教育一起、整改一起。同时，由于其办学点所处地理位置和周边环境，对大学城内及周边的各类教育培训机构起到了较大的震慑作用，很多机构主动撤换宣传资料，并将相应的宣传资料送来审核，力求不触碰《广告法》的红线。松江区市场监管局耐心回答、热心服务，努力规范行业，帮助其实现行业自律、合法合规经营。本案对辖区内同行业的企业起到了良好的警示作用，对后续的监管产生积极影响。

同时，本案例结合区政府要求对教育机构的排摸工作，无疑为松江区今后对教育培训机构的监管提供了良好的借鉴。依法狠抓教育培训市场监管，做到发现一起处理一起，才能让企业时刻保持对法律的敬畏之心，主动合法经营；才能真正保障消费者，尤其是学生这一群体的切身利益；才能真正体现依法治理的要求，推动全区法治工作整体水平不断提高。

【专家评审意见】

利用广告对商品或者服务作虚假宣传，违反了《广告法》对于广告真实性的最基本的要求。由于虚假广告传递的是虚假的信息，会误导消费者和使用者，一旦消费者接受了广告所传递的虚假信息，就会给消费者造成或大或小的损失，严重的还会给消费者造成人身或财产的损害。因此，《广告法》严格禁止虚假广告，对于含有虚假内容的广告，要求相关部门对其进行严厉查处，追究其相应的法律责任。松江区市场监督管理局针对教育培训市场中的虚假广告问题，广泛搜集证据，严格适用法律，最终作出处以广告费用三倍的罚款的决定，依法治理教育培训市场，对于今后广告违法行为的查处具有一定的借鉴意义。

加强行政执法　推进知识产权保护

松江区市场监督管理局

一、背景缘由

当前，随着市场竞争的日趋激烈，知识产权保护的重要性越发凸显，也使得一些不法经营者通过种种不正当手段去窃取这种经济资源，扰乱了市场经营秩序，破坏了公平竞争的环境。近年来，松江区市场监督管理局（以下简称松江区市场监管局）创新查处窃密案件新思路、打造“护密维权”新途径，加大行政执法力度，严厉查处侵犯商业秘密等新型违法行为，不断推进知识产权保护工作，取得了较好成效。

二、基本做法

（一）案件事实

2016 年 1 月，松江区市场监管局接到某公司（以下简称权利人）报案，反映上海某公司（以下简称当事人）在生产销售汽车摇窗电机的经营活动中侵犯了其商业秘密。当事人与权利人均从事汽车摇窗电机的生产销售业务。权利人核心技术岗位员工吉某、黄某等 8 人于 2011 年先后从该公司离职并创办了上海某公司，开始设计生产与权利人同类型的摇窗电机产品。权利人产品 CAD 技术图纸的技术信息，经鉴定属于不为公众所知悉的技术信息；权利人通过签订劳动合同等方式，对其技术信息采取了一定的保密措施；上述技术信息具有实用性且能为权利人带来经济利益。因此，权利人的上述技术信息被认定为商业秘密。当事人产品 CAD 技术图纸与权利人的上述商业秘密具有一致性。当事人通过聘用已知晓权利人商业秘密的员工，来从事与权利人同类型产品的设计和生产等经营活动，具有获取权利人商业秘密的条件。当事人及其员工均无法提供其CAD图纸上工艺参数信息合法来源。松江区市场监管局依据国家工商行政管理局《关于禁止侵犯商业秘密行为的若干规定》（以下简称《规定》）第5条第3款的规定，认定当事人构成了侵犯商业秘密行为，即权利人能证明被申请人所使用的信息与自己的商业秘密具有一致性，同时能证明被申请人有获取其商业秘密的条件，而被申请人不能提供其所使用的信息是合法获得的证据的，工商行政管理机关可以根据有关证据，认定被申请人有侵权行为；并根据《反不正当竞争法》第25条（2017年修订后为第21条）的规定，于2016年12月对当事人作出了责令停止侵权行为并处12万元罚款的行政处罚。

（二）办案特点

1. 抓准要件，把好案件受理审查关

根据商业秘密非依靠专门法律授权给权利人的特征，要求权利人举证证明其商业秘密的载体、具体秘点内容、商业价值和对该项商业秘密所采取的具体保密措施等相关证据，同时充分听取和审查当事人对权利人的商业秘密是否符合法定条件所提出的申辩和反证，并通过专家、机构和同类技术信息厂家等全面正确地进行审查判断，排除不构成商业秘密条件的相关信息，然后启动行政处罚程序进行调查。本案调查期间，先后三次召开由市工商局、法院知识产权庭专家参加的案件咨询评审会，委托知识产权专业机构对双方CAD图纸进行比对鉴定，聘请浦东软件园电子取证专业机构对当事人办公电脑进行电子取证保全，多次走访上海通用汽车等同类型厂家获取旁证材料。

2. 重在细节，把好案件调查核实关

商业秘密不具有排他性、独占性、垄断性，权利人无权排斥他人以独立研发、反向工程等合法手段获取同一商业秘密。因此，松江区市场监管局在查处本案时，根据商业秘密的权利多重性特点，将确定侵权人商业秘密的来源作为案件调查切入口。首先，要求本案权利人举证证明当事人有接触商业秘密的条件，如权利人与当事人的员工吉某、黄某等人曾存在雇佣关系且任职核心技术岗位；要求当事人提供所使用的 CAD 技术图纸是合法获得、使用的证据。其次，委托知识产权第三方鉴定机构对双方使用的涉案技术信息，着重从秘密点的内容和形式等多方面客观全面地进行综合对比鉴定，以确定是否存在一致性或相同性。最后，调查取证期间加强与法院等司法部门的信息沟通，在证据效力等方面加强事前沟通，确保查处工作的合法有效。

3. 充分质证，把好侵权行为认定关

在本案最终定性阶段，松江区市场监管局对当事人不能提供其所使用的信息是合法获得的证据，适用举证责任倒置原则。结合有关证据，明确告知当事人的举证责任、相关内容及举证不力所带来的后果，同时给予当事人一段合理充分的时间让其准备，对询问笔录、举证责任告知书、视听材料等证据加以固定。本案当事人清楚上述情况后，最终仍不能提供其 CAD 图纸技术信息的合法来源的证据，松江区市场监管局按照《规定》的有关规定，最终认定当事人有侵权行为。

三、主要成效

（一）善用法条、准确定性是本案成功查办的基础

本案因事发至今时间久远，权利人也无法提供前员工窃取商业秘密的具体途径、方法等细节，再加上当事人自始至终拒不承认侵犯商业秘密，以致办案部门穷尽手段也无法提取当事人窃取或通过不正当手段获得权利人商业秘密的直接证据，该案依据《反不正当竞争法》的法条定性较为困难。为此，办案部门转变思路，采用逆向思维，依据《规定》有关内容，运用依法取得的间接证据来合理推断认定当事人的侵犯商业秘密行为。本案的成功查办对以后无法取得直接证据的商业秘密类似案件具有很好的推广借鉴意义。

（二）措施得力、行动迅速是本案成功查处的关键

由于商业秘密的特殊性，查办此类案件必须努力做到“快、准、狠”。接

到权利人报案后，松江区市场监管局迅速制订方案预案，组建由执法大队和相关业务科室办案骨干组成的队伍，会同知识产权、电子证据取证保全专业机构和公证部门，第一时间对当事人经营场所进行现场检查，提取了CAD图纸、产品技术标准、FMEA文档、员工电脑硬盘数据等第一手证据材料。这些证据的取得为后期调查取证并最终认定侵权行为起到了关键作用。

四、推广价值

《反不正当竞争法》明确将商业秘密界定为“不为公众所知悉、能为权利人带来经济利益、具有实用性并经权利人采取保密措施的技术信息和经营信息”，将侵犯商业秘密的行为列入不正当竞争行为的范畴。由于商业秘密本身所具有的专业性、技术性特点，市场监管部门在查处该类型案件时在线索挖掘、调查取证和定性等方面面临较大困难。

本案线索来源于权利人报案，但权利人无法提供当事人窃取商业秘密的具体证据。这种情况在知识产权案件中较为常见。为取得能认定当事人侵权的充分的间接证据，承办部门最终尝试从权利人提供的劳动合同入手，对本案涉及的权利人员工、当事人的员工等逐一调查询问，并相互予以质证，从而最大限度地还原了事实真相。

近年来，市场监管部门履职中查处的主要是虚假宣传、商业贿赂、不正当有奖销售等常规类型的不正当竞争违法行为。由于侵犯商业秘密存在隐蔽性强、界定难、认定难等特点，此类型案件的查办存在很多困难，也导致了企业间商业秘密侵权纠纷多半以民事诉讼司法判决为主。松江区市场监管局对这起侵犯商业秘密案的查办，是近十年来松江辖区第一起被查处的侵犯商业秘密案，也是市场监管部门主动履职，努力拓宽执法办案领域、类型的一次有效尝试。

本案权利人是一家总部位于德国的世界知名跨国企业，当事人又是辖区近年来成长迅速的明星企业，双方均有很强的专业技术实力和法律资源团队实力，双方对是否构成侵权行为存在巨大争议，本案可谓典型的重大、疑难、复杂案件。案件查办的成功与否，直接决定了权利人和当事人双方后期巨额的民事赔偿纠纷，地方政府和有关领事馆机构对此也高度关注，涉及影响面较大。最终该案得以成功办理，不仅有效保护了权利人的合法权益，同时对侵权人如何推进自主创新发展也有较好的促进作用，取得了较好的社会效益。

【专家评审意见】

上海市目前正在建设具有全球影响力的科技创新中心，十分重视市场经营中对于知识产权的保护。但是，由于知识产权类案件的特殊性，商业秘密等较难认定，给该领域的行政执法带来了困难。对此，松江区市场监督管理局创新查处窃密案件的思路，委托知识产权专业机构进行鉴定，聘请电子取证专业机构进行电子证据保全，与法院等部门进行信息沟通，打造“护密维权”新途径，加大行政执法力度，严厉查处侵犯商业秘密等新型违法行为，不断推进知识产权保护工作，取得了较好成效，对于今后处理涉及商业秘密侵犯的案件具有一定的借鉴意义。

拓展办案领域　依法参与“五违”整治

松江区市场监督管理局

一、背景缘由

2016年以来，上海市委、市政府高度重视并在全市范围内大力推进“五违”整治，市主要领导多次莅临一线整治现场调研指导。松江区委、区政府积极响应，研究制定了《松江区区域环境综合整治三年行动实施意见》。松江区市场监督管理局（以下简称松江区市场监管局）立足职能，相继制定并贯彻落实《无证无照经营整治工作实施方案》。本案是松江区市场监管局在无证无照整治行动中办结的第一起查处为无照经营提供经营场所的房东的案件，取得了较好的社会治理效果。

二、基本做法

（一）案件事实

当事人上海某废旧物资回收有限公司知道自然人汪某春未取得营业执照，仍于2015年1月1日起将松江区车墩镇汇北路600号租赁给汪某春从事废旧物资回收（不含废旧金属回购）经营活动。2016年3月3日，松江区市场监管局执法人员对该地进行检查，就自然人汪某春无照经营行为向当事人制发《房东告知书》。

当事人收到《房东告知书》后并未采取任何实际措施予以制止，仍旧为无照经营行为提供经营场所。截至案发时，当事人共收取自然人汪某春租金6万元，违法经营额和违法所得均为6万元。

（二）定性处罚

当事人的上述行为构成了《无照经营查处取缔办法》（2011 年）第 15 条所指的知道无照经营行为而为其提供生产经营场所的行为。根据《无照经营查处取缔办法》第 15 条的规定，松江区市场监管局于 2016 年 4 月 11 日对当事人作出行政处罚，责令当事人立即停止违法行为，没收违法所得人民币 6 万元，处罚款人民币 2 万元。

三、主要成效

本起对无照经营场所房东给予行政处罚的案例是对为无照经营提供便利条件案件类型的一次全新探索，在无照经营行为确定后需进一步固定提供便利条件方在明知对方为无照经营的情况下仍提供经营便利条件的事实证据，从而为案件定性提供证据支撑。当事人作为场地房东有义务对租户经营情况及注册登记情况进行了解，故应当对此行为承担相应责任。

无照经营行为可能存在较大的社会危害后果，本案中的租户无照从事废旧物资回收，导致周围地区出现大面积“脏乱差”现象，周边居民怨声载道。本案的及时查处有力推进了“五违”整治，并为类似案件的查处积累了宝贵经验。

四、推广价值

（一）深耕线索，激活“沉睡条款”，积极探索新类型案件查办

在对自然人汪某春无照经营行为的处理中，办案机构不仅对其依法作出处罚，而且继续深挖线索，拓展案件类型，适用法规中的“沉睡条款”对房东进行了立案处罚，为以后类似案件的查办积累了宝贵经验。

（二）关注热点，聚焦民生，助力政府“五违”整治行动

2017 年以来，上海各级地方政府高度重视“五违”整治行动。松江区市场监管局立足职能，全力开展无照经营整治，制发《房东告知书》等一系列文书。

此案的积极查办，是松江区市场监管局自“四合一”以来职能转变、积极配合地方政府开展社会治理的直接体现。

（三）管罚结合，综合治理，督促社会各界全员参与“五违”整治

“五违”整治的深入、全面推进，不仅需要政府部门依法铁腕，还需要社会各界的理解与配合。本案过后，在松江区市场监管局的督促指导下，当事人及时清退了场内无照经营者，使该地告别了以往的“脏乱差”形象，社会治理效果明显，得到人民群众的一致好评。

本案充分体现了松江区市场监管局持续深入推进创新社会依法治理、加强基层建设的努力，做到了以点带面、点面结合，积极推动该局乃至全区法治工作整体水平不断提高。

【专家评审意见】

自2015年开始，上海市开展了“五违四必”大整治，要求彻底消除违法用地、违法建筑、违法经营、违法排污和违法居住“五违”现象，其中的“违法经营”整治与市场监督管理局密切相关。对此，松江区市场监督管理局制定了《无证无照经营整治工作实施方案》，并依据该方案，查处了一起为无照经营提供生产经营场所的案件，对涉案当事人进行了惩戒，取得了较好的社会治理效果，也为今后无证无照经营的整治积累了经验。

依法取缔长期占道经营

松江区洞泾镇人民政府

与其他街镇类似，洞泾镇也存在着违法用地、违法建筑、违法经营、违法排污、违法居住“五违”现象，对此，洞泾镇人民政府始终坚持“四必”原则，坚持严格执法，坚持惩罚与教育相结合，尤其是遇到涉及少数民族群众的案件，坚持坚守政治原则，做事巧用策略，既坚守底线，又兼顾人文关怀，整体整治效果较好。

一、案例背景

自2006年开始，某少数民族人员在洞泾镇长兴路同乐路路口非法设摊，主营出售哈密瓜。2015年年初，其借长兴路改造之机，将原来的设摊棚（帆布）改造成彩钢板简易棚，严重影响周边环境，居民怨声载道。同年8月起，该当事人与陈某合作共同经营此处非法摊点。2006年以来，城管职能部门多次以约谈等方式对该当事人开展宣传教育，劝告、责令其自行清除该摊点，但其总是以各种理由推诿拖延，查处未果。多年来，群众及警察、学校多次向职能部门举报松江区洞泾镇长兴路451号东侧公交站台旁非法设摊，但因案件涉及少数民族群众，查处难度大，故相关部门一直未能依法查处。根据《上海市市容环境卫生管理条例》（以下简称《条例》）第25条第2款，任何单位和个人不得占用道路、桥梁、人行天桥、地下通道及其他公共场所设摊经营、兜售物品，影响市容环境卫生。违反规定的，由城管执法部门责令改正，并可处五十元以上五百元以下罚款。城管执法部门可以暂扣当事人经营兜售的物品和与违法行为有关的工具，要求其到指定地点接受处理。通过对照该涉案人员的行为与《条例》规定，其已明显违法。

二、基本做法

1. 认定当事人的违法行为。该当事人设摊区域在人行道上，紧邻主干道路，工作人员现场询问当事人，确认其没有申请办理过任何审批手续，且不听市容环境卫生责任区管理单位负责人的劝告，擅自占道设摊经营售卖水果。由此认定当事人的行为属于占道设摊，影响市容环境卫生。

2. 确定违法行为适用的法律依据。在本案中，适用哪部法律规定成了争议的焦点，可以依据《条例》、《上海市临时占用城市道路管理办法》和《无照经营查处取缔办法》等法律法规进行处罚。通过仔细甄别以上法律规定，最终执法单位依据《条例》第 25 条第 2 款的有关规定对其进行了处罚。适用该条款的依据主要有以下两点：一是上述三部法律规定都有关于行政强制的规定，但是执法措施各不相同。本案中，当事人占用道路摆放水果摊位，执法人员只要通过暂扣措施即可消除违法行为，不必采用其他手段。二是三部法律规定的处罚幅度有所区别。《条例》只有一个处罚幅度即 50 元以上 500 元以下。另外两部的处罚幅度跨度较大，在适用法律时自由裁量很难把握。

3. 有效衔接暂扣物品和行政处罚两种手段。本案如果仅仅责令改正，则不足以推动当事人限期改正其占道设摊行为；如果仅仅作出行政处罚决定，对于个体当事人而言根本执行不了，不足以惩戒当事人的占道设摊行为。只有将其和设摊有关的重要工具予以暂扣并与行政处罚同步衔接、有序进行，才能最终达到消除违法行为、维护良好市容环境和惩戒当事人的目的。所以，在本案中，执法队员在发现设摊行为后，虽然当事人不配合，甚至还以丢弃孩子作要挟，但城管队员仍严格执法，以规范的程序处置违法行为，以零容忍但热情的态度对待违法的当事人，人性化地对待他们的孩子。最终，当事人认可了行政处罚决定的内容，完好无损地拿回了自己的经营工具，并书面承诺今后不再占道乱设摊。

三、主要成效

上述对违法占道经营案件的成功处置给洞泾镇有效处置类似案件提供了宝贵经验，也增强了执法人员的信心，起到了很好的示范作用。事实证明：针对违法行为，不管是哪里人，执法部门都应当而且有能力依法取缔，绝不姑息，绝不袒护，执法人员有了信心，执法效率大大增加。2016 年洞泾镇共处置占道经营案件 79 件。

四、推广价值

1. 晓之以理，动之以情，妥善解决少数民族人员非法经营问题。在处理少数民族无证经营和沿街设点摆摊问题方面，洞泾执法队充分发挥工作的主动性和能动性，稳妥处置民族关系。该起案件中，城管中队多次组织人员上门向当事人解释有关法律法规，帮助其分析无证占道经营的弊害。通过动之以情、晓之以理的不断教育引导，他们终于认识到自己的错误，主动放弃违法经营行为。出于人性化执法考虑，洞泾城管中队首先组织队员分班多次对当事人进行劝说教育，同时向周围群众宣传占道设摊的危害性和城市管理的有关法律、法规和规定，劝阻群众不要去购买他们的物品；其次积极向上级负责处理民族关系的同志请教，充分了解他们的风俗习惯，避免执法过程中和他们发生误解、造成冲突；最后在执法过程中强调依法行政，做到文明执法与严格执法相结合。通过采取多方面有效措施，当事人终于认识到了自己的错误，并写下保证书，承诺今后将服从管理并改正违法行为。

2. 坚守原则，依法执法，遵守政治性原则和教育原则。依法处罚是执法原则，但是面对信仰和习惯的差异，执法过程中，执法人员体谅少数民族群众的实际困难，突出尊重、团结和帮扶，实现原则性和灵活性的有机统一，这种良好的政治素养有效地避免了不必要矛盾的出现和升级。与此同时，面对相对人的轻微违法行为，中队队员奉行教育在先的原则，通过教育方式解决少数民族群众的轻微违法问题，让相对人自己意识到行为的违法性，很好地促进了城市的管理工作。

3. 以人为本，兼顾善后，教育和处罚相结合，管理和服务相结合。本案例中，洞泾城管执法队面对当事人存在的违法行为，首先发出了《告知书》、《整改通知书》和书面警告等非恶意的文书，对当事人予以教育和规劝，并收到了不错的社会效果，很好地贯彻了教育和处罚相结合原则。在对违法当事人教育、惩处的同时，执法人员还很好地贯彻管理和服务相结合原则，积极为设摊的从业人员出谋划策，并联系商铺等，引导其从事合法经营活动，促成违法经营者持照合法经营，变违法从业人员为合法从业人员，使得执法环境大大改善，达到了很好的管理效果。

【专家评审意见】

以往，占用城市道路、桥梁、城市广场等公共场所进行营利性买卖商品或服务在城市非常普遍，但随着城市的不断发展，公共资源利用率不断提高，占道经营者和居民的利益冲突不断升级，许多占道经营者挤占市民公共道路资源，严重破坏城市市容和经营秩序，其经营行为的弊端日益显现。对此，上海市开展了“五违四必”大整治，将占道经营作为“违法经营”的一种类型加以规制，要求相关部门加大执法力度，对其进行取缔和整治。在此背景下，松江区洞泾镇人民政府通过认定经营者的违法行为、严格适用法律、有效衔接暂扣物品和行政处罚两种手段，查处了一起少数民族群众违法占道经营的案件，为今后有效处置类似案件提供了宝贵经验，起到了很好的示范作用。

深化“放管服”工作　提升行政服务效能

松江区建管委

一、背景缘由

推进行政管理体制改革是全面深化改革的重要内容，党的十八大以来，以习近平同志为核心的党中央高度重视有关工作，提出明确要求。2016 年 5 月 9 日，李克强总理在全国推进简政放权放管结合优化服务改革电视电话会议上强调：上下联动，攻坚克难，深化“放管服”改革，加快转变政府职能，不断提高行政效能。为全面贯彻落实中央、市、区关于提升行政服务效能会议精神，松江区建管委以“便民、高效、廉洁、规范”为宗旨，以加快法治机关建设为统领，以规范化建设为抓手，坚持把简政放权、放管结合、优化服务作为职能转变的有效举措，压实责任、优化流程、延伸服务，通过“四个提”即“提升、提速、提效、提质”，进一步释放行政服务窗口效能，取得了一定成效。

二、基本做法

（一）形象提升——不断巩固和强化标准化服务窗口建设

松江区建管委共有项目报建、初步设计、抗震设防等服务事项的 20 个窗口入驻行政服务中心，在入驻中心的三年多时间里，“窗口”在巩固以往规范化建设的基础上，一以贯之着力于标准化建设：一是完善功能，推进环境标准化，定期维护更新服务大厅设施，规范设置审批（服务）事项告示牌，免费提供自助查询、打印和复印等服务，不断完善便民服务区功能。二是规范统一，政务公开标准化，行政审批（服务）事项相关材料准确、完整，样表、办事指南、告知单等文本均在服务大厅齐全、醒目、规范摆放。此外，在窗口设置行政效能和服务质量测评仪，设立意见箱和公示投诉电话，加强外部监督。三是压实责任，推进管理标准化。依托行政服务中心绩效考核，严格窗口管理，将每月绩效考核结果与评优、问责挂钩，并及时总结窗口工作，拾遗补阙，精益求精。

（二）审批提速——全面完善和实现重点项目流程优化

为进一步加快区重点工程建设项目前期行政审批手续办理，2016 年，松江区建管委遵循“对口负责、谁审批谁负责、限时并联审批、先期收件、后续补充”原则，将行政审批环节以告知承诺形式实行再优化，实现了审批流程再优化、再提速。一是打破办理常规，实行预报建。项目建议书批复后，项目法人即可提前进行预报建，并可提前开展勘察、设计招标或勘察设计一体化招标。二是加强部门沟通，全程跟踪项目。对内加强项目报建、承发包、设计文件审查、施工许可 4 个重要环节的窗口部门间的有效及时沟通；对外与区规土、水务、交通、民防等并联审批部门进行跨部门协调，并利用信息化平台有效排摸项目情况，实现全程跟踪管理。三是实行差别管理，缩短审批时间。根据项目类型、性质、规模和复杂程度，实行差别化管理，采用承诺制并减少不必要的征询内容，压缩审批时间三分之一。四是针对特殊项目，加大协调力度。针对涉及市级审批及跨部门并联审批等事项，提前开展申请咨询，并建立征询并联服务用时统计报表制度，及时提醒相关部门征询进度，确保各环节有机衔接。

（三）创新提效——全力构建和打造现代化监管体系

一是深化信息管理，推行工程设计和竣工图纸数字化和白图交付；二是推进“制度加科技”的监管手段，加大建设工程施工图审查和勘察设计质量监管，完善装配式技术；三是开展装配式建筑施工图设计深度要求、审查要点和审查机制宣传工作；四是加强对本区相关企业在装配式建筑上的技术和数字化审图培训，提高从业人员的专业素养，提升我区建筑领域设计水平；五是加快审批办理智能化建设，提高信息化技术应用和资源共享水平，推行在线审批和查询，扩大网上办事范围，推行无纸化申报和审批。

（四）服务提质——充分释放和扩大行政服务效能

一是选好配强人员，打造优质队伍。将素质高、业务熟、能力强、作风正的同志安排到窗口工作，加强窗口工作人员上岗培训和在岗教育。二是加强制度建设，固化管理成效。制定健全考勤请销假、首问责任、受理服务、窗口礼仪标准等工作制度，及时总结“五到位”受理服务承诺、“六心”服务理念等工作方法，建立完善质量管理工作机制，推动窗口工作固化于制。三是优化专家队伍，做好监管工作。优化总体初步设计审批和抗震设防审查专家队伍；针对建设市场部分勘察设计单位质量意识淡漠、行为不规范、违反建设程序等问题，加大技术抽查力度，加大勘察设计质量的事中、事后监管力度。

三、主要成效

一是行政服务流程实现了再次优化。通过对项目实行预报建、建施工许可部分资料采取承诺制，大大缩短了审批时限，实实在在实现了审批提速。二是小型项目审核平台得以进一步优化。全年审核通过入库企业 241 家；成交项目 449 个，同比增长 64%；总投资额 5.66 亿元，同比增长 67%。三是重大工程和重要民生工程进入绿色通道。针对重点产业项目，按照简化手续、优化流程、限时办结原则，为松江区重大工程和重要民生工程保驾护航。四是行政服务质量有效提升，窗口环境的优化，工作人员服务水平、办事效率的提高，更加方便了前来办事的群众和企业。松江区建管委连续 6 年获得上海市建筑建材业受理服务系统综合评价工作优秀单位，连续 4 年（2013—2016）综合评价位居全市第一，2016 年松江区设计文件审查中心获设计文件审查系统全市第一并获区五四青年奖章，松江区建管委受理服务中心被评为 2016 年度上海市三八红旗集体。

四、推广价值

李克强总理说，深化简政放权、放管结合、优化服务改革是推动经济社会持续健康发展的战略举措。推进行政管理体制改革是全面深化改革的重要内容，“放管服”改革正是一场牵一发而动全身的深刻变革，而改革成效要看改革后企业申请开办时间压缩多少、项目审批提速多少、群众办事方便多少，而且要有明确的量化指标，不能用模糊不清的概念。随着社会发展，人们对公共服务的要求不断提高，政府必须跟上并满足快速发展的社会要求，提高行政服务效能势在必行。

【专家评审意见】

简政放权、放管结合、优化服务改革是近年来在行政体制改革领域的一项重大工作。对此，松江区建管委积极响应，全面贯彻落实中央、市、区关于提升行政服务效能会议的精神，通过提升形象，不断巩固和强化标准化服务窗口建设；审批提速，全面完善和实现重点项目流程优化；创新提效，全力构建和打造现代化监管体系；服务提质，充分释放和扩大行政服务效能；进一步优化了行政审批的流程，提高了办事效率，方便了前来办事的群众和企业，为“放管服”背景下行政审批改革的深化提供了有益的尝试。

提前介入主动调处 预防化解拆迁矛盾纠纷

松江区房管局

2017年是“十三五”开局之年，松江区迈入了国家新型城镇化综合试点的“加速度”攻坚阶段：在推进新一轮的城市建设的过程中，发展新城区、改造旧城区、改善群众居住环境、调整城市布局，这其中涉及的房屋动拆迁已成为松江区建设过程中不可忽视的重要环节。围绕改善民生、服务转型的中心思想，松江区房管局开展了积极有效的探索，使用了提前介入法，坚持依法公开公正动拆迁，取得了显著成效，有力地推进了本区许可证基地动拆迁进程。

一、背景缘由

随着拆迁政策转为征收政策，房屋的动拆迁工作模式发生变化，不再颁发原有的房屋拆迁许可证，而松江区目前仍剩余6块许可证基地亟待扫尾清盘。正是在这样的背景下，松江区房管局创新工作思路，为维护许可证基地平稳收尾，摸索出了提前介入法：在工作方法上，更加积极主动；受理许可证基地拆迁裁决，使用提前介入，最大限度地促使签约。

二、基本做法

“安土重迁，黎民之性。”房屋搬迁关系着群众的切身利益，更关乎民生。在动拆迁工作的实施过程中，房屋拆迁管理部门提前介入并非多多益善，操作上既不可能，也不科学。根据相关城市房屋管理条例，房管局将提前介入的范围限定为：拆迁当事人就搬迁期限、补偿安置标准、搬迁过渡方式、过渡期限等原因达不成协议而申请裁决的情况。首先是提前介入，主动调解。在实践分析的基础上，突破原先“不裁不理”的被动模式，推行延伸职能、提前介入，在拆迁裁决前就主动介入协议纠纷，引导双方当事人依法维权，把工作做在前面，有效维护社会稳定。其次是强化保全，以保促调。为维护动迁居民合法权益，要求拆迁实施单位对送裁的全额资金及安置房源进行锁定保全，从而有利于达成协议顺利签约。再次是关爱动迁居民，赢得多方信任。党的十八大提出“要坚持用制度管权管事管人，让人民监督权力，让权力在阳光下运行，是把权力关进制度笼子的根本之策”。坚持把保障居民权益、改善群众居住条件作为城市房屋动拆迁的根本目的，逐步改善“暗箱操作”“前紧后松”“优亲厚友”等动摇群众信任、引发矛盾纠纷的现象。对动迁居民依法实施意见征询、赢得居民信任，不仅是平稳推进拆迁工作的需要，同时也符合拆迁补偿安置要保障被拆迁人权益的法律要求。最后是借力调解，形成合力。拆迁裁决中使用提前介入，借力了属地动迁办、居委会等相关部门的联动，协助调解，借相关部门的力量促成协议顺利达成。

三、主要成效

房屋拆迁许可证基地上的剩余居民，家庭矛盾、安置纠纷等情况比较复杂，矛盾纠纷较大，经过深入细致的调研，松江区房管局在立足裁决的基础上，主动出击，延伸裁决职能，提前介入案件的处理，将大量的矛盾纠纷化解在裁决前。在全面剖析动迁不能达成协议的特点和原因的基础上，在基地上加强普法宣传，整合力量，以公平公正赢取信任。

提前介入法的实践和运用以其方式、对象、程序的实效性、科学性、规范性显现出优势。房管局近期受理的 4 起案件，全部在裁决前达成协议，顺利化解。近两年内，松江区许可证基地从原来的 15 块消减为目前的 6 块，提前介入法的探索实践全面推进了许可证基地扫尾工作。

四、推广价值

将提前介入法应用到房屋拆迁过程中，一方面，能有效化解房屋拆迁关系中百姓与政府之间的矛盾纠纷，全面预防由于房屋拆迁而产生的社会不和谐现象；另一方面，更有深远意义的是，提前介入法的成功应用在进一步推进社会管理创新工作方面进行了有益探索。

【专家评审意见】

松江区目前正在进行国家新型城镇化综合试点工作，在推进新一轮城市建设的过程中，发展新城区、改造旧城区、改善群众居住环境、调整城市布局，这其中的房屋动拆迁涉及相关人员的重大利益，因此容易发生矛盾和纠纷。对此，松江区房管局积极探索，延伸职能，提前介入，主动调解，强化保全，以保促调，坚持依法公开公正动拆迁，取得了显著成效，有力地推进了本区动拆迁工作的进程。其中提前介入的工作方法在化解社会矛盾方面具有重要意义，应当推广至其他社会治理领域。

创新模式多措并举
提升餐饮具集中消毒监管水平

松江区卫生和计划生育委员会

为规范餐饮具集中消毒单位的生产经营活动，有效预防食源性疾病发生，保障人民群众饮食安全，创建市民满意的食品安全城市，松江区卫生和计划生育委员会（以下简称松江区卫生计生委）创新监管模式，采用部门联动、宣传培训、严处顽症、量化分级等多种举措，切实解决当前集中消毒餐饮具领域存在的突出问题，餐饮具集中消毒工作不断规范，市民的认可度不断提高。

一、背景缘由

餐饮具消毒是保证食品安全的一个重要环节，近年来，上海市餐饮具的市场需求量与日俱增，2016 年年初，松江区餐饮具集中消毒企业已达 7 家，日处理餐饮具能力已达 10 万套，数量位于全市各区前列。由于餐饮具集中消毒行业普遍存在准入门槛低、场所脏乱差、质量无保证的局面，加上法律法规的缺陷，执法力度不够，一直是卫生监管的难点之一。

2015 年 10 月修订的《食品安全法》，其中一个亮点是明确了卫生计生行政部门是餐饮具集中消毒单位的监管部门，增加了对餐饮具集中消毒单位的监管内容，对该行业的作业场所、设备设施、用水、洗消用品、产品检验和包装标识等都作了相关规定，并增加了相应的罚则。

二、主要做法

（一）领导重视，部门联动

为贯彻落实《食品安全法》和市卫生计生委《关于做好本市集中消毒餐饮具及相关消毒服务单位监督检查工作的通知》的精神，2016年8月，松江区卫生计生委和区市场监管局多次开会商讨，并联合印发了《关于松江区开展集中消毒餐饮具及相关消毒服务单位监督检查工作方案的通知》，文件要求卫生计生部门和市场监管部门加强协作，落实部门配合联动信息沟通机制，各司其职，严格执法，形成综合监管局面。

（二）宣传培训，自律管理

一直以来餐饮具集中消毒行业存在市民认知低、企业管理弱的问题。区卫生计生委一方面充分利用大型广场宣传活动，发放宣传资料，现场向群众宣传合格集中消毒餐饮具应该达到的感官、理化和细菌等指标，并通过网络、微信、报刊等发布监管信息和卫生安全知识，有效提升了市民的知晓度和关注度。另一方面着力规范企业行为，落实企业主体责任，为餐饮具集中消毒企业负责人和卫生管理员举办培训会，结合专项整治召开现场会，参观优秀企业，相互借鉴管理理念，交流学习企业文化，提高企业自律管理水平。培训、指导、宣传三位一体的服务，得到了企业的一致好评。

（三）依法依规，严处顽症

2016年，区卫生计生委依据专项整治和“回头看”，严厉整治餐饮具集中消毒服务违法行为，重点对消毒后的餐饮具卫生状况、出厂的餐具逐批检验、在独立包装上标注消毒日期和使用期限、餐饮具消毒温度和暴露时间符合规范要求等内容进行执法检查，引导企业合法、规范发展。对违反《食品安全法》的单位，区卫生计生委均约谈企业法定代表人，对屡教不改的依法从严处罚。

（四）量化分级，动态管理

区卫生计生委结合课题研究成果，根据法律、法规、规章和标准等要求，制定了量化分级评分表，对餐饮具集中消毒单位的卫生管理项目指标进行量化，评定项目包括厂区环境与布局、生产区卫生、人员卫生等八个方面。卫生执法人员现场检查评分，按100分标化后，将卫生信誉度分为A、B、C、D四个等级。量化分级实施后，松江区餐饮具集中消毒企业将“论资”评级，并向社会公示评级结果，消费者在使用消毒餐具时可“按级”消费。

三、工作成效

通过多年对餐饮具集中消毒行业开展持续的专项整治，以往这类行业“小、乱、脏”的卫生问题逐步改善，松江区餐饮具集中消毒企业的卫生状况有了极大的改观，并在全市率先建立了量化分级监管方法，完善了长效监管机制。

（一）部门信息畅通，从生产到使用全程监管

2016年，松江区卫生计生委和市场监督管理局两个部门通过联合发文健全了集中消毒餐饮具监管协调配合和协作联动机制，严格落实了集中消毒餐饮具服务单位卫生监督信息和餐饮单位采购使用集中消毒餐饮具信息的通报制度，实现信息互通共享，实现集中消毒餐饮具从工厂到餐桌全过程监管。截至2016年年底，区市场监管局共向区卫生计生委抄送可能涉及不合格集中消毒餐饮具服务的单位7家。收到通报后，区卫生计生委对这些单位开展监督检查，并将检查结果反馈区市场监管局，涉及外区的移送处理。

（二）从严查处违法行为，卫生状况明显改善

2016年上半年，区卫生计生委对餐饮具集中消毒单位全覆盖监督抽检，集中消毒餐饮具合格率为71.43%，部分单位存在违法的行为，且经责令改正后逾期未改。对此，区卫生计生委从严查处，立案处罚7家13户次，共处罚款8.2万元。下半年，区卫生计生委再次开展“回头看”，复检餐饮具全部合格，违法行为均整改到位，卫生状况明显改善，基本都达到了《餐饮具集中消毒单位卫

生监督规范》的要求，车间布局、环境卫生、生产流程、自检设备或委托检验报告以及人员的体检合格率较上半年有了明显提高。同时，区卫生计生委联合区市场监管局组织召开了一次现场会，通报全年监管情况，交流和推广好的经验做法。

（三）实施量化分级管理，促进企业向规范化、规模化发展

2016年，松江区探索性地开展了餐饮具集中消毒单位量化分级管理工作，对全区餐饮具集中清洗消毒服务单位进行首次量化分级评定，评定结果显示松江区现有A级单位1家，B级单位6家。这一监管模式的推行，得到全区餐饮具集中消毒单位的一致认可，大家普遍认为量化分级管理模式可以督促企业更上一个台阶，积极向A级优秀企业靠拢，成为消费者放心企业。另外，松江区鼓励和引导企业间开展资源整合，积极培育大中型餐饮具消毒机构，促进企业向规范化、规模化发展。

四、推广价值

《食品安全法》修订实施后，松江区建立常态化监管机制，实现将全环节监管作为强化餐饮具集中消毒监管工作的主要抓手，尤其是实施量化分级管理创新模式，将餐饮具集中消毒单位卫生监督管理模式向风险管理转变，引导企业积极向A级优秀企业靠拢，不合格企业逐渐自行淘汰，从而形成良性循环。

一年多来，生产条件差、规模小、环保设施不合格的餐饮具集中消毒单位不得不选择重组合并，松江区原先有7家餐饮具集中消毒单位，现已减少到3家，日处理餐饮具能力却增加到17万套，规模化、集约化效应显现。更重要的是，餐饮具集中消毒单位诚信经营意识、整体生产水平、产品卫生质量得到了大幅提高，市民满意度不断提升。

【专家评审意见】

近几年来，食品卫生安全问题备受人们关注。2015年10月修订的《食品

安全法》加大了对食品卫生安全问题的处罚力度，其中一个亮点是明确了卫生计生行政部门是餐饮具集中消毒单位的监管部门，增加了对餐饮具集中消毒单位的监管内容，并增加了相应的罚则。在此背景下，松江区卫生和计划生育委员会通过与区市场监管局联合印发《关于松江区开展集中消毒餐饮具及相关消毒服务单位监督检查工作方案的通知》，加强部门间的合作，并通过宣传培训，引导企业进行自律管理，依法制定了量化分级评分表，对餐饮具集中消毒单位的卫生管理项目指标进行量化，形成了较为完善的监管模式，对于其他食品卫生安全问题的监管和查处具有借鉴意义。

小区违章建筑专项整治机制的完善

松江区新桥镇人民政府

一、整治背景

新桥镇春华苑小区是春申地区的一个动迁安置小区，自1998年起建设至2008年结束，主要住户为春申当地动迁户，也有部分为外区县购买户。2009年春申地区撤村改居，在村改居过渡时期，很多居民开始偷偷搭建违法建筑。居委会在理顺工作后，发现搭建违法建筑户数已经达到了一个历史“新高度”，且还在一路飙升。这些违章建筑多数被用于出租，由此引发了小区内各种热点难点问题：一是小区内人口复杂化；二是小区内偷盗案件多发；三是小区群租、破墙开店现象普遍；四是小区环境卫生脏乱差。虽然，镇相关部门也多次组织拆违整治行动，但是，居民们尝到了违法建筑带来可观收益的甜头，对拆违工作十分抵触，甚至屡拆屡搭。

二、基本做法

（一）领导重视、专题部署

一直以来，镇党委、政府高度重视春申地区的违法建筑拆除工作，但考虑到面广量大，可能引发群众性事件，因此，在研究制订春申地区拆违方案时显得尤为谨慎，多次组织相关职能部门召开专门针对春申地区的拆违研讨会，专题研究细化春申地区拆违实施方案。2015年年末，镇党委政府召开查处违法建筑工作推进会，正式把春申地区违章建筑整治工作纳入2016年度重点工作。

（二）注重方法、细化措施

我分中心积极落实措施，一方面，由中心指导工作站进行全面排查，上门做思想工作，鼓励自拆，下发《致全体居民的一封信》《限时责令整改单》，同时接受咨询，并对排查信息进行汇总分析，按违章类型建档造册，分类制订工作方案；另一方面，组织协调综合执法队、拆违办、城管中队、市场监督、社区、综治、公安、安监、村镇等部门进行依法强拆，同时强化日常监管。

（三）加强宣传，自查自纠

行动初，通过召开居民代表大会、悬挂宣传横幅、张贴通告、发放《致全体居民的一封信》、开展专题讲座等方式方法，将“查违拆违”的目的、意义和政策宣传到位，做到家喻户晓，人人皆知。同时在政府及下属单位中先行开展违法建筑自查登记工作。对自查无违法建筑的干部和员工，对接工作站进行核实；对自查有违法建筑的干部和员工，在自拆完毕后，拍照上报更新记录，并签订承诺书。通过干部领导的率先垂范，引领居民群众自行整改。

（四）刚柔并济，合力拆违

整治前，由中心派员协助工作站上门制发《限时责令整改单》，并接受现场质询，既给了居民群众一个最后缓冲期，又给了群众发问的机会，消除不满情绪。在整改期限到期后，由中心执法队、拆违办、城管、消防、安监、公安、综治、司法、信访、120急救等部门和单位进行合力攻坚，严格执法，秉持“四个决不允许”的工作原则，即决不允许姑息迁就；决不允许拆小不拆大、拆民不拆官、拆软不拆硬、拆明不拆暗；决不允许因工作失误酿成事端；决不允许半途而废。

三、取得成效

春华苑拆违整治的开展使小区环境得到了明显改善，无证无照经营得到有效遏制，110报警量明显减少。据统计，春华苑小区内1100多户居民，其中有存量违法建筑的800户左右，占总户数的70%以上，违章面积约25000平方米。通过近半年的分片整治，共计拆除小区内违章600多户，面积约19000平方米，顺利完成了第一阶段整治任务。其间，未发生一起集访、群访事件。

四、推广价值

（一）领导重视，部门形成合力

区镇两级领导高度重视，区网格中心副主任亲自调研，镇主要领导多次亲自带队到现场查看调查，数次召开方案论证会，精心部署清理整治工作计划。成立违章建筑整治领导小组，下设办公室在镇拆违办，加强了各部门、单位之间的沟通协调，强化了执法力度，实现了各部门齐抓共管的局面。

（二）调查清理，突出重点工作

自整治工作正式启动起，春申居委工作站充分利用网格内小联动优势，组织人员先后3次进行拉网式排查，对发现的违章建筑进行丈量并拍照、摄像，建立了详细的违章房台账，并对调查数据进行梳理汇总，确定了影响市容市貌严重、群众反映强烈的申华路两侧和中心大道两侧违章搭建、无证照经营、圈占公共绿化为重点对象，逐个突破，以点带面，扩大影响，震慑违法人群。

（三）关口前移，健全长效机制

集中整治结束后，由环卫对现场垃圾进行清运，由物业对小区绿化进行种植，对居民提出的在整治过程中造成的主体建筑损害，经工作站现场拍照存证，主动负担修缮还原的责任。同时通过网格化工作“盯住人，盯住事”，将巡查关口前移，遏制违章建筑复搭苗头，进行长效常态监管。

【专家评审意见】

在城市管理中，违章建筑的查处历来是个难点问题。特别是动迁安置小区，由于居住人口复杂，小区违章建筑众多，当事人受租金等实际利益的影响，往往不愿意配合拆除整治改革，甚至容易引发社会矛盾和执法冲突。对此，松江区新桥镇人民政府领导高度重视，进行了专门部署，依法履行法定程序，注重对当事人的说理教育，并加强宣传，做到预防与查处相结合，对于违法建筑，整合相关部门的力量，坚决依法予以拆除，并形成长效监管机制，明显地改善了小区的环境。这些经验对于今后违章建筑的整治工作具有借鉴意义。

规模型租赁房综合整治机制的构建

松江区中山街道办事处

一、整治背景

中山街道位于上海市松江新城东部，是松江新城的重要组成部分。街道东靠车新公路，与车墩、新桥两镇接壤；西傍通波塘，与岳阳、方松、广富林街道隔河相望；南依沪杭铁路，与车墩镇为邻；北枕辰花公路，与洞泾镇相连。行政辖区41.03平方公里，现有18个居民区，户籍人口3.71万，常住人口11.28万，是上海市文明城区。中山街道区域有一批闲置商业、工业用房经改造后用于出租给外来人员居住，存在着很大的安全隐患，也造成了周边环境的脏、乱、差，与“科创中山、乐居家园”的总体要求相悖，周边居民群众要求整治的呼声也较高。

二、主要做法

（一）组建专班，统一协调实施

2016年年初，街道党工委、办事处召开专题工作会议，部署具体工作，成立了由街道分管领导任组长，由社区平安办、社区管理办、网格化中心、中山派出所、中山司法所、城管中队、拆违办等部门负责人组成的工作小组，统一协调具体工作的实施推进。工作小组根据实际情况，分析了存在的主要问题，明确了工作目标、完成时间节点和具体责任人。

（二）周密排查，完善实施方案

依托网格化和大联动两个平台，街道组织有关职能部门、网格员深入工业园区和居委会各辖区沿线排查，对企业闲置厂房、改造出租房等影响城市安全、存在较大隐患等相关情况进行重新梳理排摸，一案一档，真正做到底数清、情况明。其中原商业用房改建为出租房的有 27 户 1179 间，居住人员 1869 人；原工业用房改建为出租房的有 26 户 2400 间，居住人员 4790 人。二者合计，全街道共有规模型租赁房 53 户 3579 间，居住人员 6659 人，涉及违法建筑 2230 平方米。另外，按照相关工作的要求和时间安排，针对不同点的不同情况分别拟订了整治方案。

（三）规范实施，确保取得成效

工作小组拟定了《告知书》，并上门逐一发放，把街道整治闲置厂房和违规出租房的相关情况告知相关单位和人员，如对 3 家不符合要求的公司厂房和违规建筑，当场下发《责令限期整改告知书》，督促业主签订自拆承诺书、委托拆除申请，动员业主自拆或提供助拆；千方百计寻找到 6 家公司厂房的所有人协商整体劝离。同时启动街道区域内闲置厂房和违规建筑全面清拆、劝退整改工作，由街道大联动负责，牵头组建工作小组，分区域、分难易程度，分别开展清拆，并邀请街道法律顾问共同参与清拆、劝退工作，做到商谈、清拆协议手续齐全。一年来共拆除顶层加层、违章车棚等违法建筑 2230 平方米，规范整改 25 户，取缔清退 6 户 301 间，劝退出租人员 534 人。

（四）法治宣传，营造整治氛围。

在整治前、整治过程中，分别依托所在地居委会的法治宣传栏、黑板报、横幅等传统宣传阵地，张贴宣传海报、宣传标语、宣传版面等；另外定期开展相关咨询宣传服务活动，就相关政策、问题进行答疑，发放相关宣传资料；同时利用街道网站、《今日中山》社区报等媒体开展宣传，并及时刊登相关整治情况，多管齐下，使广大居民充分认识到闲置厂房改建租赁房的危害性及整治工作的迫切性和必要性，从而营造良好的社会舆论氛围，形成较好的强力推进整治的高压态势。

三、主要成效

我街道在推动开展企业厂房规模型租赁综合整治工作中，各部门协同作战，明确各部门工作职责，综合治理范围、查处办法，运用多种行政手段，采取有力措施，依法有序，不断完善工作方案，取缔违规隔离、群租等顽症，切实消除安全隐患。通过一年的努力，规模型租赁综合整治工作取得了明显效果，截止到年底共拆除违法建筑2230平方米，规范整改25户，取缔清退6户301间，劝退出租人员534人。规模型租赁房周边的环境也得到了明显的改善。

四、推广价值

（一）部门协调联动，是整治工作顺利推进的有效手段

街道大联动、派出所、城管中队、社区管理办、资产公司等相关职能部门主动参与、协同配合，营造声势，形成了街道区域内企业厂房规模型租赁综合整治工作的强大合力，现场协调、政策宣传、施工拆除、监督取证，各司其职，相互配合，先后完成了企业规模型租赁房的清拆、劝退和整改工作，联动互动，为街道区域内规模型租赁房综合整治工作的顺利推进提供了强有力的组织保障。

（二）建立长效机制，是确保整治取得成效的必要基础

在街道工作小组的统一指导下，各相关职能部门确立了联系协调机制、快速处置机制、定期通报机制的“三机制”措施，并依托网格化队伍加强了日常巡查，务求发现问题，快速排摸核实，并按照相关程序予以规范、整顿，对不符合相关要求的坚决取缔，建立长效管控机制，确保整治工作取得实效。

（三）严格依法办事，是整治工作后顾无忧的重要保障

针对规模型租赁房综合整治工作中涉及的整改、清拆违规建筑、劝退劝离居住人员等各方面的问题，相关部门积极与司法所和顾问律师取得联系，确保整治过程合法合规，有效杜绝因不规范操作而引发后续法律问题，提高了

依法行政、依法管理的水平，全年没有发生一起由此引起的行政复议或行政诉讼案件。

【专家评审意见】

房屋的出租原本是民事行为，应当由出租人和承租人按照民事规则自愿缔结出租协议，政府不应过度干预。但是，违法出租房屋不仅存在着安全隐患，而且影响房屋周边的环境，因此，政府必须予以必要的干预。松江区中山街道办事处针对该街道区域内闲置商业、工业用房经改造后用于出租给外来人员居住存在着很大的安全隐患、周边环境脏乱差等问题，成立了由街道分管领导任组长，由社区平安办、社区管理办等部门负责人组成的工作小组，统一协调具体工作的实施推进，依托网格化和大联动两个平台进行周密排查，发现问题，依据法定程序严格执法，并通过法制宣传，营造良好的法治环境，规模型租赁房周边的环境也得到了明显的改善，对于今后出租房的综合整治具有借鉴意义。

以“佘山模式”依法整治渣土乱象

松江区佘山镇人民政府

无证运输、随意偷倒、乱倒渣土、违规超载、不规范运输……渣土车违法行为在佘山时有发生，渣土运输乱象已成为市民关心的热点难点问题。地区的发展不能以牺牲环境卫生、影响百姓正常生活为代价。佘山镇党委政府主动担责，开展“区域统筹”模式的试点工作，根据佘山特色摸索出一套行之有效的渣土管理方法，使建筑渣土源头治理和属地化管理得到进一步加强，并在此基础上形成了建筑渣土区域统筹管理的“佘山模式”。

一、背景缘由

随着城市化建设速度的加快，松江区作为曾经与市中心挂靠的渣土卸点区县，到如今区域内卸点“一点难求”，出土渣土必须依靠外运解决，渣土处置成了松江区城市建设的头等大事，也是城市建设的“瓶颈”之一。

佘山镇作为国家旅游度假区，镇域面积大，绿化覆盖广，加之地理位置特殊、交通发达，渣土偷倒乱倒现象尤为突出。特别是近几年来，佘北大型居住社区、泗泾南大型居住社区以及佘山镇各安置房基地等的开工建设，使渣土处置管理工作呈现出土点集中、工期时间紧、工程出方量大、卸点需求量进一步增多的情况，给佘山镇的渣土管理带来了极大的困难与挑战。

面对这种形势，佘山镇政府和松江区城管执法局在多次调研的基础上，提出了管理与执法相结合，属地管理责任到位的要求，并提出了“区域统筹，源头治理”的创新举措。通过制定一系列渣土管理新制度、新方法和新举措，进一步强化源头监管、规范运输行为、控制偷倒乱倒现象，提高了建筑渣土管理和执法水平，依法维护了整洁有序的城市环境秩序。

二、基本做法

（一）加强领导、组织保障

怎样才能有效遏制镇区域内渣土偷倒乱倒行为的发生？怎样才能实现渣土车辆密闭运输规范行驶？怎样才能进一步减少渣土车辆恶性死亡事故？必须依靠政府主导，必须依靠部门联合管理。佘山镇党委、政府主动担责，全面领导区域进出土管理工作，专门成立渣土管理工作领导小组，由镇长担任组长，政法书记担任常务副组长，建设副镇长担任副组长。成员由村建办、经济发展公司、综治办、社治办、公安、城管等部门负责人参加。同时，成立管理办公室，由建设副镇长担任管理办公室主任，村建办主任担任管理办公室副主任。渣土处置的查验、申报、审核、招标、启运、运输、卸点管理等每个环节都有部门一一对应，严控每个环节。

（二）制度制约、权责明确

为了有效开展工作，管理办公室先后制定出台了《佘山镇关于加强区域内进出土管理的实施办法》和《佘山镇渣土管理有奖举报办法》，进一步明确了管理办公室下属单位和部门的工作职责，从制度上完善了管理机制，有效减少了管理部门推诿扯皮现象的发生。

此外，针对佘山镇地域广、景点多但执法队伍力量相对薄弱的特点，佘山镇政府深入探索，推行属地管理模式，将属地化责任落实到各村居委会，与村居委会签订了《渣土管理责任书》，明确村居委会一把手作为第一责任人，全面负责自己辖区内渣土作业的监管工作。同时，将渣土管理作为各村年终考核的重点项目，提高了考核分值，在很大程度上提高了村居委会渣土管理的主动性和积极性。

（三）规范管理、加强监督

1. 区域统筹、节约资源。以区域统筹与动土必批为原则，将村镇级开发建设的各类项目工程纳入统一管理平台，对可能产生的普通土、绿化土及建设垃圾进行分类统计，逐一配对需要相应渣土资源的工程，统筹调配，最大限度地减少渣土反复进出造成的经济、资源浪费。

2. 四方联查，遏制虚报。在以往的渣土申报中，由于政府监管力量的缺失，建设方在利益的驱动下，往往会要求渣土运输企业多报渣土回填量、少报工地出土量，造成违规处置案件和偷倒乱倒案件高发。为此，“佘山模式”首创“四方确认单”，由建设方、工程总包方、大居指挥部和佘山镇综治办组成联动的四方，渣土申报须经四方同时确认，做到“先查后报、先验后审”，有效防止运输公司虚报情况的出现。

3. 购买服务、市场监管。佘北大型社区占地面积较大，为全面掌控大居建设工程施工情况，特聘请了专业的保安公司，在各个重点路口安装监控探头，做到“人防、物防、技防”，通过购买第三方服务，真正实现了有效监管，有效遏制了渣土车未密闭等违规现象的发生。

4. 有奖举报、全民监督。为有效发动社会力量，共同监督渣土作业违规行为，佘山镇推出“24 小时有奖举报”热线电话，重点监督佘山镇辖区内渣土运输车辆偷倒乱倒的违法行为，承诺认真调查处理举报线索，做到有报必查，有查必果，有果必复，并严格为举报人保密，切实保护举报人的合法权益。举报内容一经核实，违规车辆依法暂扣，举报人可领取举报奖金，大大提高了市民共同监督的热情。

三、主要成效

建筑渣土区域统筹管理的“佘山模式”施行以来，取得的成效显而易见。一是渣土运输车辆违规处置行为大幅减少。通过两年的数据统计来看，2015 年共查处渣土案件 23 起，罚款人民币 35 万元；2016 年共查处渣土案件 5 起，罚款人民币5万元，两项数据同比分别下降了约78%和86%。二是属地管理责任切实履行。以往的渣土管理中，部分村居委会漠视甚至放纵渣土偷倒乱倒行为，而“佘山模式”的实行，进一步加强了各基层单位的责任感，做到加强巡逻、从严监管、快速处置，渣土偷倒乱倒现象得到了有效的遏制。三是实现了资源的有效再利用。“佘山模式”区域统筹与动土必批原则的施行，既有利于解决渣土供给与需求信息不互通而产生的渣土卸点资源紧缺的问题，也有效避免了政府工程重复购买、消纳渣土的情况发生，可谓一举两得。

四、推广价值

渣土运输及车辆的管理直接关系到市民的生命财产安全，“佘山模式”为渣土管理的源头清理、属地管理、联合治理提供了很好的经验。从本项工作开展的角度来看，各街镇均具备推广实行的基本条件，具有在全区推广的价值，希望能将“佘山模式”的经验向全区推广，使我区的渣土管理工作迈上一个新的台阶。

【专家评审意见】

随着城市建设力度的不断加大，渣土的运输和处理是个难题，随意偷倒乱倒渣土、违规超载渣土的情况时有发生。松江区佘山镇人民政府针对佘山镇地理位置特殊、交通发达等特征，为解决渣土偷倒乱倒问题开展“区域统筹”模式的试点工作，根据佘山特色摸索出一套行之有效的渣土管理方法，加强领导，制定出台《佘山镇关于加强区域内进出土管理的实施办法》和《佘山镇渣土管理有奖举报办法》，明细权责，规范管理，四方联查，全民监督，使建筑渣土源头治理和属地化管理得到进一步加强，并在此基础上形成了建筑渣土区域统筹管理的“佘山模式”，为城市治理中难点问题的解决提供了有益的探索和尝试。

第三部分
松江区行政执法典型案例

重拳出击 依法根治城市顽疾

松江区城管岳阳中队

一、基本案情

2015年7月26日，松江区城管岳阳中队队员在巡查时发现松江区谷阳北路、乐都路路口西北角及东南角电线杆上各有同一广告牌悬挂。城管队员对该号码所有人进行告知后，当事人未进行拆除，后由街道大联动办公室在非法小广告整治中代为拆除。但在拆除后，我中队城管队员于2015年8月16日巡查时再一次发现松江区谷阳北路、中山中路路口西北角有同一广告牌悬挂；随后又在谷阳北路、乐都路路口西北角及东南角电线杆上也发现有同一广告牌悬挂。我中队立即制作《协助调查函》对该广告牌的性质进行核实，最终确认上述广告牌均为违法广告。由于该悬挂行为数量较多，对市容环境影响较大，同时当事人在上述广告牌被拆除后再次安装，屡教不改，中队高度重视，决定于2015年8月19日立案查处。

经过前期调查，中队确定了当事人的身份，但在调查工作中，当事人并不配合执法人员的工作，因此通过停止通信号码等手段，使得当事人接受了中队的处置。当事人在接受处理时对自己的违法行为供认不讳，并迅速改正了违法行为。经过城管队员的教育和行政处罚的训诫，当事人再未在我中队辖区内进行过上述违法行为。

二、办案经过

2015年8月16日，我中队城管队员在巡查时发现松江区谷阳北路、中山中路路口西北角有一广告牌悬挂；该广告牌为钢结构布质蒙皮，蓝底白字，内容为：某医院 健康热线 021-5771****。随后又在谷阳北路、乐都路路口西北角及东南角电线杆上也发现有同一广告牌悬挂。城管队员立即现场拍照取证，并以上述证据作为材料制作了《协助调查函》，请求松江区绿化和市容管理局协助调查。经确认，该三处广告牌均未获得许可，系违法行为。城管队员随即通过电话告知了 021-5771**** 号码实际使用人，要求其自行整改。

2015 年 8 月 19 日上午 10 时 20 分，城管队员对上述地点再次进行巡查时发现上述乱悬挂行为仍未改正，城管队员现场拍照取证并制作现场检查笔录。同日下午，城管队员向 021-5771**** 号码实际使用人打电话询问并制作电话询问笔录。在电话询问中限 021-5771**** 号码实际使用人于 2015 年 8 月 20 日 9 时 00 分前自行整改所有乱悬挂的广告牌。

2015 年 8 月 20 日 10 时 00 分，城管队员对松江区谷阳北路、中山中路路口西北角和谷阳北路、乐都路路口西北角及东南角电线杆乱悬挂的行为进行了复查，复查发现当事人即 021-5771**** 号码实际使用人未整改上述行为。2015 年 8 月 20 日 14 时 10 分，城管队员对 021-5771**** 号码实际使用人再一次进行了电话询问并作电话询问笔录。在电话询问中，城管队员要求当事人于 2015 年 8 月 21 日下午 14 时之前至城管岳阳中队接受处理，当事人逾期未接受处理。

2015 年 8 月 22 日，城管岳阳中队制作停机申请审批表，对 021-5771**** 号码作出暂停该通信工具号码使用的行政处罚。2015 年 9 月 12 日，021-5771**** 号码停机成功。

2015 年 9 月 24 日，当事人上海某医院至岳阳中队进行处理，城管队员进行询问并制作询问笔录，当事人承诺自行整改并于当天整改完毕。城管岳阳中队经过集体讨论，决定对当事人处以罚款 1.1 万元。2015 年 10 月 8 日，号码 021-5771**** 复机成功。

三、案件亮点

（一）违法主体确认明确

由于本案未在现场查获正在实施悬挂行为的行为人，办案人员提出本案受益人应为“021-5771**** 号码实际使用人”，即“上海某医院”应为违法行为嫌疑人。尽管在调查阶段，嫌疑人一度回避责任，拒绝接受调查，但最终嫌疑人未出示能够证明其主张的证据。办案人员经过多次询问，反复调查，证实嫌疑人为自身利益，默许了上述违法行为的发生，是上述违法行为的受益人。

（二）调查经过清晰有序

乱悬挂行为有成本低、设置简便的特点。执法队员很难在现场找到乱悬挂行为的行为人，一旦发现乱悬挂行为或者接到举报，发现的都是已经形成的现场。如果代为清除，则违法行为责任人没有受到惩戒，违法行为可能反复发生；如果立案查处，违法行为人又难以确定，执法成本比较大。本案通过广告上的信息，直接找到了违法行为第一嫌疑人，执法队员通过两次电话询问，两次现场检查，二十余张照片，实现了确认违法行为人以及将违法行为人的违法事实进行固定的目的。

直至案件调查结束阶段，所有证据形成证据链，做到了认定事实清楚、证据确实充分、程序合法正当。

四、办案启示

悬挂横幅广告一直以来都是商家宣传促销、招揽顾客的惯用经营手段之一。其优点在于醒目又有效，很大程度上提高了商家的经营效益，但是随意设置的横幅广告严重影响市容市貌，给城区市容增添了不和谐的色彩，乱悬挂已经成为城市管理的一大顽疾。同时，多数普通市民甚至行为人都对其违法的严重性缺乏明确的认识，导致乱悬挂行为频发，屡禁不止。

本案当事人就是很典型的为宣传而违法的情况。在询问中，当事人表示他们委托了一家没有资质的广告公司代为宣传，广告公司为降低成本，在未经相关部门审批的情况下将当事人的宣传广告进行了悬挂。城管队员在最初发现乱悬挂的广告牌时，首先向广告牌所示嫌疑人（本案当事人）进行了警告，随后代为拆除。但在拆除后，由于违法成本低廉，当事人委托的广告公司再一次将广告牌进行了悬挂。当事人在明知广告公司乱悬挂的情况下，为追求宣传效果，默许了广告公司的违法行为。

在警告教育无效的情况下，中队决定立案对违法行为人进行查处。由于对案情的不重视，当事人在城管执法部门明确其为违法行为嫌疑人的情况下，仍然拒绝进行整改，同时拒不至指定地点接受调查。城管执法队员在明知违法行为人的行为已经违反法律条款，可以进行行政处罚的情况下，仍秉承“执法与教育相结合，注重法律效果和社会效果相结合”的执法原则，未对违法行为人实施行政处罚，而是反复与违法行为人进行沟通，劝导其至指定地点接受调查并自行整改违法行为。最终，违法行为人接受了城管执法部门的调查并在当天即自行整改了违法行为。城管执法部门至此方才进行行政处罚，以示惩戒。经过上述方式，当事人再未有相似的违法行为，实现了《上海市查处乱张贴乱涂写乱刻画乱悬挂乱散发规定》第1条“为了维护市容环境整洁，制止……乱悬挂……行为”的立法目的。

【专家评审意见】

在城市管理中，非法小广告整治是个难题，相关职能部门虽一直在积极整治，却总是陷入屡禁不止、屡查不绝的尴尬之境，并未从根本上解决问题。对此，松江区城管岳阳中队重拳出击，通过确认违法主体，明确违法行为受益人，注重调查程序合法和证据确凿，认定事实清晰，在警告教育无效的情况下仍然采用沟通劝告的方式，促使违法当事人自行整改，从根本上治理非法小广告这一城市顽疾，整个执法过程合法、适当，对于今后的城管执法具有借鉴意义。

环保案件中伪造物证的查处

松江区环境保护局

一、基本案情

2015年7月中旬，松江区环保局接到市民举报，称位于松江华加路某号的某机械部件制造公司有违法排污的行为。接报后，区环境监察支队执法人员立即前往现场检查。

经查，该公司主要从事加工、生产精密机械部件机，主要设备有3台注塑机和17台CNC数控加工中心等。通过多次现场勘查、调查询问发现，该公司存在将危险废物委托给无经营许可证的单位从事贮存的经营活动，将危险废物混入非危险废物中贮存，未采取相应防范措施造成危险废物流失、渗漏等多个违法行为，区环保局对该公司作出了共计29万元罚款的处罚决定，并同时责令公司停止违法行为，立即改正。

二、办案过程

第一次对公司进行检查时，现场未见有明显排污痕迹，车间南侧外简易棚内存有少量废乳化液等危险废弃物。但执法人员根据其生产规模及工艺判断，该公司生产工程中产生的废乳化液等危废量远比其实际存放量要大得多，遂要求该公司说明其危废去向，但公司以经办人不在公司为由未明确说明。次日，公司内负责危废管理的工作人员告知执法人员，公司将危废暂存于松江某镇一租借仓库内，但具体地址不清楚。

7月23日下午，执法人员第二次前往该企业调查危废存放仓库一事，但是该公司又以经办人有事请假不在公司为由未明确告知存放地址，只确定是租借仓库存放，约有10吨。执法人员与该公司约定，次日一起前往存放地点查看。

7月24日上午，在该公司有关人员带领下，执法人员来到松江小昆山镇某村338号居民房。发现该居民房院内有3个，围墙外有7个装满液体的吨桶（1米×1米×1米）。执法人员经过深入了解，对该公司有关人员和338号居民介绍了相关的法律法规，做了大量的思想工作。该公司承认于7月23日深夜将这10个吨桶转移至该处，并给予该户村民2000元报酬，承诺存放一周时间，同时承认这10个吨桶中存放的均是该公司产生的废乳化液。执法人员随即将废乳化液进行了查封扣押，过磅后重量为10.71吨。

此案涉及的危废数量较大，案情较为复杂，8月7日，区环保局会同区公安局治安支队对该公司进行检查，执法人员调取监控录像，发现7月23日晚1号厂房门口西侧有员工使用消防枪往吨桶内注水。经询问企业有关人员发现，该公司将消防水注入8个吨桶内，每桶内又添加少许新的乳化液，然后将这8个桶和另外2个确实装有废乳化液的桶一起转运至松江某镇某村338号居民房。区环境监测站对该企业若干雨水井进行了现场采样，分析结果：雨水井内废水化学需氧量161–2190mg/L，石油类0.07–21.2 mg/L，表明该公司产生的废乳化液等危险废物存在渗漏至雨水管网的事实。

涉事企业因分别从事了"将危险废物委托给无经营许可证的单位从事贮存的经营活动""将危险废物混入非危险废物中贮存""未采取相应防范措施，造成危险废物流失、渗漏"的违法行为，违反了我国《固体废物污染环境防治法》的相关规定，数案并罚，被处以罚款的行政处罚，罚款合计29万元。

三、案件亮点

一是执法人员寻根溯源、合理怀疑、刨根问底，以公司产废数量为抓手，步步紧逼，迫使企业现出原形，对违法行为供认不讳；二是环保部门与公安部门联手调查，加强了执法力度，增加了执法手段，提高了执法效率；三是本案中的违法主体为一个，但因其从事了多个不同的违法行为，数案并罚，罚款金额较大，对当事人的震慑、警示效果较好。

四、办案启示

（一）无知无畏，缺乏环保法律意识

1. 弄虚作假，企图蒙混过关。本案中涉及的公司作为一家独资公司，企业法人及公司管理层对环保法律法规认识的缺乏是非常严重的。为了隐瞒其违法排污的事实，掩盖危废去向，不惜用一个个并不存在的事实来掩盖，自以为做得天衣无缝，殊不知一个谎言要用更多个谎言来掩盖。

2. 缺少专门的环保管理人员，对企业产生的危废缺少必要的梳理和认识，没有建立环保管理制度，不清楚危废的处置流程，对可能承担的法律责任也不清楚。当被执法人员查处时仍抱有侥幸心理，导致越走越远，直到不可收拾的地步。

3. 管理层缺乏对员工的监督和管理。管理层仅注重企业生产发展、工艺革新，却忽略了企业的环保责任，对违法将乳化液流入雨水井未及时发现并制止，放任该行为的发生，对危废管理和处置主观上不重视。

（二）有始有终，正确引导规范处理

1. 加强引导，宣传管理要求。自从“两高”司法解释的出台，对危险废弃物的管理要求也不断提高。作为一线的执法力量，要在工作中不断总结经验，加大宣传力度，通过必要的引导，让企业重视对危废的管理，从管理机制上确保危废的安全存放和处置。对做得不到位的地方要及时指出，对违法行为要一查到底。

2. 不断改进，正确规范处理。每个企业产生的危废有可能各式各样，要监督企业自觉做好危废堆放场所的建设，保证标识标牌规范。要牢固树立环保法律意识和责任，指导企业监管好每一次危废的转移和处置，做好台账的记录。

目前，企业在对危险废弃的处置过程中确实存在处置成本高、转运效率

低、管理要求严等一系列问题，这些问题应当引起环保部门、当地政府的高度重视，可以通过采取扶持规范的危废处置企业、严格行业准入、逐步开放市场、引入适当竞争机制等措施解决上述问题，做到公平、高效、最优。

【专家评审意见】

改革开放以来，党和国家历来重视生态环境保护工作。近年来，松江区委、区政府更是把科创、人文、生态作为全区发展的目标。在此时代背景下，环保整治力度日益加强。但是，由于环保工作涉及多方利益，环保部门的监管和执法在实践中面临着诸多困难，特别是在环保监督检查中调查取证存在着一定的困难。对此，松江区环境保护局接到市民举报后，执法人员寻根溯源、合理怀疑，使企业对违法行为供认不讳，并与公安部门联手调查，加强执法力度，增加执法手段，提高了执法效率，最终从制度构建上总结经验，为今后的环保执法，特别是执法中的调查取证提供了参考和借鉴。

规范审批与严格执法并重
查处民防工程未备案欠缴结建费案

松江区民防办

一、案情简介

2015 年 9 月，松江区民防办在对历年应建未建民防工程的梳理中发现，某花园项目一期审批应配建的 1321 平方米民防工程，历经多年仍处于“尚未竣工”状态，遂于 2015 年 9 月 10 日联系该项目建设方上海某房地产有限公司代表人舒某来民防办接受调查，经询问，舒某坦承该配建民防工程因施工质量问题，未能通过市民防质监站的竣工验收，同时后期也由于各种原因未及时向区民防办备案。

区民防办认为，上述行为已违反《上海市民防条例》相关规定，于是责令该单位限期改正，补缴民防建设费并加处罚款。

二、办案过程

1. 现场取证。2015 年 9 月 14 日，诸某华、冯某与顾某三人持行政执法证前往沪松公路 1789 弄某花园进行现场检查，通过拍照等技术手段取证并固定证据，核实违法情况，制作《现场笔录》。

2. 约谈教育。就现场检查出的违法情况，区民防办执法人员与该公司相关负责人进行了约谈。在保障当事人充分陈述的前提下，制作了《陈述笔录》。同时就应建未建、应备案未备案、应补缴未补缴等违法行为，向当事人宣传了适用法律条款。

3. 处罚程序。2015 年 9 月 23 日，我办向上海某房地产有限公司送达《责令改正通知书》。结合违法行为和该公司改正情况，由我办工程科给出拟办意见，经法制科审核同意，最后经区民防办班子会议集体讨论，决定对当事人处以罚款 5 万元的行政处罚。2015 年 9 月 25 日，区民防办向某公司送达《行政处罚事先告知书》，同时送达《行政处罚听证告知书》，2016 年 1 月 7 日送达《非税收入一般缴款书》要求补缴民防工程建设费，2016 年 1 月 8 日送达《行政处罚决定书》。

4. 结案存档。2016 年 1 月 8 日某公司缴纳 5 万元罚款，随后相关工作人员作结案存档工作（某公司于 2016 年 1 月 7 日补缴了民防工程建设费）。

上述办案过程中引用法条包括《上海市民防条例》第 36 条："建设单位新建民用建筑，应当按照国家和本市有关规定，结合修建战时可用于防空的地下室；不宜修建的，建设单位应当按照规定缴纳民防工程建设费，由市民防办统筹安排，就近修建。民防工程建设费应当缴交市财政专户，专款专用，不得挪作他用。"第 43 条："违反本条例规定，有下列行为之一的，由市或者区、县民防办给予警告，责令限期改正，可以并处罚款：（一）新建民用建筑少建防空地下室或者不缴、少缴民防工程建设费的，处以一万元以上十万元以下罚款；（二）出租或者使用未经验收或者验收不合格的民防工程的，对个人处以一千元以上五千元以下罚款，对单位处以一万元以上五万元以下罚款；造成损失的，应当依法予以赔偿；（三）平时利用民防工程不按照规定办理备案手续的，对个人处以一百元以上一千元以下罚款，对单位处以五百元以上五千元以下罚款。罚没款全部上缴国库。"

三、本案亮点

1. 宣传到位，赢得企业理解。为贯彻"在服务中宣讲民防法律法规，在检查中普及民防人防知识"的工作要求，执法人员在处理本起案件时，不是简单地用法律条款来压人，而是在跟企业的沟通中，着重讲明违法的危害性、执法的严肃性、守法的经济性，通过长远效益、社会效应、法律效果等几方面做通企业思想工作，从而在后续的检查、补办手续和缴纳罚款等执法过程中，得到了企业的充分理解和配合，行政效率得到了有效保障，企业的法制意识得到强化，政府的执法威信得到彰显。

2. 程序到位，堵死侥幸心理。违反《上海市民防条例》的行为事实清楚，但执法过程有着严密的程序要求，特别是涉及罚款的事项。因此，在开展本起执法过程中，我们不仅追求于法有据，更始终坚持程序的规范性，现场执法人员、法制审核人员、班子集体决策始终对照法条和规范逐一开展调查、取证、笔录、告知、处罚、补缴等程序，从而树立起行政执法的严肃性、严密性、廉洁性、强制性，达到了教育和惩处的统一。

3. 查堵到位，条块结合排查。以“民防六进”宣传为契机，以本次执法案例为蓝本，以结建民防工程审批、“条块结合”为重点，每年 8 月到 9 月，在全区各街镇园区开展一次企业民防工程结建审批工作的自查和排查，有效排查重点领域和重点工程，对 32 家建设单位进行了事后监督，对 8 家单位提出了限期整改要求，体现了法制权威，提高了建设单位的守法意识。

四、经验启示

区民防办多措并举建立民防普法依法行政机制。一是建立条块结合、社会参与的排查机制。在巩固区级执法队伍下沉式、现场化、针对性工作模式基础上，进一步强化对街镇社区民防力量作用的发挥，以点连线、以线构面。同时通过聘请行风监督员、公布举报电话等形式，主动引导社会力量参与民防依法行政的监督与举报，从而形成一张立体式、全覆盖的排查网络。二是完善处置规范监管到位的执法机制。坚持“人民防空实行长期准备、重点建设、平战结合”的方针，贯彻“与经济建设协调发展、与城市建设相结合”的原则，从强化民防队伍执法能力和水平出发，落实培训机制、首问机制、问责机制。从执法规范性角度，完善隐患排查、执法整改、事后跟踪的执法模式和流程。坚持惩处和教育相结合的原则，加强民防工程典型性案例收集、整理、归档，通过优秀案例评选提升工作人员工作能力，通过身边案例提高教育生动性和实效性。三是加强执法培训，提高专业执法能力。开展民防专业法律、《行政处罚法》等相关法律法规的培训，进行办案文书拟制的规范学习，同时引入民防专业执法人员，完善执法队伍，提高执法能力。

【专家评审意见】

为保障战时人员与物资掩蔽、人民防空指挥、医疗救护等，《防空法》《上海市民防条例》等要求修建民防工程，对于平时利用公用民防工程的，使用单位应当按照国家的相关规定，向当地的民防办缴纳民防工程使用费。松江区民防办针对一起多年“尚未竣工”的民防工程建设项目，通过调查取证，责令该单位限期改正，补缴民防建设费并加处罚款。在该案件的查处中，松江区民防办进行沟通说明，严格依据法定程序调查取证，查堵到位，条块结合排查，建立条块结合社会参与的排查机制，这些执法经验值得其他领域的行政执法借鉴和参考。

快速反应强化协作
合力处置拒不支付劳动报酬案件

松江区人力资源和社会保障局

一、基本案情

2015 年 3 月 12 日，松江区劳动保障监察大队接到员工举报：位于松江区佘山镇天马山新宅村的上海某针织时装有限公司涉嫌拖欠劳动者工资报酬，公司法定代表人已逃匿。经查实，该单位拖欠 73 名劳动者 2015 年 1 月—2 月工资共计 230074 元。在固定好相关证据后监察大队于 2015 年 4 月 2 日开具了责令改正通知书，并于 2015 年 4 月 7 日发出履行责令改正催告书。2015 年 4 月 23 日将案件移送松江区公安分局，现公安机关已立案，正全力追查公司法定代表人，截至发稿，法定代表人尚未到案。

二、办理过程

接到员工举报后，监察员第一时间会同佘山镇政府派出所、信访办、司法所、社保所和新宅村村委会相关人员前往了解情况。由于可能涉及负责人逃匿，监察员到达现场后马上要求所有员工填写投诉书，复印了相关材料并现场制作了询问笔录，同时进行了录音录像，确保了证据链的有效衔接和取证的充分性。

经了解，上海某针织时装有限公司是一家从事服装生产行业数十年的老企业。该公司注册资本为 1000 万元人民币，法人代表为陈某芹，公司股东由陈某芹及其丈夫刘某如二人组成，主要经营人为刘某如。2015 年春节后，该公司经营人未曾谋面，根据公司惯例，每月月底发放上月工资，但春节后员工2015年1月—2月的工资迟迟未发，这引起了员工的警觉，随后举报，监察员多方联系陈某芹夫妇均未果。为维护广大员工合法权益，确保工资金额的准确性，监察员要求公司出纳根据车间主任统计的产量来一一核算每位员工的工资，最终确定该公司共拖欠73名员工的工资，其中已达法定退休年龄的人员有37人；总共拖欠2015年1月—2月的工资人民币230074元，其中1月拖欠71名员工工资140650元，2月拖欠65名员工工资89424元。

根据该单位存在的拖欠劳动者工资的行为，监察大队于4月2日开具了《上海市劳动保障监察责令改正通知书》，要求该单位于4月5日之前整改到位，并将通知张贴于该单位醒目位置，由佘山镇劳动保障事务所及佘山镇新宅村村委会委派的两名工作人员现场确认。该单位未在规定时间内支付员工工资，于是监察大队于4月7日开具了（松）人社监（2015）催字第（00234）号履行责令改正催告书，催告单位限期履行，该单位无正当理由仍逾期未履行。根据上述表现，该行为涉嫌逃匿、逃避支付劳动者报酬，劳动行政部门移送公安部门，公安部门立案侦查。

三、案件亮点

1.加强协调、通力合作是保证。接报后监察员第一时间和佘山镇政府联系，会同镇政府派出所、信访办、司法所、社保所和新宅村村委会的相关人员进行处理。在调查取证过程中，派出所民警负责联系、查寻公司法定代表人下落，信访办、司法所、村委会人员负责做好员工安抚工作，社保所人员负责指导员工填写投诉书，监察员负责员工情绪安抚、法律法规解答、现场调查取证。

2.快速处理、固定证据是关键。由于涉及负责人逃匿，时间越长，证据灭失越多，取证越困难，监察员当场制作了笔录，并通过录音录像固定证据，积极收集可证明劳动用工、欠薪数额等事实的相关证据。尤其是对员工工资金额的确认，在负责人逃匿案件中，是重中之重，监察员通过财务部与车间管理人员，根据员工实际产量来核算每位员工的工资、欠薪月份及金额，充分确保了证据的有效性。

3. 严格程序、依法处置是根本。在确认公司法定代表人逃匿后，监察员严格按照 2014 年 12 月 23 日发布的《最高人民法院、最高人民检察院、人力资源和社会保障部、公安部关于加强涉嫌拒不支付劳动报酬犯罪案件查处衔接工作的通知》要求，经过严密的调查程序，确认行为人拖欠劳动者劳动报酬事实清楚、证据确凿、数额较大，及时下达了责令改正通知书，按期发出履行责令改正催告书，制作了涉嫌犯罪案件移送书，在规定期限内将全部案卷移送至公安机关，公安机关也及时予以立案。

四、办案启示

当前，对拒不支付劳动报酬案件，市区两级层面已形成较完善的工作流程和移送程序，需要相关职能部门加强沟通，通力合作。

一是思想上要高度重视。欠薪逃匿案件涉及人数多，社会影响恶劣。人民法院、人民检察院、人力资源和社会保障部门、公安机关四部门，特别是劳动监察和公安，思想上一定要高度重视，认真履行自身职责，加大工作力度，有力打击拒不支付劳动报酬的犯罪行为，维护法律权威。

二是信息上要加强沟通。对拒不支付劳动报酬案件的有效处置，关键在于部门间的相互配合，在相关案件信息及证据的收集上应加强沟通，对于一些重大个案及疑难复杂个案，各部门要积极参与案件的分析和讨论，为便于后期的刑事立案，公安机关可对劳动监察案件取证进行相应的指导，检察院、法院对于案件查处程序、移送等也要进行交流和沟通，建立交流沟通制度、个案协调制度。对于重大个案及疑难复杂个案，各部门应充分参与案件分析和讨论。

三是工作上要推进落实。人民法院、人民检察院、人力资源和社会保障部门、公安机关四部门应当进一步统一思想，高度重视，充分认识拒不支付劳动报酬违法犯罪行为的严重性、危害性，部门间要进一步加强工作上的协调，公安机关和检察院也可根据案情提前介入，集体办公，积极推进、相互促进、相互补台，充分发挥各自的职能优势，形成最大合力，有效查处拒不支付劳动报酬刑事案件。

【专家评审意见】

随着2012年《劳动合同法》的实施，我国日益加强了对劳动者权益的保障，严禁无故拖欠劳动者工资，但是现实中这一情况仍然时有发生。对此，松江区人力资源和社会保障局所属的劳动保障监察大队在接到企业员工举报后快速反应，及时进行查处，与镇人民政府、镇派出所、信访办、司法所、社保所和村委会相关人员协同处理，当场制作现场笔录，通过录音录像固定证据，严格按照法定程序进行处置，最终移交公安机关立案处理，其中的多部门配合查处机制对于今后拒不支付劳动报酬案件的处理具有参考价值。

违法排放污水案件的查处

松江区水务局

一、基本案情

2016年2月6日，松江区自来水公司来电称自来水进水口外围有较多的油漂浮在河面上。松江区水务执法支队的两名执法人员立即前往区自来水公司开展调查工作。经多方排摸取证，查明在上海市松江区港业路*号*幢的上海某塑胶有限公司存在将含工业废油的污水排入雨水管道，再通过这根雨水管道排入附近河道的违法行为，而这里距区自来水公司的进水口只有几百米，不仅污染了河道，也影响了区自来水公司的正常运转。

二、办理过程

当事人将含工业废油的污水排入雨水管道的行为已构成违法排放污水行为，涉嫌违反《城镇排水与污水处理条例》第20条的规定，经立案批准后，执法人员向当事人发出《调查询问通知书》。于2016年2月14日联合松江区小昆山镇开发公司相关负责人再次前往进行调查走访，并对含油污水进入雨水管道的关联和过程做了进一步调查取证。2016年2月15日，当事人携带相关材料到我支队接受调查询问，执法人员制作《调查询问笔录》，当事人承认向雨水管道排放了含油的污水，于笔录上签字确认。

执法人员在调查过程中向当事人发出了《责令改正通知书》，责令当事人限期对自己单位和旁边上海某实业有限公司的内部雨水管道进行疏通养护，彻底清捞案发区内雨水管道内的油污，联系环保部门统一回收、清除河面上的漂浮状油污，并形成公司内部长效管理预防机制，从源头上消除污染隐患。

通过对当事人所实施的违法行为和所取得证据等的综合分析认定：当事人上海某塑胶有限公司违法排放污水的行为违反了《城镇排水与污水处理条例》第 20 条的规定，依据《城镇排水与污水处理条例》第 49 条的规定，最终对其作出罚款人民币 10 万元的行政处罚，当事人现已落实整改措施并向指定罚没款代收机构缴纳了罚款，本案已执行完毕。

三、案件亮点

（一）违法排放污水案的取证方法中经验应用与科学取证

本案执法人员在现场勘验和检查过程中了解到，受污染的河面长度有 800 米左右，范围内涉及的企业有 30 多家，给调查取证工作带来了相当大的困难。针对本案排查范围广，涉案单位多的实际情况，执法人员借鉴了以往的办案经验，通过缜密分析，结合多种排摸方式和取证手段，逐步掌握各类相关证据，最终在主体明确、事实清楚、证据确凿的情况下，查处了违法当事人。

1. 经验判断，针对性排查。执法人员首先分析涉案范围内各单位的行业性质以及在生产经营过程中涉及废油产生情况，并通过观察判断河面上漂浮的油污应属矿物油类而非动植物油类，将涉案范围内的金属加工、注塑加工、汽车修理等工业生产性企业定为重点排查对象，排除如学校、医院、服装加工、餐饮企业等只排放生活污水和动植物油类污水的企业，从而明确了重点调查对象，为后续现场排摸缩小了排查范围，为尽快查明原因搜取证据、消除涉水环境安全隐患争取了时间。

2. 寻根找源，顺藤摸瓜。在确定重点排查单位的同时，执法人员沿着油污最终雨水排放口，从下游开始，逐一打开雨水井盖进行排查，最终在上海某实业有限公司和上海某塑胶有限公司内发现了与河面上漂浮油污相同性状的含矿物油污水，但上海某实业有限公司没有向雨水管道的排污点，最后发现这两家公司的雨水管道是相通的，并且在上海某塑胶有限公司内发现了储存油污的塑料桶及排向雨水管道的塑料管，当事人在现场承认了违法排放含油污水的行为，在此确定了油污排放的源头和涉案单位。

（二）《城镇排水与污水处理条例》对于违法排放污水行为的适用分析

此案当事人落实了整改，各项处理决定也已执行完毕，现已结案，但针对此案的违法行为和所造成的危害后果，所选用的案由和适用法律条款，还是存在探讨空间的。为了加强对城镇排水与污水处理的管理，保障公民生命、财产安全和公共安全，保护环境，国务院出台了《城镇排水与污水处理条例》（以下简称上位法），并于 2014 年 1 月 1 日起正式施行。该法是 2010 年《上海市排水管理条例》（以下简称地方法）的上位法，为排水行业的执法工作提供了新的法律依据。其中上位法第 20 条中对违法排放污水的禁止和地方法第 39 条中禁止损害排水设施的认定，在内容和表述上虽有异同，但最终都以保护水环境安全为目的。

1. 法律适用问题。就本案在违法事实的认定和法律适用来看，适用的地方法是第 39 条第 5 项：擅自向排水设施排放污水。上位法第 20 条规定：城镇排水设施覆盖范围内的排水单位和个人，应当按照国家有关规定将污水排入城镇排水设施。在雨水、污水分流地区，不得将污水排入雨水管网。地方法中的排水设施的含义是：指公共排水设施和自建排水设施，包括排水管道、泵站、污水处理厂及其附属设施和具有排水功能的河道、湖泊、沟渠等。由此可见，地方法所涉及的范围很广，就这个案例来说上位法的表述更为明确。

2. 处罚的力度。对于实施违法行为后所要承担的法律责任和处罚依据，目前地方法所适用的是第 41 条，即由市水务执法总队或者区（县）排水行政主管部门责令其限期改正，并可予以警告或者对单位处一万元以上十万元以下的罚款，对直接责任人处一千元以上一万元以下的罚款。而上位法第 49 条规定：城镇排水与污水处理设施覆盖范围内的排水单位和个人，未按国家有关规定将污水排入城镇排水设施，或者在雨水、污水分流地区将污水排入雨水管网的，由城镇排水主管部门责令改正，给予警告；逾期不改正或者造成严重后果的，对单位处10万元以上20万元以下罚款，对个人处2万元以上10万元以下罚款；造成损失的，依法承担赔偿责任。从两者的处罚力度可以看到，上位法对于实施违法行为的单位或个人不仅在行政处罚的额度上高于地方法，还追加了应依法承担的民事责任：造成损失的，依法承担赔偿责任。

从上述的梳理中可以看到上位法较地方法，无论是对违法行为的认定，还是对违法行为的处罚，都有更好的依据和参照，对于违法行为的打击和处理起到了更为积极的作用，对于处罚力度和其他相关责任也有了新的规定，笔者个人认为对于此类违法排放污水案件应该多适用上位法，从而通过严格执法达到惩戒和教育相结合的目的，同时通过民事赔偿责任来有效阻止违法行为实施者钻法律空子的想法，以此实现城市的人水和谐。

四、办案启示

鉴于在日常排水执法过程中，违法排放污水的现象屡见不鲜，其违法行为的性质和造成的危害后果也较为多样复杂，除在执法取证方式上需要将传统经验与专业检测技术、科学追踪源头方法相结合，衔接各证据链和线索，形成一套较为完善的取证规则外，对于此类违法排放污水行为，在法律条款的适用上，无论是基于上位法优于下位法的原则，还是对违法行为的认定以及对违法行为的打击力度，依据《城镇排水与污水处理条例》处罚均更为适当。

【专家评审意见】

清洁的水源是人类生存的基本条件之一。松江区水务局对一起将含工业废油的污水排入雨水管道从而污染自来水水源的案件进行查处，克服了调查取证中遇到的困难，将传统经验与专业检测技术、科学追踪源头方法相结合，衔接各证据链和线索，形成一套较为完善的取证规则，依法查清了违法事实，并运用上位法优于下位法的原则，正确适用法律，严厉处罚，同时追加了应依法承担的民事责任，达到了惩戒和教育相结合的目的，对于今后的违法排放污水执法具有借鉴意义。

投诉律师违法执业的查处

松江区司法局

一、基本案情

案件当事人包括：康某英，女，1978 年 3 月 14 日生，汉族，户籍地安徽省太和县；上海市松江区司法局，住所地松江区园中路 * 号 * 号楼，法定代表人张某军。

2015 年 3 月 31 日，康某英至我局投诉其代理律师姚某（系上海某律师事务所律师），要求退费 4000 元，主要理由是认为律师姚某在为其代理某上诉案件中履职不到位，且收费 4000 元未提供发票或收据。当日，我局即对康某英进行了询问，并就此项投诉制作了笔录。其后，我局对律师姚某办案及收费情况开展了调查，在充分调查取证的基础上，于 2015 年 4 月 27 日向康某英作出了《上海市松江区司法局关于律师事务所投诉事项处理情况反馈单》。后康某英向松江区人民法院提起诉讼，区法院于 2015 年 10 月 12 日正式受理。

二、案件分析

（一）康某英要求律师姚某退费 4000 元有无事实依据

康某英要求律师姚某退费 4000 元的依据为：一是律师代理未尽责，二是收费未提供发票或收据。

关于代理尽责问题。经查，律师姚某作为代理律师，多次与康某英沟通，并作谈话笔录，二审当日也准时出庭，并参与了整个庭审过程。庭审过程中，为康某英利益作了辩护。庭审后，也多次联系被上诉人（即上海市公安局闵行分局某派出所），为申请人争取合法权益。因此，康某英所称的律师姚某未为其“说话”、代理未尽责，依据不足。

关于收费问题。经查，2014 年 12 月 25 日，康某英在上海某律师事务所出具的机打发票（发票号码 08857544）上签字，该发票显示收费金额为 2000 元，因此，该 2000 元收费应已开具发票且得到康某英确认。康某英称律师姚某另外还收费 2000 元且未提供发票或收据，但康某英并未提交相关证据予以证明，经查，我局也未发现律师姚某存在该种情形。

（二）代理律师姚某一方有无价格违法或其他违法行为，需要给予行政处罚

根据《上海市律师服务收费政府指导价标准》，代理不涉及财产关系的行政诉讼案件，收费标准为 3000—12000 元 / 件，双方约定的收费金额为 4000 元，在该标准范围内。因此，不存在价格违法行为，我局无法就收费问题作出行政处罚，也不存在因行政处罚致使一方最终在事实上予以退费的可能。

（三）我局有无权限对双方收费争议进行裁决，以要求律所或律师退款

康某英向我局提出，要求律师姚某退费 4000 元，但我局并不具有强制一方退费的职权，主要理由为：一是双方收费的依据是康某英与上海某律师事务所签订的《委托律师收费合同》，双方针对合同履行所发生的合同争议，应依据《中华人民共和国合同法》第 128 条的规定，通过和解、调解、仲裁、诉讼等民事途径解决。康某英与上海某律师事务所签订的《委托律师收费合同》，也已经明确了发生的纠纷由上海市松江区人民法院管辖。因此在本案中，康某英应通过民事诉讼来主张退还律师费，而非通过区司法局来要求律所或律师退还律师费。二是针对当事人之间律师服务收费争议引发的民事纠纷，区司法行政机关也不具有裁决权，无权强制一方当事人退还律师费。国家发展改革委、司法部发布的《律师服务收费管理办法》第 30 条规定：“因律师服务收费发生争议的，律师事务所应当与委托人协商解决。协商不成的，可以提请律师事务

所所在地的律师协会、司法行政部门和价格主管部门调解处理，也可以申请仲裁或者向人民法院提起诉讼。”上海市发展和改革委员会、上海市司法局发布的《上海市律师服务收费管理实施办法》第22条规定：“因律师服务收费发生争议的，律师事务所应当与委托人协商解决。协商不成的，可提请市律师协会调解处理，未达成调解协议的，可以向所在地司法行政部门和价格主管部门投诉，也可以申请仲裁或者向人民法院提起诉讼。”因此在本案中，康某英无权要求上海某律师事务所或律师姚某退费。

综上，我局认为，康某英针对律师姚某的投诉，所作关于律师事务所投诉事项处理情况反馈单，已依法对投诉进行处理。对要求律师退费的投诉请求，我局认为退费依据不足，且我局不具有强制律师退费的行政职权。

三、办案启示

本案发生在2015年年初，是我局较早时期所经办的投诉类案件，因此办案人员的办案经历较为有限。本案后续处理较为顺畅，经行政复议、一审、二审之后，我局的具体行政行为均得到维持。

本案的亮点是在事实调查部分。针对康某英的投诉，特别是收费部分，进行了充分调查。既通过投诉人康某英，也通过被投诉人姚某开展调查；既调查了可以证明康某英曾经缴纳2000元的证据，也通过调查排除了康某英主张的另外还缴纳2000元的情形。事实部分过硬，是我局在经行政复议、一审、二审之后，仍保持不败的关键。

当然，本案对法律部分的处理值得思考。本案在答复投诉人时，作出了对其退费请求不予支持的决定。其实，本案中康某英提出的退费请求，在性质上属于民事争议，而区司法局作为律所和律师业务主管机关，对涉及收费问题方面的民事争议，并不具有裁决权。双方的争议应依据双方签订的代理协议来处理，在争议解决渠道上也应以协议约定的方式进行。区司法局在调查后，无论投诉人所要求退费的理由是否成立，均无权就此作出支持或不支持（投诉人主张）的决定。归根到底，区司法局无权就民事争议作出裁决。只有在案件调查过程中，发现律所或律师存在违法情形时，可以对其作出相应行政处理，情节严重时可以作出行政处罚。而行政处理或是行政处罚，是针对被投诉方作出的，对投诉人利益无直接影响。

自 2015 年开始，投诉案件大量增多。康某英案之后，我局在处理所有的投诉案件过程中，根据投诉人的诉求，对违约行为和违法行为作了严格区分和界定，针对主张被投诉人违约的，答复时明确告知我局不具有对民事争议部分进行裁决的权限。针对主张被投诉人违法的，我局对相关事实予以调查并认定有无违法行为，以及是否需要给予行政处罚。

【专家评审意见】

律师是接受当事人的委托或者指定，为当事人提供法律服务的执业人员。但是在律师执业过程中，也容易与当事人产生纷争。司法局作为律师的主管部门，有义务处理公民对律师执业的投诉举报。2017 年 7 月，司法部下发了《司法部关于加强律师违法违规行为投诉处理工作的通知》，明确“做好律师违法违规行为投诉处理工作是加强律师队伍建设的重要内容，对于维护人民群众合法权益，保障律师行业整体利益，促进律师行业顺利健康发展具有十分重要的意义”。要求“各级司法行政机关、各律师协会要全面贯彻落实中央关于律师工作的决策部署，认真做好律师违法违规行为投诉处理工作”。松江区司法局针对一起公民投诉律师的案件，对投诉人提出的“律师代理未尽责”和“收费未提供发票或收据”问题进行调查，根据司法局的法定权限，负责对相关事实予以调查并认定律师执业有无违法行为以及是否需要给予行政处罚，而对不属于司法局权限范围内的民事争议不予裁决，投诉人应当通过司法途径解决，为今后处理公民投诉举报提供了可供参考的经验。

擅自开办医疗机构案的查处

松江区卫生和计划生育委员会

一、基本案情

我所于 2015 年 8 月 31 日接到群众举报：上海市松江区叶榭镇大叶公路兴达村 241 号有无证牙科诊所。9 月 1 日，我所联合当地公安部门对该场所进行执法检查，查见行医人谢某某正在待诊中，现场查见牙椅 1 台、气泵 1 台、电热手提高压蒸汽消毒器 1 台、高速涡轮牙钻机 1 台、牙模 2 副、合成树脂牙（复色）3 盒、齿科咬合纸 1 盒、牙科手机 1 个、玻璃针筒 3 支、牙科器械盒 1 盒等器械。现场未查见该地址的《医疗机构执业许可证》，查见行医人谢某某的《医师资格证书》和《医师执业证书》，注册在本区某民营医疗机构。

经调查证实，谢某某系某民营医疗机构医生，为谋取利益，在未取得《医疗机构执业许可证》的情况下擅自在自己家中开设牙科诊所 2 月余。

谢某某的上述行为违反了《中华人民共和国执业医师法》第 19 条第 1 款的规定，依据《中华人民共和国执业医师法》第 39 条的规定，责令当事人立即停止医疗执业活动，并作出下列行政处罚：（1）没收器械；（2）罚款人民币 4000 元整；（3）吊销《医师执业证书》。

二、案件亮点

（一）社会举报，取证全面

无证行医严重危害人民群众的生命健康，我区历来对无证行医行为从严查处。此案是社会举报案件，我所监督员当日对此行医点进行事先排摸，次日联合公安部门进行联合执法。虽然被处罚人在待诊中，但执法人员对其从事口腔诊疗活动有关医疗器械一一进行证据先行保存，随后对被处罚人进行询问调查，被处罚人遂承认违法事实。

（二）吊证处罚，全区首例

本案是我区首例行医人因非法行医而被吊销《医师执业证书》的案件，案情相对简单，但行医人是在职医生，且为本区医疗机构在职医生的情况非常罕见。值得一提的是，《中华人民共和国执业医师法》第16条规定医师注册后受吊销《医师执业证书》行政处罚的，应当由其所在的医疗机构在30日内报告注册主管部门，办理注销注册，收回《医师执业证书》。本案查处后，我所将处罚结果通知被处罚人工作的医疗机构，由其出面办理了《医师执业证书》的注销手续。对被处罚人来说，注销《医师执业证书》的意义远远大于几万元的罚款，其被吊销《医师执业证书》后，将不能从事医疗执业活动，且在两年内不能重新申请，这也就意味着在民营医疗机构工作的被处罚人失业了，这充分体现了区卫生计生委严厉打击非法行医的态度。

三、办案启示

社会曝光，促进自律。《松江报》对本案的处理情况进行了报道，处理结果在部分医疗机构也进行了通报，给广大在职医务人员敲响了警钟，有利于促进本区医疗机构在职的广大医务人员规范执业，特别是对非工作时间的行为应加强自律管理，避免类似事件再次发生。

【专家评审意见】

医疗直接涉及人民生命安全，因此《中华人民共和国执业医师法》规定了严格的事前许可制度，并要求主管部门严格执法，查处非法行医的机构和人员。但在现实中，擅自开办医疗机构进行非法行医的情况仍时有发生。对此，松江区卫生和计划生育委员会在接到群众举报后，联合公安机关及时进行查处，在依照法定程序调查取证的基础上，对非法行医者作出了吊销《医师执业证书》的处罚，并在媒体上进行宣传报道，警示本区医疗机构在职的广大医务人员规范执业。此类案件较为少见，但松江区卫生和计划生育委员会合法、合理的查处体现了严厉打击非法行医的态度，对于保障人民生命安全具有重要意义。

旅行社未经许可经营出境旅游业务案的查处

松江区文化执法大队

本案是一起未经许可经营出境旅游业务的典型案件，是《中华人民共和国旅游法》施行以后，松江区文化执法大队（以下简称松江大队）办理的第一起未经许可经营出境旅游业务的案件。为此，松江大队对当事人作出罚款人民币 4000 元的行政处罚。该案件从现场检查、调查询问到案件调查等多个环节，均展现了案件的变化发展情况，在现场检查时该旅行社涉嫌未经许可经营出境旅游业务，案件的调查涉及未经许可经营出境旅游业务的事实和有无违法所得，有无从轻、减轻处罚情节等多个环节，取证要求比较高，是一个查处未经许可经营出境旅游业务案件的较好示例，对今后查处同类型案件具有一定的指导意义。

一、基本案情

2015 年 4 月 28 日，松江大队执法人员在出示执法证后，依法对位于松江区谷阳北路的上海某某旅行社有限公司进行日常检查。检查中发现一份 2013 版上海市境内旅游合同（合同编号：0281786），合同中载明由乙方上海某某旅行社向甲方范某某提供旅游产品，产品名称为“广、深、珠、香港、澳门、海南、桂林、韶山 14 天”。当事人出示了旅行社业务经营许可证，许可经营业务是国内旅游、入境旅游业务。执法人员对现场情况予以拍照取证，对合同编号为 0281786 的上海市境内旅游合同进行了证据先行登记保存，开具了证据先行登记保存物品清单以及调查询问通知书，并由现场负责人殷某签字确认。

二、办理过程

2015 年 4 月 29 日，大队领导批准对此案立案调查［案号：(沪松)文案立字〔2015〕第 0047 号］。2015 年 4 月 29 日下午，当事人授权委托该单位财务夏某某到松江大队接受调查询问，出示了该单位的旅行社业务经营许可证（副本），许可经营业务是国内旅游、入境旅游业务。夏某某陈述了其公司在 4 月 28 日下午对外营业期间，公司内有一份 2013 版上海市境内旅游合同（合同编号：0281786），合同中载明由乙方上海某某旅行社向甲方范某某提供旅游产品，产品名称“广、深、珠、香港、澳门、海南、桂林、韶山 14 天”，其公司在没有经营出境旅游资质的情况下经营出境旅游业务，但因该团未出团（出团日期为 2015 年 5 月 6 日），并无违法所得的事实。现场照片二张已得到被询问人夏某某的确认。

经依法调查，查明事实如下：当事人于 2015 年 4 月 28 日下午，在松江区谷阳北路对外营业期间，未经许可经营出境旅游业务，并无违法所得。

松江大队认为，当事人在对外经营期间，在没有经营出境旅游资质的情况下经营出境旅游业务，违反了《中华人民共和国旅游法》第 29 条第 1 款第 2 项、第 2 款的规定，构成了未经许可经营出境旅游业务的行为，应依据《中华人民共和国旅游法》第 95 条第 2 款的规定，对当事人上海某某旅行社有限公司责令改正，并予以行政处罚。基于当事人在查处时，未经许可经营出境游业务的团还未出团（出团日期为 2015 年 5 月 6 日），只有一名旅游者报名，且在检查后，当事人已积极改正，及时与旅游者（范某某）重新代为签订了由杭州某某国际旅行社提供的出境旅游合同，尚未造成危害后果，经 2015 年 6 月 9 日大队长办公会集体讨论，依据《中华人民共和国行政处罚法》第 27 条第 1 款第 1 项的规定，应当减轻处罚。最后，松江大队对当事人上海某某旅行社有限公司责令改正，并依法作出罚款人民币 4000 元的行政处罚。《行政处罚决定书》于 2015 年 6 月 15 日送达当事人，当事人于 2015 年 6 月 18 日自动履行了将罚款人民币 4000 元交至银行代收机构的义务。行政处罚于 2015 年 6 月 18 日执行完毕，本案顺利办结。

本案所收集的主要证据如下：现场检查笔录、证据先行保存物品清单、现场照片、调查询问笔录、旅行社业务经营许可证（副本）复印件、上海市境内旅游合同（2013 版）（合同编号：0281786）、团队补充协议书复印件、老年人安全出游声明书复印件、华运号旅游专列合作协议书（副本编号 TH015）复印件、杭州市出境旅游合同（1501150）（含出团通知书、境外旅游行程须知）复印件等。

三、案件亮点

（一）案件证据有效齐全

在现场检查与调查取证时，收集证据显得尤为重要。证据是执法案件的生命线，没有证据，一切的定性就像镜中花水中月、空中楼阁，站不住脚。对案件事实的定性，即确定该旅行社未经许可经营出境旅游业务事实的存在。办案人员通过现场笔录、现场照片、调查询问笔录、上海市境内旅游合同（2013 版）、旅行社业务经营许可证等证据材料对案件违法事实进行固定。这一系列的证据收集、固定，形成了完整的证据链，充分证明了案件事实。

（二）执法办案程序规范

本案中，执法办案人员严格按照法律法规规定的程序来办理案件，从现场检查到案件调查、事先告知、处罚决定等一系列过程，都是严格按照法定程序来执行的。本案中，从现场检查开始，执法办案人员就运用了正当合法的执法程序，这是执法案件正确的必要保障。进入旅行社场所进行检查，首先要出示执法证表明身份和来意，然后让对方出示旅行社业务经营许可证并查看其实际经营的地址、经营范围等与许可证上登记的信息是否相符，如发现有不相符的情况，就应当马上采取措施收集相关证据并进行固定。总之，严格按照程序来进行执法检查，发现问题，当场询问并进行相关证据材料收集，这样可为以后办案打下坚实的基础，提高办案质量与效率。

（三）案情具有教育警示作用

本案是松江大队自《中华人民共和国旅游法》施行以来办理的第一起未经许可经营出境旅游业务的案件，本案的顺利办结对今后旅行社未经许可经营出境旅游业务有一定的警示作用，同时对指引消费者拒绝参加无出境游资质的旅行社有一定的教育作用，增强了经营业主的守法意识，切实提高了企业社会责任感，保护消费者合法权益，为旅游市场的健康发展营造了良好的环境。

（四）违法所得的认定准确

基于当事人在查处时，未经许可经营出境游业务的团还未出团（出团日期为 2015 年 5 月 6 日），在检查后，及时与旅游者（范某某）重新代为签订了由杭州某某国际旅行社提供的出境旅游合同，及时纠正违法行为，尚未造成不良危害后果，故可以认定该旅行社没有违法所得。同时在调查询问中也将无违法所得的事实进行了进一步固定，对于最后的行政处罚起到了重要的依据作用。

四、办案启示

（一）收集证据、固定证据的重要性

执法办案中，执法人员收集证据、固定证据的能力尤为关键，关系到能否如实、准确、高效地查清案情，能否始终占据案件处理的主动权。本案中，执法人员在案发现场，通过对旅行社内的合同以及经营许可资质情况的拍照取证第一时间锁定了该场所未经许可经营出境旅游业务的事实，并对旅游合同证据先行登记保存，且由场所现场负责人当场确认。在之后的调查询问、事先告知时，当事人对这一事实都是无异议的，因此，科学有效地收集证据、固定证据是行政执法机关依法行使行政处罚权的基础和前提，是执法过程中的重要环节，只有做好这一环节，我们才能将一个个行政处罚案件办成“铁案”，才能经得起法律的检验。

（二）执法办案程序合法的重要性

在执法办案过程中，程序的公正性比实体的公正性更为重要。在本案中，现场检查、调查取证、法律文书的送达等都是严格按照法定的程序进行的。所以，当事人对案件的事实认定以及程序问题等没有提出任何异议。

（三）坚持处罚与教育相结合原则的重要性

本案查办的过程，也是执法人员帮助当事人提高认识、端正态度的教育过程，以及当事人改正违法经营行为的整改过程。经教育，当事人主动采取措施，自行改正，未造成不利危害后果：一是未经许可经营出境游业务的团还未出团，且只有一名旅游者报名；二是及时与旅游者（范某某）重新代为签订了由杭州某某国际旅行社提供的出境旅游合同，及时纠正违法行为。当事人的以上措施，具备了《中华人民共和国行政处罚法》第27条第1款第1项规定的关于从轻、减轻的条件。鉴于此，松江大队作出了给予减轻的行政处罚。松江大队立足教育、注重整改，坚持处罚与教育相结合的原则，收效良好。当事人增强了依法经营的观念，经常向大队咨询经营中遇到的相关法律问题，经营秩序良好，业绩上升。

【专家评审意见】

《旅游法》第29条规定，旅行社经营出境旅游、边境旅游业务的，应当取得相应的业务经营许可，具体条件由国务院规定。松江区文化执法大队对一起未经许可经营出境旅游业务的案件及时进行查处，通过现场检查、调查询问和案件调查等多种方式进行调查取证，依法取得了有效、齐全的案件证据，并按照法定程序作出行政处罚，同时坚持处罚与教育相结合的原则，适当减轻处罚，取得了良好的社会效果，对今后查处同类型案件具有一定的指导意义。

多方协调证据说话 违法建筑“应声倒地”

——车墩镇依法查处亭联路某违法建筑

松江区车墩镇人民政府

治理违法建筑，一直是城市管理工作的重点和难点。特别是近几年来，违法建筑的主体已从个人发展到单位，违法建筑的面积也从几十平方米扩张到几百甚至上万平方米，违法建筑的目的也从解决居住困难转变为谋取经济利益最大化。对待此类当事人，运用法律、行政、经济、社会等综合治理手段，比单纯“一拆了之”更能实现行政执法的社会效果。

一、基本案情

地处亭联路的上海某木业有限公司，位于车墩镇联庄村区域黄浦江一级水源保护地区块内。近年来，当事人王某在从村委会租赁的土地上私自搭建超过1万平方米的违法建筑，数家涉污企业不断进驻，至2014年年底，形成了初具规模的污染企业群，建筑内人械混杂，存在较大安全隐患。

2015年1月，根据区第五轮环保三年行动计划的目标任务，车墩镇集中开展针对涉污企业的清拆行动，经过前期调查、沟通协调、动员劝说、实施强拆等环节，历时10个月将该区域1万多平方米的违法建筑全部拆除。

本次拆违行动，一是有效改善了该地块的环境面貌，提升了镇村综合形象；二是彻底消除了安全隐患，保障了一方平安；三是减少了黄浦江沿岸污染企业数量，保护了黄浦江水源保护地的纯净，为市民健康用水提供了坚强保障。

二、办理过程

2015年1月，在经过大量排摸调查后，镇政府确定了本镇数十家污染清拆企业，计划在2015年年底前全面拆除，将环保工作推向新的高度，其中尤其以密切关系到群众生产生活的黄浦江沿岸企业为整治打击的重点目标。对此区镇相关领导也极为重视，把该工作列入重大议事日程，镇拆违办多次协调工商、公安、规土、环保等有关部门召开现场会，共同商讨谋划，形成指导性方案。2015年3月，车墩镇拆违办向当事人王某送达了相关法律告知书，遭到了当事人的抵抗，不仅不配合工作人员进行调查，还佯装通过司法手段拖延时间、榨取利益。对此，镇拆违办等职能部门开展了大量调查工作，获取了大量涉及亭联路地块违法建筑的一手资料，并向松江区规土部门开具协助调查函。在执法部门的坚定立场和依法手段前，当事人王某顽固立场开始松动，其妻子主动向车墩镇拆违办提交了当事人与联庄村所签订的合约，使证据形成了有效的证据链。

在获得了大量确凿的证据后，车墩镇人民政府先后向当事人开具了限期拆除违法建筑事先告知书与决定书。然而事情并未如想象中的那么一帆风顺。当事人早已将所有建筑悉数出租给了6家企业。这些企业却依然在进行着生产，对即将拆除一事并不知情。当镇相关部门找到承租人和6家企业经营者时，他们先是拒绝拆除，后又开始漫天要价，希望获得额外的补偿。镇相关部门工作人员多次上门交涉，都无功而返。虽然一时达不成拆除意向，但依然向他们承诺：按相关政策，符合补偿规定的不会少给，不属于补偿范围的坚决不给，并且将请来专业评估公司进行评估。最后向企业主们重申了车墩镇势要将污染企业按时间节点全部清拆的决心。

亭联路的这6家企业，有的从事塑料包装，有的从事纸箱生产、堆场生意等，属于高能耗低产能的企业，面对年年攀升的租金，早已怨声载道。之所以不肯拆除，是因为想多得补偿款。工作人员明确表态，并不会因为多耗时间，就能获得更多补偿。6家企业经营者的态度开始慢慢松动，主动和承租人协商各自补偿事宜。看见承租人有些坐立不安，村干部又给他们算了一笔账：评估金额不会因为耗时久就增加，6 家企业经营者停租后，多耗一天，还会损失更多。

8 月下旬，在工作人员的不懈努力下，承租人同村委会签订了资产补偿款协议书，这场耗时近 5 个月的拉锯战宣告结束。让老百姓高兴的是，腾出的 16 亩地将全部种上涵养防护林，调节改善水源水质。“不久以后，这里要种上绿树，好似回到我们小时候的光景了。”村民们说着，舒心地笑了。

2015 年 9 月下旬，在对现场进行最后的走访之后，工作人员看到的是不断外迁的企业与设备，村民们翘首盼望的一天终于到来。数天后，随着挖掘机在现场进行破拆，占据了黄浦江岸数年的违法建筑终于被彻底拆除，那些污染企业最终从车墩镇的土地上消失，留给村民的是清新的空气与悦目的环境。

三、本案亮点

拆违工作更贴近民心。此次污染企业违法建筑清拆，造福的不仅是周边群众，更保护了全市人民的水源安全。

民生无小事，拆违工作更体现了注重群众百姓的第一诉求对于开展工作的重要性。车墩的拆违工作虽然取得了一定的成绩，但如何使后续工作不流于形式，不使违法建筑死灰复燃，是摆在执法队员面前的一大难题。本案中，这场耗时近 5 个月的拉锯战宣告结束后，工作人员并未掉以轻心，因为该违法建筑群所在区域的敏感性，不仅要保障能够还地于百姓，还要让群众真正从中受益，做到事半功倍，工作人员在拆违后的第一时间将 1 万多平方米土地全部种上涵养防护林，用以调节改善水源水质。注重民生，拆除企业违建后，村民利益也不会受损。原本，这块土地承租所得的租金一部分归村集体，另一部分每年发放给村民。几年前，镇里开始实施镇村集体资产捆绑式经营，联庄村属于水资源保护区，不宜发展工业经济。清拆污染企业后，村民应得的补贴将由镇资产公司统一发放。污染企业的拆除，不仅是群众天更蓝水更清诉求的具体体现，更让当地老百姓从中获得了利益，这种民生保障使我镇污染企业清拆工作真正成了为群众利益所想、为群众诉求所谋的惠民工程、民心工程。

四、办案启示

（一）领导重视是拆违工作有效实施的关键

车墩镇在环保事业上一直走在前列，严格把控企业的污染排放，对涉污企业一向以从严治法著称，镇相关领导也极为重视，把该工作列入重大议事日程，经过共同商讨谋划，在多方做足工作、领导亲力亲为、多部门的协作配合下，历经 10 个月之久，面积达 1 万多平方米的存量违法建筑被彻底拆除。亭联路的违章建筑群拆违攻坚战显著成效的背后，离不开区镇两级政府的高度重视，离不开领导的组织协调，离不开相关职能部门的协助配合，也离不开工作在一线的执法队员。

（二）回应民意是拆违工作有效实施的重点

污染企业的清拆，不仅是对集镇市容市貌的维护，更是对社会民生诉求的一种反馈。随着群众对环保的日益重视，对待污染企业的态度显得尤为重要。很多时候，当事人认为自己的企业获得了生产许可、营业执照，就是合法的，是受法律所保护的。之所以会存在这种认识上的偏差，很大程度上是由于他们对违法搭建和环境污染的危害认识不清楚、不明了。因此，下重拳加大对拆违工作的执法力度，特别针对涉及污染的企业，才能使新时期下的保障民生拆违工作得以顺利开展。

（三）刚柔并济是拆违工作有效实施的基础

本案中，车墩镇拆违办之所以能够在规定的时间内做到合理合法实施违法建筑拆除工作，所依靠的不仅仅是各类法律文书以及完善的证据链，更重要的是工作人员不知疲倦地对企业主们开展思想工作，使当事人心服口服。

注重执法方式，是车墩镇能够数年如一日坚持从严治法，提高执法效率，极少发生暴力抗法等事件的有力保障，与被执法的当事人保持高度的同理心，理解他们的苦衷，最终获得他们的理解。在此次的执法过程中，工作人员既严格遵守执法底线，在原则问题上不退步、不让步，又积极寻求沟通，获得当事人的支持。当事人王某从一开始的拒绝配合，到最终同意执法方案，正是这种刚柔并济执法操作模式的有力体现。

【专家评审意见】

随着城市建设的发展，违法建筑的查处一直是城市管理工作中的重点和难点问题。自2015年开始，上海市启动了违法建筑大整治的运动。松江区车墩镇人民政府积极响应，经过大量排摸调查后，确定了本镇数十家污染清拆企业，依法调查取证，积极对当事人开展思想工作，在获得当事人支持的前提下完成了清拆工作，不仅造福了周边居民，而且保护了全市人民的水源安全，对于今后的拆违整治工作具有参考价值。

在运输过程中沿途丢弃工业固体废物案的查处

松江区城管执法局洞泾中队

一、基本案情

2015 年 8 月 13 日 8 时 00 分，松江区城市管理行政执法局执法大队洞泾中队队员巡查至洞泾镇洞伟支路 198 号向北 100 米路西侧时发现一处无主垃圾，执法队员立即上前检查。经调查：该处垃圾范围长 6.5 米，宽 2.3 米，总面积 14.95 平方米，垃圾材质类似人造革边角料，并在垃圾堆中找到了 3 张标有“某（上海）有限公司，中国上海松江 ** 路 ** 号 * 号厂房，TEL：021-********”等字样的调拨单。2015 年 8 月 27 日上午 9 点 30 分，松江区城市管理行政执法局执法大队洞泾中队队员按照在垃圾堆中找到的调拨单信息来到上述地址检查，在厂房南侧工作间内发现几包已打包好的垃圾，且垃圾材质与发现的无主垃圾材质相同，经过多方查证，执法人员最终证实发现的无主垃圾是由于该公司管理不善，由员工私自流失所为。最终，依据《中华人民共和国固体废物污染环境防治法》第 68 条第 1 款第 8 项、第 2 款的规定，处以当事人某（上海）有限公司罚款人民币 5000 元的行政处罚。

二、办理过程

2015 年 8 月 13 日 8 时 00 分，松江区城市管理行政执法局执法大队洞泾中队队员巡查至洞泾镇洞伟支路 198 号向北 100 米路西侧时发现一处无主垃圾，该处垃圾范围长 6.5 米，宽 2.3 米，总面积 14.95 平方米，垃圾材质类似人造革边角料，并在垃圾堆中找到了 3 张标有“某（上海）有限公司，中国上海松江 ** 路 ** 号 * 号厂房，TEL：021-********”等字样的调拨单。为进一步查明案件事实，执法人员于 2015 年 8 月 27 日上午 9 点 30 分，按照在无主垃圾堆中找到的调拨单信息来到某（上海）有限公司厂房所在地，在厂房南侧的工作间内发现一台垃圾压缩打包机，旁边有几包已经打包好的垃圾，其材料类似人造革边角料，经确认与发现的无主垃圾为相同材质。随即，执法队员拍照取证后，对某（上海）有限公司开具了谈话通知书。

9 月 1 日 9 时，涉案公司委托其员工陈某某前来中队接受调查。陈某某承认了执法队员发现的无主垃圾是出自某（上海）有限公司，同时，陈某某向我中队出示了该公司与另一家公司签署的《一般工业固体废物收集运输服务协议》，并表示被丢弃的垃圾是由于公司员工违反公司规定，私自流失出来的。但相应地，陈某某也承认了其公司有管理不当的责任，并表示公司已经就此事件召开了会议，制定了整改措施：一是坚决杜绝废物外流，不能回收的交协议公司处理，能回收的交有资质的机构回收；二是及时整改案发现场的垃圾。陈某某还表示，其来我中队接受调查之前已经将现场的垃圾清理完毕。

根据手中所掌握的证据及当事人的询问笔录，执法人员认定：当事人某（上海）有限公司由于管理不当，致使其员工私自流出公司生产过程中产生的工业固体废物，并在运输过程中沿途丢弃，造成洞伟支路 198 号向北 100 米路西侧 14.95 平方米的无主垃圾。当事人的行为违反了《中华人民共和国固体废物污染环境防治法》第 68 条第 1 款第 8 项的规定。依据《上海市城市管理行政执法条例》第 11 条第 1 款第 5 项和《中华人民共和国固体废物污染环境防治法》第 68 条第 2 款的规定，我洞泾城管中队对该当事人作出处罚款 5000 元的行政处罚。

9 月 1 日，执法人员对整改情况进行检查，发现当事人已将现场恢复原状。

9 月 8 日，当事人将罚款缴至指定银行，本案结案。

三、案件亮点

（一）违法主体的确认

本案中的无主垃圾是由队员在巡查中发现的，由于垃圾已经被丢弃，队员并没有得到直接证据，而是通过在无主垃圾中寻找到的调度单，从其中所得到的信息来确认案件的嫌疑人。

从证据来看，本案的违法主体有两种可能：（1）私自流出公司垃圾的员工；（2）某（上海）有限公司。

而在整个调查案件的过程中，某（上海）有限公司也是十分重视此次案件，对此作出的反应也是非常迅速，并承认此次案件的主要原因是由于公司管理上的不当所造成的，同时，表示将对私自流出垃圾的员工作出处罚，并表示愿意承担此次案件的责任。故而，中队认定违法主体为某（上海）有限公司，对于私自流出公司垃圾的员工不予追查。

（二）完善证据链确定违法主体

在本案调查之初，执法队员发现无主垃圾时，车辆已逃离现场，这就造成了直接证据的缺乏，无法直接证明违法行为的主体。而本案件的关键点就在于执法队员从无主垃圾中找到了 3 张调拨单，从中得到线索，确定了有嫌疑的厂家，并通过调拨单的信息前往某（上海）有限公司所在地进行进一步的案件调查。再通过某（上海）有限公司厂房中所生产出的垃圾与现场发现的无主垃圾进行材质上的比对，来确认两处的垃圾为同一厂家生产所出，从而确定了垃圾生产的唯一性，同时也就确定了该案件的违法主体。

四、办案启示

本案办理之初，由于缺乏直接证据，给案件确定违法主体带来了困难。办理过程中，案件的真正突破口是从无主垃圾中寻找到的 3 张调拨单。这 3 张调拨单为调查案件指明了方向，并帮助执法队员锁定了最后的违法主体。而在整个调查过程中也让我们意识到，当表面证据十分缺乏的时候，我们可以通过寻找证据完善整个证据链，通过不同证据之间的相互印证，从而得出唯一性的结果。当单一的证据不能作为案件事实的认定依据时，就要求我们将多种证据之间隐藏的关联性和连续性寻找出来。

而结合本案，我们可以看出证据链是如何认定违法主体的违法行为的。

第一，在发现无主垃圾时，记录垃圾材质的特征，并从垃圾中寻找到具有指向性的3张调拨单。

第二，通过调拨单提供的信息，寻找到“某（上海）有限公司”的厂房地址，并在厂房内寻找到与无主垃圾材质特征相同的固体垃圾。

第三，通过对“某（上海）有限公司”员工陈某某的询问笔录了解到，虽然该公司与另一家公司签订了一份《一般工业固体废物收集运输服务协议》，但由于公司管理不善，员工有擅自处理公司生产的垃圾的行为。

综合以上分析，执法队员在巡查中发现的无主垃圾、3张调拨单、某（上海）有限公司厂房中产生的垃圾、陈某某的询问笔录这四份证据具有真实性、合法性、关联性，通过证据链的完善可以认定某（上海）有限公司确有在运输过程中沿途丢弃工业固体废物的违法行为。

【专家评审意见】

为了防治固体废物污染环境，保障人体健康，维护生态安全，《固体废物污染环境防治法》规定对固体废物污染环境防治实行污染者依法负责的原则，要求产品的生产者、销售者、进口者、使用者对其产生的固体废物依法承担污染防治义务。但在现实中，由于固体废物无害化处理的成本较高，非法处置固体废物的情况时有发生。对此，松江区城管执法局洞泾中队通过主动巡查发现路边一处无主垃圾，通过调查发现为某公司员工丢弃，该公司管理不当，对其作出罚款5000元的处罚决定。在该案件的查处过程中，松江区城管执法局洞泾中队在巡查发现机制、确定违法主体、调查取证完善证据链等方面积累了一定的经验，值得今后在查处类似案件时学习。

运输车辆产生泄漏案件的查处

松江区城管执法局石湖荡中队

近年来，随着石湖荡镇经济的不断发展，镇区基础设施建设“补短板”成为重头戏，然而，各种建设工程所带来的道路污染等问题，给浦江之首的市容环境蒙上了一层阴影。查处这类案件程序复杂，不仅取证困难，有的甚至没办法确认违法当事人，成为悬案。但是为了还城市一个整洁有序的市容环境，我石湖荡城管中队坚持“发现一起、处理一起”原则。2015 年 11 月查处的运输车辆泄漏案就严厉打击了辖区内运输车辆沿途泄漏遗撒的增长势头。

一、基本案情

2015 年 11 月 8 日 7 时 40 分，石湖荡城管中队执法队员正在巡查，至广庵路松蒸公路路口时，发现此处道路上有明显的污染物，队员随即下车检查，发现污染物是疑似水泥的混合物，受污染的区域沿着广庵路一直向南延伸数百米。队员在制作现场检查笔录的同时，对道路污染现场进行了拍照取证。造成道路污染的当事人已涉嫌违反了《上海市市容环境卫生管理条例》第 27 条第 2 款的规定。

二、办理过程

为了追查水泥污染物的肇事者，执法队员顺藤摸瓜，沿着道路污染的痕迹一路向南，行驶了约 1.2 公里后，在广庵路闵塔公路路口处，发现污染物的轨迹指向了位于新源村的一家水泥搅拌厂。队员决定进入该厂进行调查，经询问门卫，其称前一晚有数辆水泥运输车来该厂装载水泥，但具体情况并不清楚。队员根据门卫提供的信息，联络到前一晚在工厂的现场负责人，据该负责人陈述，工厂前一晚确实加工过一批水泥，属于上海某建材有限公司，满载水泥的运输车也是沿着广庵路驶出的。至此，本案的当事人已基本浮出了水面。

队员随即前往位于松江区小昆山镇山西路10号的上海某建材有限公司，该公司副总经理潘某在看到现场照片并询问水泥运输车队负责人后，当场承认广庵路沿线的水泥污染物是其公司车辆在运输水泥时造成的违法事实，队员立即开具了责令改正通知书，要求其停止车辆运输水泥时产生泄漏的行为，并立即清除广庵路上残留的水泥污染物。但潘某表示在周日组织人员清除如此大规模的道路污染确有困难，提出能否把清除完成时间延后至周一。队员立刻将这一情况反映给中队队长，队长指示：广庵路是石湖荡镇唯一连接松蒸公路和闵塔公路的交通要道，来往的各种车辆、行人较多，若不及时对道路上的污染物进行清除，不仅会对石湖荡镇的市容环境造成严重影响，还会对广庵路上的行车安全埋下隐患。若当事人履行确有困难的，可委托石湖荡环卫服务所立即代履行，费用由当事人支付给环卫服务所即可。队员将这一方案告知潘某，潘某表示接受，队员向其送达了立即代履行决定书，并通知石湖荡环卫服务所及时对广庵路沿线污染物进行清理。2015年11月8日11时30分，广庵路上的水泥污染物已由石湖荡环卫服务所清除完毕，队员在现场进行监督并拍照取证留存。2015年11月9日9时30分，当事人上海某建材有限公司委托潘某至松江区闵塔路558号（石湖荡城管中队）接受调查询问，据潘某供述，由于其公司的一辆水泥运输车阀门关闭不严从而造成水泥泄漏，对违法事实供认不讳，并表示愿意接受相关处罚，放弃陈述和申辩的权利。案件调查程序至此已基本结束，由于本案涉及立即代履行程序，队员在向上海某建材有限公司送达缴纳代为履行费用通知书后，依据《上海市市容环境卫生管理条例》依法对当事人处以2000元的罚款。当事人于2016年11月9日缴纳了相应的代履行费用和行政罚款，案件执行完毕。

三、案件亮点

1. 运输车辆产生泄漏的案件查处难点：一是责令车辆停止行驶的职权在公安交通管理部门；二是违法行为发生后，当事人往往不在现场，确认违法当事人困难。本案最终能够顺利结案，体现了中队执法队员对相关法律法规的熟悉运用，同时也为今后处理此类案件积累了宝贵经验。

2. 本案中案发地点属于交通要道，受污染道路更是长达 1.2 公里，严重危害了交通安全，立即代履行势在必行。在当事人表示无法立即清除道路污染物的情况下，为快速恢复交通秩序和市容市貌，排除安全隐患，我中队首次决定依据《上海市市容环境卫生管理条例》第 27 条第 2 款立即实施代履行，保障了市民出行的安全。在应对突发事件上，及时反应，合理处置，充分体现了执法的实效性。

3. 本案案发地点为镇区交通要道，且水泥泄漏造成道路污染面积较大，情节较为严重，所幸中队处理及时，并未酿成安全事故，在自由裁量权的合理运用上，我执法队员依据《上海市市容环境卫生管理条例》第 27 条第 2 款规定，对当事人处以 2000 元罚款。

四、办案启示

当前我市城市化发展的脚步日趋加快，城市的建设也确实需要使用渣土、水泥等大型运输车辆，尤其在石湖荡镇这样的城乡接合地区，辖区内密布 G60、G15、G1501 高速，贯通闵塔公路、松蒸公路等市级道路，连接青浦、闵行、金山等区，成了大型运输车辆过往的集中区域，如何有效治理车辆在行驶中由于泄漏、散落、飞扬渣土、水泥等导致的道路污染问题，已成为目前我中队工作中的当务之急。结合本案处置过程，我们认为：各职能部门协同配合对处置此类案件至关重要。办案过程中要多部门形成合力，包括技术资源共享、公安证据的使用等，提高查处效率。在本案调查取证的过程中，我中队执法人员在确认违法当事人之前，已事先和镇网格中心、派出所等部门进行联系，一且无法顺利追查到违法当事人，或当事人拒不承认违法事实的，各部门将立即展开对违法地点周边监控视频的筛查，通过与镇网格中心、派出所、交警支队等部门的联动配合，才能对车辆运输造成道路污染的违法行为起到最大的震慑和管理作用。

【专家评审意见】

车辆在运输途中产生泄漏所引发的道路污染，由于城管不具有责令车辆停止检查的权力以及车辆往往已经驶离现场，确定违法当事人和取证都十分困难，在城市管理执法中是个难点问题。对此，松江区城管执法局石湖荡中队积极应对，加强巡逻，在发现道路上有明显的污染物后及时进行调查取证，通过现场留下的线索确认案件当事人，并依法快速进行处理，以立即代执行的方式清理道路，确保道路的畅通和交通的安全，对于今后车辆在运输途中污染道路案件的查处具有参考价值。

“五违四必”项目整治经验谈

松江区新浜镇人民政府

一、基本案情

继新浜镇分别推进上海市郊野单元规划土地减量化试点和土地整治项目后，在此基础上去年又增加了市级区域生态环境综合治理项目，在三个项目叠加的治理背景下，“五违”现象必须取缔，措施更趋严厉。位于新浜镇胡角路608号工业园区内的上海某电器有限公司被列入市级区域生态环境综合治理项目。因其存在违法建筑及违法用地，负面影响渐广，与建设宜居、休闲、生态、平安新浜格格不入。镇党委政府领导高度重视，将其列为2015年4月“五违”整治对象。

二、办理过程

（一）全面核查，摸清底数

为顺利推进此项工作的开展，镇网格中心、拆违办、规土所、宏新公司等部门先期已做了大量的基础工作。首先开展摸底取证工作，全面准确掌握一手资料，对其占地约4200平方米的违法建筑进行鉴定，包括再次对58名从业人员进行核实。

（二）政策宣传，先期教育

新浜镇政府于2015年1月12日在镇政府召开了专题协调会。会上，镇政府相关职能部门向该企业负责人进行了相关政策解读，要求企业业主尽快对企业实施搬迁，拆除区域内的违法建筑和对违法用地的复垦，明确了拆除违法建筑的三种方式：自拆、助拆、强拆。

（三）依法行政，注重程序

镇政府在政策宣传、教育引导的同时又多次召开专题和协调会议，讲明利害关系，可业主仍然抱有侥幸心理，迟迟不动。对此新浜镇果断启动了“快速处置，依法行政”的法律程序。相关职能部门严格执行拆违程序流程，从立案、制作现场检查笔录、询问笔录、陈述笔录等开始，先后开具限期拆除违法建筑事先告知书、责令限期拆除违法建筑决定书、限期拆除违法建筑催告书、限期拆除违法建筑公告、强制拆除违法建筑决定书、强制拆除违法建筑通告等一系列相关法律文书。

（四）重拳出击，依法拆除

经过前期教育宣传，开具法律文书，镇相关职能部门做到柔性执法，再次对该企业业主进行约谈、书面告知、耐心教育并送达限期自行拆除等相关法律文书，但企业业主仍不予配合，拖延躲避。鉴于业主的态度，镇政府按照《关于进一步加强本市违法建筑治理工作的实施意见》（沪建管委〔2014〕547 号）第 15 条规定的“供电部门对用于存在违法建筑落实停止供电等服务”，由松江供电分局浦南供电站给上海某电器有限公司送达了停电告知书，宏新公司也给上海某电器有限公司送达了相关告知书。在完成相关法律程序后，镇政府于 6 月 2 日集中整治，依法采取强制措施拆除了违法建筑，同时及时跟进后续工作，现将土地全部复垦恢复原有功能。

三、主要成效

1. 通过对此点的取缔，表明了新浜镇“五违四必”区域环境综合整治态度坚决，方法可行。

2. 通过强制拆除上海某电器有限公司违法建筑，使新浜镇违法用地、违法建筑实现零增长，历史存量快速减量。

3. 加大了营造新浜镇“违法用地必查、违法建筑必拆、违建之风必刹”的宣传氛围。

4. 取缔“五违四必”的工作是提升新浜形象、优化发展环境的正义之举，是维护法律尊严、维护群众集体利益、推进依法治镇、彰显政府公信力履职担当的必作之为。

四、办案启示

（一）领导重视，组织严密

工业园区内，该企业存在“五违四必”现象较为严重，镇政府领导高度重视，果断决策、周密部署，迅速组建领导小组，搭建工作班子，拟订工作方案，使执法各个环节有序衔接、指令畅通，确保整治工作有序展开。

（二）程序到位，综合执法

镇网格中心先后整合镇派出所、城管、工商、规土所、拆违办、综治办、党群办、司法所、信访办、安监所、卫生服务中心、宏新公司等部门单位，开展综合执法，并通过细化方案，坚持程序到位，形成了“统一指挥、整体联动、部门协作、快速反应”的一体化联动、沟通协调机制，固定了前端引导、事中监督、后续跟进的处理格局。

（三）严格规范、公正执法

“五违四必”工作涉及利益大、牵涉面广，依法规范、公正是强拆工作顺利推进的前提和保证，也是群众最关心的问题。

（四）强化整治、优化服务

新浜镇政府在强化整治的同时，优化服务，坚持疏堵结合，对该企业的从业人员优先安排再就业，解决了这部分群众的后顾之忧，也使在实施强拆过程中遇到的阻力降为最低。

【专家评审意见】

自 2015 年开始，上海市开展了“五违四必”大整治，要求必须取缔消除违法用地、违法建筑、违法经营、违法排污和违法居住“五违”现象。松江区新浜镇人民政府积极应对，针对辖区内被列入市级区域生态环境综合治理项目的上海某电器有限公司的违法建筑和违法用地问题，先期由镇网格中心、拆违办、规土所、宏新公司等部门进行摸底取证，通过召开专题协调会向企业负责人宣传政策，在进行教育引导的基础上严格按照法定程序拆除违法建筑，并做好后续跟进工作。其中的多部门合作机制、以专题协调会形式与企业沟通机制、严格按照法定程序强制执行机制等对于今后的“五违四必”整治工作具有指导意义。

互联网多媒体时代突发事件的依法应对

松江区城管执法局新桥中队

一、基本案情

2015年国庆节日期间，上海电视台新闻综合频道报道：松江区新桥镇明华路366弄511号有人损坏绿化，严重影响美观。看到该报道后，中队领导十分重视，放弃国庆节假日，安排执法队员着手展开前期调查，发现该房屋北侧靠近小区河道边有五棵柳树被损坏。2015年10月8日，执法队员对五棵被损坏的树木用卷尺一一测量胸径并记录损坏程度，案件调查过程中，被举报人拒签法律文书，坚称自己只是对影响其住宅采光、通风的树木进行修剪。同时新桥城管中队向松江区园林绿化管理中心发出《协助通知书》，会同管理中心工作人员至现场进行勘验，依法收集相关证据材料，最终形成了有效的证据链，对当事人进行普法之后，当事人自愿写下承诺书，自行补种绿化，考虑到当事人配合调查，及时补救自己的过错，最终作出罚款人民币20080元的行政处罚决定，2015年10月16日，当事人将罚款缴纳至代收机构，履行了处罚义务，本案办结。

二、办理过程

（一）适用条款

《上海市绿化条例》第37条规定："禁止下列损坏绿化和绿化设施的行为：……（六）其他损坏绿化或者绿化设施的行为。"

（二）责任条款

《上海市绿化条例》第45条规定：“违反本条例第三十七条规定，损坏绿化或者绿化设施的，由市或者区、县绿化管理部门责令改正，并可处绿化或绿化设施补偿标准三至五倍的罚款。”

三、主要成效

（一）积极应对媒体爆料，主动掌握舆论导向

本案的案件来源比较特殊，投诉人没有拨打12345市民热线，也没有打电话咨询有关部门，而是直接上电视，爆了料。首先，中队不消极面对问题，怀有感恩之心，感谢媒体这个平台曝光了平时城管中队在执法巡查时难以发现的违法行为。其次，做好积极的引导舆论工作，营造于我有利的良好舆论环境，既有助于人们了解事实真相，减少各种猜测和传言，也有助于与事件相关的地区和群众及时采取措施，有效地进行宣传，还有助于人们正确理解政府和城管部门处置事件所采取的政策、措施，使事件得到有效控制和妥善处理。城管中队领导看到报道后第一时间派执法队员赶至现场将违法行为定格。最后，针对此类情况，中队专门制定《建立突发事件应急响应机制》，以便日后能更快、更及时、更有效地查处突发事件。

（二）放弃假日寻根问底，程序严谨证据充分

案件调查过程中，执法队员放弃节假日休息时间，克服自身困难，在前期的调查取证阶段对证据的收集比较充分和仔细。国庆期间，当事人外出不在家，执法队员叩开邻居的房门，做了详细的询问和了解，也走访了该小区物业公司以及居委会，锁定执法相对人的信息，以及违法行为的具体情况，比较全面地掌握了现场情况。等节日过后，中队马上联系当事人丈量损坏的树木，为进一步核实证据，邀请物业公司经理制作了《询问笔录》，与当事人的陈述以及前期收集的证据相互印证，形成了完整的证据链。又由于此案系损坏绿化案件，媒体曝光，社会关注度大，影响面广，执法队员在案件办理过程中，严谨

规范、合理合法。在拟作出行政处罚决定前，中队召开案件集体讨论会，鉴于当事人的整改态度，结合自由裁量处罚规定，由原来处罚绿化设施补偿标准三倍减轻至二倍，同时依法赋予当事人申辩的权利。

（三）业主不解耐心释惑，队员普法心悦诚服

与当事人第一次接触时，其有较大的抵触情绪，多次强调自己只是因为河边的树木影响家中采光、通风，故予以修剪，对于为何触犯了法律，百思不得其解。执法队员将《上海市绿化条例》打印出来，送到当事人手上，对其不解的问题一一作出法律解答。任何个人和单位都禁止擅自迁移、砍伐、损坏树木，确实严重影响采光、通风和居住安全的，居民应当向市或者区、县绿化管理部门提出申请，而不是自作主张修剪。当事人看到白纸黑字的法律条款后，才意识到自己法律意识的淡薄和自己行动的愚昧，自愿写下承诺书，爱护好被过度修剪的五棵柳树并使其存活，在其旁边补种五棵柳树，表示心服口服。

（四）法律得当准确量罚，合情合理合法公平

本案第二大特殊之处，即法律条款适用问题。《上海市人民代表大会常务委员会关于修改〈上海市绿化条例〉的决定》由上海市第十四届人民代表大会常务委员会第二十二次会议于 2015 年 7 月 23 日通过，新《上海市绿化条例》自 2015 年 10 月 1 日起施行。本案案发在 10 月 1 日之后，执法队员具有较高的政治敏锐度和法律的严谨性，开具法律文书仔细斟酌，确定本案适用新修正的《上海市绿化条例》，使得本案适用法律准确无误。

四、办案启示

如今，我们的生活质量提升了，但生活环境却每况愈下，人类对树木的过度砍伐和损坏，使得空气质量下降。在构成城市生态平衡的环境中，绿化起着至关重要的作用，所以保护绿化人人有责。

还值得我们注意的是，随着互联网多媒体时代的迅速发展，许多事件不再以正常途径出现，在面对突发性事件时，我们应该积极应对，掌握主动权，引

导舆论导向，公开执法过程，让群众对执法工作进行监督，同时得到他们对执法工作的肯定和支持，这样可以更好地推进城管工作的开展。

【专家评审意见】

在互联网发达的多媒体时代，经常会有突发事件被报道，要求相关的政府部门及时应对。松江区城管执法局新桥中队对媒体报道的辖区内损害绿化的事件十分重视，及时着手调查，依法取证后对当事人作出了处罚决定。在该案件中，松江区城管执法局新桥中队积极应对突发事件，及时调查取证，依法解决问题，对于政府部门在互联网多媒体时代突发事件的应对具有一定的参考价值。

乱倒固体废弃物案件的处置

松江区城管执法局永丰中队

一、基本案情

2015 年 4 月 7 日 14 时 20 分，上海市松江区城市管理行政执法局执法人员接到举报：在上海市松江区玉朝路（玉树路向东）300 米处发现有一堆垃圾散落在道路旁。执法队员现场检查发现，丢弃在道路旁的垃圾中夹杂着大量有关 D 公司的资料类信息。为锁定当事人，执法队员立即前往 D 公司进行检查，发现该公司主要经营小型漏电断路器、配电箱的接线加工业务，生产车间内带有有压线鼻的电线。根据两份现场检查笔录，执法人员对当事人作出初步认定，当天就予以了立案查处。通过案件调查和整改复查后，2015 年 4 月 24 日，行政执法局向当事人出具了行政处罚事先告知书。当事人收到告知书后，对处罚金额有异议，启动了陈述申辩程序。2015 年 5 月 19 日，行政执法局向当事人出具了陈述和申辩复核意见书和罚款 6000 元的行政处罚决定书。当事人当天就自行缴纳了罚款，本案结案。

D 公司的行为违反了《中华人民共和国固体废物污染环境防治法》第 68 条第 1 款第 8 项的规定。

二、办理过程

（一）立案阶段

2015 年 4 月 7 日 14 时 20 分，上海市松江区城市管理行政执法局执法人员接到举报至上海市松江区玉朝路（玉树路向东）300 米处时，发现有一堆垃圾散落在道路旁。此时，当事人已经离开了案发现场。

案发现场只有被丢弃的一堆垃圾静静地躺在那里，当事人已没有了踪影，该如何确定当事人呢？执法人员顿时一筹莫展，没了方向，但总不能就这样回去。有人说："还是好好检查检查垃圾吧，或许可以发现办案线索！"于是，执法队员弯下腰，开始仔细检查被丢弃的垃圾。功夫不负有心人，大量有价值的办案线索开始浮出水面。

经检查，垃圾堆里有一块印着 D 公司商标的塑料板、一本 D 公司的采购申请单、数张印有 D 公司销售经理的名片、一份写有 D 公司名称和地址的快递包装盒、大量的压线鼻废弃物。根据办案线索，执法人员立即前往 D 公司车间进行检查，发现该公司主要经营小型漏电断路器、配电箱的接线加工业务，且车间内有大量带有压线鼻的电线，执法人员根据分处两地的物品高度吻合的证据材料，最终认定 D 公司为本案的当事人。

当事人确定后，执法人员立即着手研究法律条款的适用问题。多个法条均涉及乱倒垃圾。到底适用哪个条款呢？根据现场丢弃的垃圾主要来自工厂生产过程中产生的工业垃圾的特点，执法人员最终确定适用《中华人民共和国固体废物污染环境防治法》第 68 条第 1 款第 8 项的规定予以立案查处。

（二）案调阶段

2015 年 4 月 14 日，当事人指派被委托人前来接受调查。在调查询问过程中，当事人承认上海市松江区玉朝路（玉树路向东）300 米处垃圾确实是该公司所丢弃。2015 年 4 月 15 日，执法人员对现场进行了复查，发现当事人已经自行整改，清除了丢弃的垃圾。

（三）处罚阶段

2015 年 4 月 24 日，当事人收到行政处罚事先告知书后，对处罚金额有异议，启动了陈述申辩程序。当事人陈述申辩称：公司将涉案垃圾早已卖给了浙江嘉兴的一位回收人，由于该回收人贪图利益，将工业废物等丢弃在道路旁，并声称该行为是回收人个人所为，不是该公司所为。

从陈述申辩的内容来看，问题似乎变得复杂起来，难道当事人确定有误？因为根据当事人的陈述申辩材料，该处垃圾不是D公司所丢弃，而是废品回收的第三人所为。摆在办案人员面前的不是罚多少钱的问题，而是要不要变更当事人重新进行案件调查的问题。承办人员从三个方面进行了细致的分析：第一，当事人陈述申辩材料中提到的第三人没有具体姓名，没有联系方式，致使当事人提供的线索无法进一步调查核实。据此，办案人员确定当事人提供的免责证据不能成立。第二，当事人已经整改了违法行为，自行清除了被丢弃在道路旁的垃圾，并在公司内部管理中加强了管理。第三，之前当事人未发生过违法行为，本案是当事人第一次被该局立案查处。

办案人员对全部证据材料重新进行了梳理，发现案件事实清楚，法律条款引用正确，只是对首次出现的违法行为，处罚金额偏高。当事人申辩材料的本意就是希望降低处罚金额。鉴于此，2015年5月19日，行政执法局向当事人D公司作出了“予以综合考虑陈述申辩内容”的陈述和申辩复核意见书。之后，向当事人开具了行政处罚决定书，处罚金额为6000元。当事人当天缴纳了罚款，本案顺利结案。当事人未申请行政复议和行政诉讼。

三、案件亮点

1. 当事人的确定。执法人员到达现场时，当事人已经离开了案发现场，如何确定当事人是个难点。本案中，执法人员从垃圾堆中寻找线索，最终锁定了当事人。

2. 甄别申辩材料。面对当事人的陈述申辩材料，承办人员冷静应对，去伪存真，对当事人提出的第三方所为的内容不予采纳，从而避免了当事人逃脱法律制裁的情况出现。

3. 确定处罚金额。由于当事人的行为是首次被该局立案查处，2万元的拟处罚金额显得偏高。本案当事人在启动陈述申辩程序后，该局最终综合考虑了当事人的陈述申辩内容，降低了处罚金额。

四、办案启示

1. 善于动脑沉着应对。执法人员赶到案发现场时，当事人已经离开。执法人员为无法确定当事人而犯难。怎么办呢？最终，执法人员仔细检查了所丢弃的垃圾，从垃圾堆中找到了办案线索，最终确定了当事人。

2. 严格遵守办案程序。在案调阶段，要严格遵守不告知当事人处罚方式和处罚金额的规定。只要不提及处罚金额，当事人一般会积极配合执法人员的案件调查，把事情发生的来龙去脉说清楚。如果过早提及处罚金额，当事人情绪容易激动，不利于案件事实的调查。本案在告知处罚金额后，就出现了当事人否认是其所为的申辩。

3. 合理行使自由裁量权。最初确定的处罚金额偏高，致使当事人启动陈述申辩程序。办案人员根据当事人的诉求，权衡违法行为的性质、危害程度、整改情况及首次出现等情节，酌情减轻了行政处罚。本案告诉我们，作为执法人员，在法定的行政处罚区域范围内，要合理行使自由裁量权。只有这样，才能维护好法律的尊严。

【专家评审意见】

《固体废物污染环境防治法》规定，固体废物应由其生产者、销售者、进口者、使用者进行依法处理，不得污染环境。但在现实中，由于固体废物的无害化处理成本较高，非法乱倒固体废物的现象屡禁不止。对此，松江区城管执法局永丰中队接到举报后，发现散落在路旁的垃圾，通过细致的检查，认定了案件的当事人，在依法调查取证的基础上，作出了处罚决定。在该案件中，松江区城管执法局永丰中队积极应对，仔细检查，发现证据，依法处罚，同时又合理运用裁量权，在惩戒的同时教育违法者，这些执法经验对于今后类似案件的查处具有指导意义。

第四部分
松江区人民调解典型案例

把脉开方解民愁 “五诊”工作得民意

——薛家居委会调解案例

松江区永丰街道薛家居委会

一、案情简介

薛家地处永丰街道最南端，区域东起毛竹港，南至黄浦江，西至横潦泾，北至坝河，辖区面积 2.88 平方公里。2016 年 8 月，薛家居民区启动玉树路东侧及高铁沿线农民宅基房的动迁工作，涉及居民 234 户。此区域为永丰街道土地减量化项目，立项面积为 170 亩，验收时间为 2017 年 8 月。

2017 年 5 月，永丰街道启动减量化工程，要对已动迁房屋进行拆除、清运建筑垃圾、平整土地等。截至 5 月，涉及的 234 户农民宅基地房屋还剩 1 户未签订动迁安置协议。为了确保验收工作顺利进行，薛家居委会对最后一户滞留户进行攻坚战。经过三个月的反复沟通和努力，历时一年之久的张氏堂姐弟三人因父辈房屋产权争议问题终于妥善解决。7 月 28 日，三人同时签订动迁安置补偿协议。8 月 4 日，顺利通过区减量化验收领导小组现场验收，8 月 15 日，市规土局组织了现场测量，最终确认减量化面积为 163.5 亩，验收通过率为 95.88%。

二、调解过程

薛家张某某户，其本人已去世，有两个女儿张甲、张乙，另一户为张某某的弟弟，也已去世，其儿子为张丙。20 世纪 80 年代末，张某某把自建的二层楼房卖给了弟弟。翌年其弟弟意外去世，弟媳朱某某带着儿子改嫁至隔壁村。

原来的二层楼房依然由张某某一家居住。张某某夫妇分别于2002年、2007年因病去世，去世后二人的骨灰盒被安放在二层楼房内。

2016年8月薛家启动大动迁工作，按照《征收集体土地房屋补偿安置方案》，征地房屋补偿应当以合法有效的宅基地使用证、房地产权证或者建房批准文件计户，按户进行补偿。张甲、张乙两姐妹处的宅基地证上只有二间小屋，二层楼房归属在其婶婶朱某某名下。据张甲奶奶、姑姑的回忆，宅基地使用证发放时间为1991年，那时朱某某还未改嫁，买下的二层楼房与自己的一间小屋被划在一张宅基地使用证上。后来朱某某改嫁，改嫁前将二层楼房归还给了张某某，并拿回了买卖房屋钱款（据张甲、张甲奶奶、张甲姑姑所说）。由于是发生在亲兄弟之间的买卖，因此整个过程没有任何协议、任何相关的书面资料。张甲回忆此事时表示，其父亲生前都没有想到宅基地证一事，更不要说更改持证人姓名了。

现朱某某患有精神疾病，张丙认为二层楼房记载在他母亲名下，这房子就是他家的。张甲、张乙则表示虽然她们拿不出房屋买卖过程中的证据，但是她们父母的骨灰盒都安放在二层楼房里，且房屋出租的钱也是由张甲收取的，这两个事实足以证明这二层楼房归她们姐妹俩所有。

面对“公说公有理，婆说婆有理”的局面，居委会及时介入，向周边居民了解情况。居委会将了解到的情况与动迁办进行沟通，考虑到两户的现实，在事情还没厘清前动迁公司暂不能与张丙签订动迁协议。

接下来，居委会工作人员分成三组，分别与张甲、张乙、张丙联系，每周电话沟通、当面沟通不少于三次。截至2017年4月，张丙依然坚持自己的想法，让张甲、张乙去打官司解决此事。其间，张氏堂姐弟三都有去司法部门咨询。由于此事介于情与理之间，两户都有房屋归属权的相关证据，于是居委会联络人员坚持不懈，不厌其烦地与他们沟通，进一步进行调解。5月15日，张丙思想上有了一些松动，提出二层楼房面积各分一半。得知消息后，居委会立即与张甲、张乙联系，两姐妹不同意各一半的要求。虽然二姐妹不同意张丙提出的要求，但居委会看到了转机。接下来又是无数次的沟通协商。后来张甲提出每人三分之一，而张乙不接受三分之一的方案。居委会将张甲的想法与张丙再次沟通，张丙从不能接受到慢慢接受。接下来最主要是与张乙作进一步的沟通与协商。功夫不负有心人，7月12日，在居委会上百次的调解下，张乙终于肯退让一步接受每人三分之一的方案，三人当场签订了关于父辈二层楼房屋面积如何分配的《人民调解协议书》，并定于7月14日签订动迁协议。7月14日当天，张乙突然反悔，没来签约现场，此事只好再次搁置。

随后，居委会借力连日跟进，与他们深入交流，反复沟通，堂姐弟三人终于肯放下姿态愿意一起参与协议签订事宜。7月28日上午，动迁公司、动迁办专班人员与薛家玉树路东侧最后一户房屋签订了动迁安置补偿协议。由于8月初减量化地块就要验收，堂姐弟三人都愿意立即交房交钥匙，而张某某夫妇的骨灰盒还在二层楼房内，这对于马上拆除这个楼房又多了一个难题。张甲老公几年前病逝，女儿在市区上班，而张甲又想将父母安葬到好一点的地方，于是居委会出面帮张甲联系了小昆山华夏公墓，公墓的办理流程最快也要一个月，好在那边有寄存服务。7月30日，张甲在居委会工作人员的帮助下将父母的骨灰盒移到公墓寄存。7月31日，工程队进场，将两户房屋一并拆除，历时一年的案子终于妥善解决。8月4日，薛家区域玉树路东侧地块顺利通过区减量化验收领导小组验收，8月15日，市规土局组织了现场测量，最终确认减量化面积为163.5亩，验收通过率为95.88%。

三、调解心得

社区作为基层单位，矛盾纠纷时常发生，为了更好地做好社区工作，顺利推进动迁工作，薛家居委会创新实施“五诊”工作法。“五诊”即出诊——察民情听民意、坐诊——知民忧晓民盼、会诊——息民怨解民愁、急诊——化民危排民难、回诊——聚民心暖民意。通过“五诊”工作法，积极破难题、解民忧，并取得了良好效果。

（一）坚持出诊察民情

居委会坚持每天深入居民区进行巡查，力争做到“无椅化”办公模式，从社区基本情况入手，摸清情况。在动迁工作启动前，全面掌握每家每户具体情况，对可能引发的矛盾第一时间沟通协商，做到心中有数、手中有策。对那些已签订协议也已搬离的居民及时做好信息更新登记工作；对已签订动迁协议但还未搬离的居民，了解他们未搬的原因；对那些未签订动迁协议的居民做好思想动态跟踪工作。

（二）热情坐诊知民忧

在工作中，热情接待每一位党员和群众的来电来访，与他们交心谈心，解开他们思想上的“疙瘩”，矫正行为上的偏畸。在“坐诊”过程中耐心做好劝、解、答工作，知民忧晓民盼，实现“零距离”服务。要求每个社区工作者都能熟知服务居民的相关工作及法律法规，做到一岗多能，能独当一面。在动拆迁工作推进过程中，很多居民对房屋面积的认定表示不理解，居委会天天门庭若市，最多的一天要接待十几拨人。与做年轻人的解释工作不同，老年人更需要耐心细致，重视他们的每一个疑惑，有理有据地为他们解答，解开每个人的心结，力争让他们满意而归。

（三）定期会诊解民愁

对于情况复杂、涉及其他部门、处理难度较大的问题，居委会积极与相关部门进行沟通，对排查出的矛盾纠纷进行“会诊”。动拆迁工作中涉及的房屋面积认定、拆违章工作中涉及的违章建筑的认定等情况，均要与相关职能部门进行“会诊”，之后才能给予权威的答复，切实把化解矛盾与关注民生结合起来，真正做到息民怨、解民愁。

（四）快速急诊排民难

针对一些紧急事件和特殊事件，居委会也有一套高效应对的“急诊”工作法。按照“急事急办、特事特办”的原则打开“绿色通道”。在处置过程中综合运用法律、政策、经济等手段及教育、协商、疏导等方法，化民危排民难，妥善做好处置工作。

（五）温馨回诊暖民意

坚持做好对已化解矛盾事件的“回诊”工作，聚民心暖民情，建立一周内回访制度，并将回访过程记录在案。通过走访、电话等方式，掌握居民群众对事件解决的满意度情况，对群众不满意的，及时分析原因，再次研究解决办法，防止小矛盾变成大问题，直到群众满意为止。

【专家评审意见】

《城市居民委员会组织法》规定，居民委员会是居民自我管理、自我教育、自我服务的基层群众性自治组织，居民委员会的任务中包括了调解民间纠纷。但是，居委会并非国家机关，其调解完全基于纠纷当事人的自愿，不具有强制力，再加上民间纠纷的复杂性，居委会的调解在实践中存在着各种问题。对此，松江区永丰街道薛家居委会从基层调解的实践出发，创造出调解“五诊”工作法，通过“出诊”察民情听民意、“坐诊”知民忧晓民盼、“会诊”息民怨解民愁、“急诊”化民危排民难、“回诊”聚民心暖民意的“五诊”工作法的实施，积极破难题、解民忧，并取得了良好效果，也为居委会在基层社区调解工作中总结出了一套行之有效的工作方法，值得推广。

醉酒驾车酿大祸　耐心调解终成功

松江区道路交通事故损害赔偿纠纷人民调解委员会　朱林

一、案情简介

2016年9月25日，甲饮酒后（乙醇含量1.85mg/ml系醉酒状态）驾车沿刘五路左侧机动车道由北向南行驶至刘五路进长兴路南约250米处时，越过中心双黄线驶入对向车道，恰逢乙、丙分别驾车沿刘五路左侧机动车道由南向北行驶，乙在前、丙在后，甲车车头左侧与乙车车身左侧相撞，丙在避让过程中车头右侧与沿刘五路右侧机动车道由南向北行驶的戊方电瓶车尾部相撞，致电动自行车及骑车人倒地；甲车在滑行过程中车头左侧与沿刘五路右侧机动车道由南向北行驶的丁车车头左侧相撞，之后丁车车头与丙车车尾相撞，后与倒地的电动自行车及骑车人发生相撞，造成戊受伤经医院抢救无效后死亡、五车物损的道路交通事故。

二、调解过程

当事人就本起交通事故的赔偿标准意见分歧较大。死者家属认为，死者已在上海市工作数年，并且居住在松江城区，理应按照上海市居民非农业户籍标准赔偿，并提出要求赔偿65万元。车主一方认为死者虽然在上海居住多年，但证据不充分，要求按上海市农业户籍赔偿，但考虑到死者毕竟在上海生活工作多年，可酌情在非农业户籍标准的基础上适当增加赔偿额度，并愿意赔偿40万元。双方提出的赔偿金额差距较大，针对这一矛盾，调解员要求死者家属出示死者在上海市工作满一年以上，居住在城镇满一年以上的证据。死者家属即出示了居住地居委会证明及工作单位和缴纳“三金”的证明。为此，调解员告诉死者家属，其出示的证据有一定依据，但按什么户籍性质应该由人民法院来认定，并让其暂且到另外一间调解室休息，由调解员来做车主方工作。死者家属表示无意见，即离开调解室。接下来，调解员对车主方说：“死者家属提供的证据较为充分，理应按照上海市非农业户籍标准赔偿。根据测算应该赔偿金额在 60 万元左右，而且事情发生在一个未满 30 岁的年轻女人身上，使儿子失去了母亲，丈夫失去了妻子，父母失去了女儿，这个家庭的痛苦是可想而知的。”车主也沉痛地说：“这次交通事故的确给死者家属带来了极大的痛苦，但是我不是不想多赔一点，因为我是醉酒驾车，保险公司是不能理赔的。现在的赔偿款都是我个人拿出来的。我的经济能力实在是有限。”调解员说：“你既然出了这次交通事故，就应该积极履行赔偿义务，赔偿款不够，可以向你的亲戚、朋友借一点。尽量满足死者家属的要求，取得他们的谅解。这样你在刑事判决中可以争取从轻处罚。”在调解员的劝说下，车主同意赔偿 55 万元。

然后，调解员再做死者家属的工作，劝其说：“这次交通事故由于死者驾驶电瓶车行驶在机动车道上，应该对本次事故承担一定的次要责任。你们要求车主方赔偿没有错，但是车主因为醉酒驾车，保险公司不予理赔。车主的经济能力有限，如果你们将本案起诉到法院，官司肯定能赢。但车主可能破罐子破摔，造成赢了官司拿不到钱，在申请执行过程中可能会受阻。”

经过劝说，死者家属也同意了调解员的意见，双方就本起交通事故达成初步协议。由车主方赔偿死者家属 55 万元，待车主回去借钱，相约第二个星期签订协议。

过了几天，负责本案的警察对调解员说：“前几天，你调解的一个江西籍女子死亡案，死者家属可能不同意，家属中死者的一个叔叔，从广州飞过来，对本次交通事故的人身赔偿要求重新断定。”果不其然，死者叔叔到上海后即与车主方接触，并对车主方施加一定的压力。车主方在无奈的情况下，暂且答应了赔偿死者家属 65 万元，但回家筹措赔偿款时怎么也借不到，只得要求死者家属降低赔偿款，可家属方怎么也不同意，为此死者家属和车主又找到了调解员，要求重新调解。死者的叔叔说："在广州交通事故死亡一个人最少也要赔偿70万元，这55万元怎么能轻易地处理掉呢？我们与车主方洽谈后，他已同意赔偿65万元，但现在他又反悔了。"车主方说："我也没有办法，已经千方百计地向亲戚、朋友借了几十万元。现在实在筹不到赔偿款了。你们如果能够原谅我，我们现在就签协议。如果不能原谅我，你们就到人民法院起诉吧。"这一句话彻底惹怒了死者家属。死者的母亲上前揪住车主的衣领，大声嚷道："你醉酒驾驶还有理了，轧死了我女儿，我要你赔我女儿一条命。"随行的其他几位家属见状也纷纷上前揪住车主，甚至有轻微肢体接触。面对混乱的调解现场，调解员立即招呼比较理智的死者丈夫与死者妹妹，要他们把比较激动的死者家属劝开，并将车主拉到另一间调解室，避免再次发生冲突。

在调解现场，调解员观察到本案的反复曲转过程主要源于从广州飞来的死者叔叔，只要做通了死者叔叔的工作，本案也就迎刃而解了。于是，调解员把死者的叔叔和死者的丈夫请到办公室。首先，调解员对这个家庭失去了一个亲人表示痛惜，随即调解员把第一次双方的调解过程讲述了一遍，同时提出，交通事故的发生是偶然的，双方事前并无恩怨。虽然驾驶员醉酒驾车明显有错，但他已受到了法律的严惩。关于经济赔偿不能草率地用一条命值多少钱来论处。本案如果按照上海市非农业户籍计算赔偿金额，也只能在60万元左右。关于家属说车主方已答应赔偿65万元，但现在又反悔一说，实际上家属也有过错的地方，因为第一次调解结束后，双方已基本达成一致意见。如果说对本案调解的反悔，也是家属反悔在先。现在事已至此，也不要去追究谁的反悔责任。双方不妨再退让一步，就按照上海市的非农业户籍人身损害赔偿标准60万元。通过调解员的劝说，死者叔叔和丈夫同意了调解员的提案。随即调解员再做车主的工作，由于驾驶员的醉酒驾车，使这个家庭失去了一个年轻的生命，对一个家庭的痛苦是可想而知的，所以其应该积极履行人身损害赔偿义务，按照死者家属出示的证据，应该按上海市非农业户籍性质进行人身损害赔偿。

三、调解结果

本起事故按法律规定的赔偿标准 60 万元进行赔偿，车主也同意了调解员的提议，但要求给他一个星期的时间再去筹款。一星期后，双方如约顺利地签下了人身损害赔偿协议，并当场履行完毕。

四、案例点评

本案调解过程历时 20 天，调解过程跌宕起伏，从第一次调解达成意向后，死者家属又反悔的情况看，对待交通事故的死亡案件，首先要做好死者家属的工作，对于死者家属的悲痛和激动情绪的发泄表现，应予以理解，要取得死者家属对调解员的信任，从而以法律依据给予解释，使调解工作能够顺利地进行。

另外，对车主一方应引导其换位思考，由于醉酒驾车对他人的家庭造成极大的痛苦，劝导其积极履行赔偿义务，取得死者家属的谅解，并为自己争取减轻刑事处罚的条件。

这是一起由醉酒驾驶引发他人死亡的重大交通事故，在这里告诫各位驾驶员朋友们要严于律己，遵守交通法规，为了自己和他人的幸福，拒绝酒后驾车。

【专家评审意见】

人民调解员的工作细致烦琐，所要面对和解决的问题纷繁复杂。在实践中，不仅要求调解员懂法、依法调解，而且要求调解员体会纠纷各方当事人的心情，懂得与各方当事人沟通和协调的技巧，合法、合情、合理地解决纠纷和矛盾。在本案中，调解员对道路交通事故造成他人死亡的赔偿纠纷进行调解，双方在适用标准、赔偿金额上争议较大，矛盾突出，调解员以法律规定的赔偿标准为基础，对双方当事人进行说理、协调，虽然过程波折，但最终按照法律规定的标准使双方达成赔偿协议，圆满地解决了纠纷。其中调解员的调解方法和调解技巧值得推广和借鉴。

楼上漏水楼下遭殃　几经调解终得化解

松江区佘山镇江秋新苑社区居委会人民调解员　陈谊

一、案情简介

2016年12月25日，江秋新苑社区居民王某来到居委会，情绪激动地要向工作人员反映问题。笔者接待后将其引到自己的办公室，待其情绪平静后进行了详细询问，原来是一起比较常见的楼上楼下漏水纠纷。

王某和沈某的房子分别在江秋新苑小区某幢某号的201室和301室，即两家是楼上楼下关系。王某的房子买下后和老伴一起居住，而沈某的房子则是出租给了其他租客。有一天，王某无意中发现自家房子的墙体外皮有脱落的现象，他感到狐疑，遂在家中四处检查，发现他家中客厅、卧室的地板都有被水浸泡过后损坏的迹象。夫妻两人平时出出进进，倒也没有十分留意，待发现的时候却为时已晚，积水已经造成了大面积损坏，尤其是客厅的地板。

王某仔细找寻原因，基本确定是由于楼上漏水所致。他拨打物业维修电话，维修人员上门检查后发现，楼上301室厨房间的下水道弯道处有一根管子破裂了，一直在漏水，住客也没有发现。慢慢地水就渗到了王某的家中，造成多处积水，并导致木地板、墙面大面积损坏。

王某找到房东沈某希望协商解决，因为漏水点已经找到，结果比较明确，责任肯定是在301室的沈某。王某要求沈某尽快修好漏水点，并提出8000元的损失赔偿费。他表示自己的木地板用的都是进口产品，现在需要撬掉后重新铺设，墙面也要重新粉刷，这些都会产生大量费用；另外自己和老伴都已经70多岁了，这起漏水事件不仅给老夫妻的生活带来了麻烦，精神上也造成了困扰，因此还要求沈某赔偿精神损失费。

沈某则表示自己会尽快修好漏水点，但认为王某提出的赔偿费用金额过高，尤其是精神损失费有点过分，不同意赔付这么多。

双方就赔偿问题未能谈妥，王某一气之下就来到居委会提出自己的诉求，要求居委会出面给评评理。

二、调解过程

了解了相关情况后，调解员认为事不宜迟，便立即随王某到他家里进行实地查看，对王某家漏水处及楼上沈某家相应位置进行了仔细检查，确认了王某所说的事实。

随后，调解员将沈某和王某二人请到办公室进行第一次调解。在调解员的办公室里，王某和妻子再次明确表明了自己的立场，重申了自己的三点诉求，即修好漏水点、维修家里的地板和墙面、赔偿损失。沈某态度也很坚决，修可以，赔可以，狮子大开口就不行。双方依然针锋相对，僵持不下。于是调解员决定不再对双方同时开展调解，而是一个一个地去摆事实讲道理，逐个击破，方为良策。

经过第二次分别约见调解后，王某首先做出了让步，表示能协商解决这件事情最好，精神损失费就不用赔付了，但是木地板肯定要重新铺，墙面也是肯定要重新刷的，沈某只需赔给他 7000 元钱即可；但是沈某仍然表示钱太多，不能接受。王某觉得沈某没有协商意愿，双方再次陷入僵局。

调解员只好再次把双方请到办公室做思想工作，苦口婆心地进行劝说，希望双方能先讲情后讲理，互相再让一步，别因为一点钱的事伤了两家和气。王某再次做出了让步，问沈某到底能给到多少。沈某说，最多 2500 元。王某不同意。

调解又一次陷入僵局，但调解员并未泄气，而是耐心地向双方当事人算细账、论依据、讲事实、摆道理。调解员一方面建议双方快刀斩乱麻，减少一次次见面、约谈耗去的时间精力，接受调解；另一方面又从调解不成走司法程序的成本费用讲到邻里和谐等多方面的问题，想尽办法打开两人的心结。

白天工作时间，他们也要上班、生活，一次次地约出来谈已经让双方都感到疲累，调解员就晚上去他们的家里，对双方当事人及其家人开展法制宣传。反复讲读《物权法》和《民法通则》等与邻里关系相关的法律法规，多次从情、理、法等角度向双方当事人剖析事实、阐述道理、明确责任，引导当事人权衡利弊，劝说双方换位思考。

这一调解，就从年初调解到了年中，双方虽态度上有所缓和，但对赔偿金额却始终无法达成一致。7 月 6 日，调解员再一次把两家人约到了办公室，准备最后再做一次努力。调解员对沈某说，漏水问题已经影响到了楼下王某家的正常生活，如果漏水的是你们家，你们还能置之不理吗？正所谓“抬头不见低头见”，邻里之间应该相互友爱，不要为了这点事变成了“仇人”。调解员对王某说，现在双方的赔偿金诉求已经相差不多了，真别纠结于这几百块钱的事，伤了两家和气。发生这样的漏水事件谁都不想，你们两个都有委屈，咱们都再各退一步，互相理解互相体谅一下，事情就能得到圆满的解决了。

听了调解员语重心长的话语，王某的妻子首先做出了高姿态，她表示，我只要 3500 元赔偿金，房子也不用你收拾了总可以了吧！沈某看王某做出了让步，自己也再让一步，同意了赔偿 3500 元。至此，双方终于握手言和。

从 2016 年 12 月底至 2017 年 7 月初，经过十几次苦口婆心的劝解，长达大半年的“漏水纠纷”终于在双方心平气和地在调解协议书上签字的那刻落下了帷幕。调解员的真诚和耐心终于感动了他们，经过协商，沈某同意赔偿王某各种损失共计人民币 3500 元，之后的修复工作沈某不再参与，由王某自行解决。

三、调解心得

江秋新苑是佘山镇第一个农民动迁安置小区，从 2005 年建成至今已有十几年了。这么多年过去了，小区的各类硬件设施都在逐步老化的过程中，像类似这样“楼上漏水楼下遭殃”的邻里纠纷事件时不时地上演。可以说，在邻里纠纷调解的案例中，90% 的矛盾都是由漏水引起的。

一般情况下，漏水事件肯定是按“谁家引起的漏水，就由谁家负责修理”这个道理来解决，本来是不需要调解的，这类事情他们能自己解决。让当事人谈不拢的，往往是“修理费用由谁承担”或者是“赔偿金额不能达成一致”这些问题。

现实生活中，漏水有两种情况，一种是能直接找到漏水点，另一种是漏水点不明确。能找到漏水点的，漏水点在谁家找到，就由谁家负责费用。根据《民法通则》相邻权的有关条款，应由楼上住户承担全部维修责任。楼上住户如果不承担维修责任，楼下可向法院起诉，楼上将承担败诉后果。比较麻烦的是漏水点不明确的情况，这需要邻里配合。楼上要配合楼下，可以事先约定，费用可以先由楼下负责，一旦查明漏水点是楼上的责任，可要求楼上承担费用，反之由楼下承担费用。这次的案例算是比较简单的第一种情况。事实上情况已经非常明朗，只是一方提出的赔偿金额过高，超出另一方可接受范围，才导致双方怎么谈也谈不拢，并因此互相置气，存在“不争钱财也要争口气”的不正确心理诉求。

此类矛盾纠纷事情不大，大家抬头不见低头见，调解一定不能激化矛盾，双方以后还得继续相处。对于赔偿金额的分歧，双方甚至可以一起找专业的装修人士给核算一下，不能主观臆断。而且若调解不成，此类事件真诉至法院，法院将会对房屋的损失程度进行鉴定，而鉴定费用非常贵，可能比损失方提出的赔付金额还高，所以还是能自行调解更好。

在平时生活中，邻里间难免会出现一些矛盾和纠纷，如果处理不当或多或少会影响社区安定。其实邻里纠纷大部分都是些小事，但就因为双方互不相让，导致矛盾激化。邻里双方应当秉承“方便生活、团结友善、公平合理”的精神处理相互间的通行、通风、采光、卫生、噪声和互不干扰等相邻关系，如给对方造成妨碍或损失的，应当停止侵害、赔礼道歉、赔偿损失。

调解作为一种方便、高效率、经济实用的纠纷处理方式，在处理邻里纠纷中发挥着重要的作用。人民调解委员会分布在我们城市的大街小巷，贴近我们的生活；人民调解工作人员是生活在我们身边的人，他们了解我们的生活。邻里纠纷也就那些小事情，不至于闹得你死我活，更不至于闹上法庭，而人民调解就很快捷方便地满足了居民的需要，维护了邻里关系的和谐与稳定，促进了社区的健康与文明，是基层构建和谐社会的重要力量。

【专家评审意见】

社区居民因为楼上漏水楼下遭殃而产生的纠纷时有发生，算是较为常见的邻里纠纷，一般都是由双方协商或者社区居委会调解解决。但是，由于其中有可能涉及损害赔偿的问题，有时容易引发矛盾和冲突。此时，社区居委会介入调解存在着一定的困难。在本案中，松江区佘山镇江秋新苑社区居委会的调解员就小区内楼上楼下漏水发生的纠纷进行调解，针对双方对赔偿金额的认定差距较大的问题，耐心细致地进行调解，不仅依据《物权法》和《民法通则》等与邻里关系相关的法律法规进行讲解，而且多次从情、理、法等角度向双方当事人剖析事实、阐述道理、明确责任，引导当事人权衡利弊，劝说双方换位思考，最终使双方自愿达成调解协议。本案中，调解员耐心细致的工作态度、以法律为依据又注重情理的工作原则以及具体调解中的工作技巧是调解取得成功的关键，对于今后的调解工作具有指导意义。

四间房屋三方争扯　法情结合顺利调解

松江区九亭镇小寅社区居委会人民调解委员会调解员　周清

一、案情简介

李某荣、李某英和李某龙是同胞的三兄妹，哥哥李某荣和弟弟李某龙一直在九亭小寅村生活，没有离开过，而妹妹李某英在成年之后就离家在外拼搏。经过多年积攒，存下一笔钱，李某英经过一番考虑后用这笔钱回自家买了一块宅基地，造了一栋房子，但是因为工作的原因，李某英并没有在小寅村居住，建造的房屋也就一直空着。

因为李某英的房屋没人住，哥哥李某荣和弟弟李某龙分别在房屋前面建了两间小屋，李某荣两间小屋的水电一直都是用李某英的，没有给过李某英水电费。后镇里动迁改造，李某英的房屋属于动迁范围，而屋前的四间房屋因为不属于李某英，且是违章建筑，不属于动迁补偿范围。李某荣和李某龙均不愿意拆除，李某荣和李某英就房屋归属问题打过三次官司，均是李某英胜诉。为能尽早解决三方的房屋拆迁纠纷问题，经九亭镇拆迁办协调后，由拆迁办赔偿李某龙人民币 5000 元，由拆迁办给予李某英，再由李某英转交李某龙，该费用包含房屋动迁及其他一切费用，今后李某英的房屋动迁与李某龙无关，李某龙接受赔偿。对于李某荣，拆迁办同样给予 3000 元补偿。两人均要求到社区居委会进行赔偿调解情况的书面说明，李某龙对于赔偿表示认同，而李某荣则不同意签字，他提出如果签字就证明两间小屋是属于李某荣的，所以才会有赔偿之说，那之前与李某英之间就小屋归属问题打的三次法律官司产生的费用和对其的精神损失就必须再赔偿给他，不然不会签字。

二、调解过程

本次调解之初其实是当事人自愿进行的，但在提交了《调解申请书》之后，在签订调解协议的过程中，李某荣却又有了新的异议，不同意签订，从而产生了新的调解纠纷，为此，需要调解员对两人的争议进行二次调解。

调解过程中，调解员并没有马上搬出法律法规向当事人宣讲，而先是从李某荣的角度出发，关切地询问他为什么不愿意签调解协议，而且在之前同意的情况下，为什么现在却不同意了，并表示如果他还要向法院起诉，居委会可以协助申请法律援助。

调解员耐心地向李某荣询问："针对拆迁办给予的赔偿，你是认同的，既然你愿意和李某英一起来这边签订一份调解协议书，为什么现在你又不同意了？是对于哪方面不满意？"李某荣则表示："我之前因为两间房子属于谁的问题和她打过三次官司，每次都是我输了，说房子建在她家门口不是属于我的，虽然三次官司判的结果都一样，但是我还是认为这两间房子是我亲手一砖一瓦建立起来的，应该是我的，现在要签这个赔偿认同调解协议，那是不是就证明这两间房子是我的，那我之前和李某英打的三次官司给我带来的精神损失费用她要赔给我 3000 元，不然这个协议我就不签，以后拆迁的时候我会做什么事情，我也说不准。"

调解员了解了李某荣的症结所在以后，简要对在一旁的李某英重复了一遍，询问李某英的态度，李某英则表示不同意："这个房子是我花钱买地建的，房子前面的地基也是我的，李某荣违规建了两间房子，以前不拆迁就算了，现在拆迁了他还要叫这房子是他的，他之前房子的水电都是从我家拉的，没给过一分钱，现在拆迁办协调给予赔偿 3000 元已经很好了，三次官司也不是我要打的，现在怎么还要赔偿，我不会给的。"

调解员听取了两人的意见之后意识到这两人的语气和态度都很强硬，互相都没有退让的意思，一时无法说服其中一方。这时候调解员看到李某英是由女儿陪同前来的，便尝试和她女儿聊聊，一是再了解一下调解的情况，二是希望能从她女儿入手，看是不是能有新的调解思路，打破目前的僵局。

调解员询问李某英女儿对于目前其母亲和李某荣的各自观点有什么看法，她女儿听过调解员的询问后，表示对于母亲的意见她也是同意的，三次官司本来就已经是法院判决过的，而且房子也是她们的，现在因为签这个协议还要再另外给予补偿，要拿两次钱，她认为没有什么道理。调解员听到这里，也明白双方对于赔偿这件事情各持己见，互不相让，目前是达不成一致的。调解员了解到两方的态度，已经明白必须抓住李某英和李某荣前来调解的核心，也是为了房屋动迁问题，所有的后续赔偿或者是房屋归属官司等问题都是围绕着这关键一点而进行的。

抓住这个核心之后，调解员就告诉李某英和李某荣，如果双方这么坚持和不让步的话，这次的调解就没有什么结果，达不成统一的协议。如果后续动迁时候这些问题没有解决，那么还是需要拆迁办或者自行调解，这种情况就是无限循环，得不出一个确切的结果。

在这样一番劝解之后，调解员发现李某英和李某荣的态度还是没有多大改变，还是坚持各自的观点，没有丝毫和解的意思。但是调解员发现李某英的女儿对于之前调解员的一番关于动迁的话有一些想法，于是调解员就单独和其女儿进行谈话。其询问是否及早将房屋调解协议签掉，动迁的后续赔偿就会快一点，调解员表示整个大程序中的一个小环节肯定是会影响整体进度的。李某英女儿听到之后，有所思考和犹豫，调解员观察到这点之后，又对李某英和李某荣进行了一次调解，这次两者的态度还是没变，但是李某英的女儿却劝说李某英早点签订协议，不要把事情再拖下去了，来一次也很麻烦，动迁赔偿也一直拖下去。李某英听到女儿如此劝说，也有所犹豫，提出如果签订协议之后，李某荣之前用的水电费要扣掉。调解员看到李某英松口，就询问李某荣的意见，李某荣开始不同意，但是经调解员劝说尽早签订，尽早能拿到钱，将事情尽早处理完毕，李某荣也就同意了。经李某英和李某龙协商后，同意扣 600 元水电费，至此双方就房屋动迁归属赔偿问题达成一致的意见，签署了人民调解协议书。

三、调解心得

第一，切身考虑，查明问题症结点。对于李某英和李某荣这样各持己见，互不让步的情况，调解员要分别从双方的角度思考：一是能给当事人一种信号，表明在从双方的角度为双方考虑，让当事人容易接受和认可调解；二是从当事人角度考虑，能够摸准双方提出意见的理由，结合起来分析，找出调解双方问题的症结点，这样一来可以为后续进行的调解做好铺垫。

第二，适时停顿，寻找侧面切入口。在调解过程中，总是会遇到调解双方均态度强硬，各不让步，无法调解的情况，容易造成调解的僵持状态，这时候，可以做适当的停顿，如果双方有其他家人和朋友陪同，不妨从第三个人身上切入，探寻第三人的态度。一是侧面了解调解当事人的实际想法，为调解寻找新的突破口，以便于在接下来的调解过程中能够找准方向；二是以第三人的态度侧面影响当事人的态度，有些话语由当事人亲人或朋友讲述给当事人听，比调解员调解更有效果，当事人也比较能听得进去，因为在当事人看来，身边人是站在己方的，而调解员是站在双方的，当事人肯定对于亲人的话接受度更高，也更有利于达成一个双方都比较满意的协议；三是在和第三人了解情况的同时，也给当事双方一个冷静的机会，在双方情绪都很高涨的时候，再继续做调解是没有多大效果的，因为双方都不够理性，而给予两方一段时间冷静冷静，其思考问题也能更理智。

第三，把握核心，围绕中心化纠纷。在调解过程中，先从当事人双方角度出发找到问题的症结点，有助于顺利展开调解，但是在双方态度强硬，一时无法调解的时候，在给予双方当事人冷静时间的同时，调解员自身也要冷静思考一下，到底双方需要调解的事情是什么，这次调解背后围绕的核心是什么，只有找准了这个核心，才能打破原先的僵局，从第三人身上找到切入口之后，围绕这个核心，继续进行调解，引起当事人双方的共鸣和思考，最后达成一致意见。

【专家评审意见】

在解决纠纷的过程中，法院主要依据法律的规定进行审判，而人民调解除应当依据法律的规定外，还应当充分考虑情理的因素。在本案中，哥哥李某荣和弟弟李某龙的四间房屋很明显都是违法建筑，按照法律的规定，拆除违法建筑无须给予任何形式的赔偿或者补偿。但是，考虑到其与李某英合法建筑的关系，可以通过李某英合法建筑拆迁补偿给予四间违法建筑以适当的费用，但费用的支付方式以及额度等并无法律的明确依据，调解员将法与情相结合，灵活运用调解技巧，最终使双方就动迁费用归属达成一致意见，充分展现了调解工作中法与情的关系以及在调解工作中灵活运用技巧的重要性，为今后的调解工作提供了参考。

二元二层化解企业与员工“分手费”争议

松江区车墩镇人民调解委员会调解员　顾军、杨菊娣

企业与员工“分手”，员工不满“分手费”，反复调解无果，劳资双方长时间的情绪对立、矛盾激化，导致之后从“分手费”演变成人身损害侵权赔偿费。如何巧化解，关键在分解。

一、案情简介

张某与一家仓储公司对解除劳动合同关系后所支付的补偿金数额产生了矛盾，并协商多次未果。单从该案纠纷的初始性质来看，起初矛盾的焦点只是在补偿金数额本身，对于一家经营正常的外资有限公司而言，这其实是个较容易解决的问题。但是由于双方缺乏互信，一直未协商一致。此时，我们可以预见，久拖不决会让劳动者变得不够理智进而采取过激的方式。该案正是如此，2017 年 8 月 11 日傍晚，张某在该仓储公司负责人进入车辆的时候，拉住车辆门把手不让其关门。而此时，该名负责人也没意识到张某如此坚决，就顺手将车门关闭，导致张某的手被车门夹伤。后经医院检查，张某左手节指骨基底损伤，引发人身侵权问题。

二、调解过程

在前期组织的调解过程中，该企业相关负责人比较强硬，认为应该按照《劳动法》等相关法律法规进行支付，至于员工所提出的其他要求一概不予接受。而另一方张某认为，他为公司付出，理应得到相应的补偿金，此外，由于

对方企业负责人造成他的人身伤害，并要求赔偿医疗费用。双方一步都不肯退让，导致调解难以继续。

随着时间的推移，员工的情绪十分不稳定，从调解过程中不耐烦的情绪可以看出，张某随时可能放弃调解，从而寻找另一种相对激进的措施。

《劳动合同法》第48条规定：“用人单位违反本法规定解除或者终止劳动合同，劳动者要求继续履行劳动合同的，用人单位应当继续履行；劳动者不要求继续履行劳动合同或者劳动合同已经不能继续履行的，用人单位应当依照本法第八十七条规定支付赔偿金。”

对于劳动者违法解除合同的劳动合同赔偿，根据《违反〈劳动法〉有关劳动合同规定的赔偿办法》第4条的规定，劳动者违反规定或劳动合同的约定解除劳动合同，对用人单位造成损失的，劳动者应赔偿用人单位。

《劳动合同法》第47条规定：“经济补偿按劳动者在本单位工作的年限，每满一年支付一个月工资的标准向劳动者支付。六个月以上不满一年的，按一年计算；不满六个月的，向劳动者支付半个月工资的经济补偿。劳动者月工资高于用人单位所在直辖市、设区的市级人民政府公布的本地区上年度职工月平均工资三倍的，向其支付经济补偿的标准按职工月平均工资三倍的数额支付，向其支付经济补偿的年限最高不超过十二年。本条所称月工资是指劳动者在劳动合同解除或者终止前十二个月的平均工资。”

在劳动合同解除或者终止，用人单位依法支付经济补偿时，就涉及如何计算经济补偿的问题。计算经济补偿的普遍模式是：工作年限 × 每工作一年应得的经济补偿。《劳动合同法》及有关国家规定对工作年限及经济补偿标准做了明确的规定。

关于计算经济补偿中的工作年限：劳动者在单位工作的年限，应从劳动者向该用人单位提供劳动之日起计算。如果由于各种原因，用人单位与劳动者未及时签订劳动合同的，不影响工作年限的计算。如果劳动者连续为同一用人单位提供劳动，但先后签订了几份劳动合同的，工作年限应从劳动者提供劳动之日起连续计算。例如，劳动者甲自2008年开始在某企业工作，其间劳动合同一年一签，一直工作到2012年。最后一份劳动合同期满后终止，用人单位依法支付经济补偿时，计算的工作年限应从2008年算起，共四年。如果劳动者为同一用人单位提供劳动多年，但间隔了一段时间，也先后签订了几份劳动合同，工作年限原则上应从劳动者提供劳动之日起连续计算，已经支付经济补偿的除外。总之，本条“在本单位工作的年限”的规定，不能理解为连续几个合同的最后一个合同期限，原则上应连续计算。当然，随着《劳动合同法》的实施，用人单位利用短期劳动合同长期用工的现象将会减少，这主要是劳动合同法规定了两个措施：一是连续签订两次固定期限劳动合同的，劳动者可以要求签订无固定期限劳动合同；二是劳动合同期满终止的，用人单位也要依法支付经济补偿。

该案关键在于分解法律关系：

从本来的一起单纯的劳务纠纷演变成附带一起人身侵权损害赔偿纠纷，这直接增加了双方自行协商的难度，因此，最后双方选择通过镇调委会进行调解。镇调委会介入后，对该案的性质分析得出，必须将该矛盾纠纷分层化和二元化，所谓分层化就是要把该案分成两个矛盾焦点逐层解决：一个是劳动合同补偿金问题，另一个是妥善调处人身侵权损害赔偿问题。

而所谓二元化是指镇调委会在开展调解前对双方的个体进行剖析：甲方作为一个自然人个体，时间的拖延会造成其身心疲惫，会让其产生社会不公的心理意识，极容易出现进一步过激的行为。而乙方公司从表面上看是严格按照规章制度来，但客观上就是在对劳动者的保障方面比较吝啬，不讲人情。

通过前期的分析，镇调委开始针对主要问题进行攻坚。关于劳动合同补偿金问题，镇调委会邀请了镇社保所分别对双方进行了疏导，一方面告知甲方按照规定所能享受的补偿金数额是多少，另一方面向乙方公司相关负责人开展思想工作，向其介绍了中国的相关社保制度和国情，要求善待劳动者。关于人身损害赔偿问题，镇调委会邀请了派出所对双方进行了治安管理层面的教育，对于甲方而言，向甲方分析了采取过激手段解决问题会给各方带来的法律、经济、名誉等风险。而对于乙方公司，派出所则告知其有维护社会和谐稳定、化解公司内部矛盾的社会责任。

最终，通过镇调委会协调多部门联动，动之以情，晓之以理，甲乙双方达成一致：由乙方公司向甲方支付适当的劳动合同解除补偿金、医疗费及相关费用。

这类纠纷虽然一开始只是劳动合同纠纷，但是不难看出，如果处理不当极其容易诱发人身伤害或者群体性事件。随着年关将至，诸如该类纠纷数量会有一定增长，而将该类矛盾化解于前期工作中，会对避免态势进一步发展起到至关重要的作用。

三、调解心得

由于现在员工流动性特别强，因此，由于解除劳动合同引发的补偿金问题近年频频发生，员工的利益诉求与企业的心理价位构成一对不可调和的矛盾，而企业往往会坚守自己的规章制度，不考虑离职员工的生活状况。这样往往会导致双方利益纠葛不清，情绪激动，易引发暴力冲突。在此类调解中，一要维护弱势群体即员工一方的基本利益，二要正确厘清劳资纠纷中的法律关系，三要尽力避免原本只是民事法律关系上升至刑事案件。对于企业来说，需要从企业员工的核心利益出发做工作，和谐社会的稳定有序，企业也承担着一份责任。调解要厘清各种利益关系，审核各类协议的法律效力，明确诉求项目金额的合法合理性，通过说法、讲理、入情，增进各诉求方之间的互相信任、理解，本着公平、公正的原则，促进大家互谅互让，和平解决争端。维护自身合法利益是此类纠纷的基本出发点和矛盾焦点，所以通过明晰利益现状，陈述纠纷耗费的利益成本，进而转变各方求全心理，从实际出发，追求利益最大化，共同努力找到各方可接受点，是成功调处此类矛盾的关键。

【专家评审意见】

劳动者与企业解除劳动合同关系后，企业的赔偿、补偿责任在《劳动法》《劳动合同法》等法律中有明确的规定。在本案中，原本张某与公司之间因为解除劳动合同关系的补偿金问题可以依法解决，但由于在协商过程中引起人身伤害，在劳动合同补偿之外又产生了损害赔偿问题，使得案情复杂化。对此，松江区车墩镇人民调解委员会的调解员严格适用法律的规定，首先将本案分解为劳动合同补偿金和人身侵权损害赔偿两个层次的问题区别对待，在此基础上划分调解前阶段和调解阶段，注重调解前阶段的疏导和沟通，最终在调解阶段使双方达成了协议。调解员严格依照法律的规定，将复杂案件区分为不同层次的问题分别适用法律解决，并且注重调解前的分析、疏导和沟通，这些调解的方法和技巧值得今后处理复杂案件调解工作时借鉴。

未曾定责的有序调解

松江区新浜镇人民调解委员会

一、基本案情

2016 年 8 月，徐某到某一苗圃采购 60 棵树木，约定由徐某自行组织挖、装、运作业，待运走后付款。故徐某雇用了王某等人，并雇用了杨某及其汽车吊（无吊车操作证）。当天上午 10 时许，受雇人王某手持汽车吊的吊钩准备钩苗圃内所移挖的树木时，因汽车吊司机杨某操作吊车机臂碰触到上方 10KV 高压线，而导致王某触电倒地，当场死亡。死者家属得知这一噩耗后，情绪非常激动，召集了数名亲朋好友找到雇主徐某和汽车吊司机杨某交涉，双方各执一词，僵持不下，对赔偿事宜不能达成一致意见，死者家属的情绪越发偏激，极有可能引发群体性事件。

二、调解过程

（一）联勤联动，跨前介入

事发后第三天，情绪激动的死者家属来到镇司法信访窗口上访，称事发三天，政府人员不管不问，要找镇主要领导讨个说法。镇调委会调解员及时接待了他们，并在第一时间介绍了案件的情况，以及这两天通过与区安监部门取得联系，调阅了案件相关笔录，咨询了法官、律师等专业人士的意见，与相关疑似直接责任人已进行初步交涉等情况。“我们调解组织虽然是依申请调解，你们今天是第一次到我们司法、信访部门反映情况，但作为地方政府的职能部门，我们的安监、公安派出所、司法所已在第一时间进行了联动，该联系的已联系，该取证的已取证，该咨询的已咨询，我们没有不管，相反，我们一直在为你们的事忙到现在，只是你们没看到而已。”司法所吴所长铿锵有力的话语慢慢感染了情绪激动的死者亲友，他们纷纷表示是自己急昏了头。为进一步安抚好死者家属，调解员建议徐某和杨某可先行安排好死者家属的食宿，向死者家属表示一下自己的诚意，之后再坐下来好好谈。

（二）分析案情，理清头绪

对于本起案情，在调解初期，调解员梳理出了以下情况：

对于事故的发生，主要原因是杨某无证操作吊车作业，且操作不当，作为侵权人杨某和雇主徐某均有责任，应无异议；

对于徐某与死者王某的关系属雇佣关系，应无异议；

对于徐某与吊车作业的杨某是属雇佣关系还是承揽关系，无法定性；

对于苗圃方是否有赔偿责任，因区安监部门认定结果未出，无法定性；

对于直接责任人徐某与杨某的赔偿责任分担比重，无法认定；

对于赔偿标准，上海市对人身伤害赔偿标准分城镇与农村，因死者家属无法提供死者的居住证和租房协议，无法认定。

综上因素，如何向当事人解释，如何去谈，这是摆在调解员面前的一大困难。

（三）情理结合，案结事了

受理调解时，死者家属提出 120 万元的一次性赔偿金，徐、杨两人都明确表态愿意赔偿，但就是没钱。徐某说家中无其他资产，就一辆旧车，卖掉能换 10 万元左右，杨某同样说就一辆吊车，卖掉能换 20 万元左右。这样的表态，又一次激起了死者家属的怒气，场面一度几乎失控。调解员只能采取分散调解模式，一方面稳定家属情绪，另一方面给徐、杨两人施加压力。但正如调解员所预见的，徐、杨两人始终在争论双方责任的大小，均不对愿意承担多少赔偿作任何表态。调解员始终奔波在当事人之间做思想工作，但毫无进展。此时，调解员知道，这样下去，矛盾会进一步激化。

果然，在调解未果的第三天，死者家属们不理智地欲冲进镇政府，号称“你们解决不了，就找镇长讨说法”，对于如果调解不成，可以帮他们申请法律援助，通过司法程序解决的提议，他们认为这是推卸责任。

为此，调解员再一次地做解释工作，讲明在安监部门责任认定没下来前，不能硬说谁有责任、谁应该赔偿和该赔偿多少，只能通过做对方的思想工作，而通过司法程序，法院可以直接依法判决。但他们却始终不同意走司法程序。安抚再安抚，最后只能将突破口放到徐、杨两人身上。

首先，调解员采取了“借力”的方法，与区安监部门取得联系，要求通过公安部门对徐、杨两人进行例行刑事侦查讯问。两天的侦查讯问，讲清了刑事处罚的可能性，讲清了及时解决民事赔偿可减轻或免于刑罚的关联性。

其次，调解员提出了“共担”的方式，向徐、杨两人提出：不定各自的责任大小，共同来尽力作出赔偿，再在事后就各自的责任通过司法途径解决。

通过上述两个举动，案情有了转机。徐、杨两人要求给予几天的筹钱时间，在征得家属同意后，徐某筹得资金 20 万元，杨某筹得资金 40 万元。

但此时，离死者家属的期望值仍有相当大的差距，家属仍不愿接受。

然后调解员把调解重心转移到了家属方。

首先，调解员把上海雇佣关系人身伤害的赔偿标准再次作了宣传，同时，此事故中死者作为具有完全民事行为的公民，应尽到自我保护的安全义务，从某种角度来说，死者自身也负有一定的责任。

其次，调解员将徐、杨两人提供的实际困难情况进行了详细的介绍，以征得家属的谅解。

最后，就苗圃是否有责，以安监部门的责任认定为准，在调解协议书中提出保留诉权的约定。

经过多次反复做工作，死者家属终于同意将赔偿数额减至 60 万元，由徐某赔偿 20 万元，杨某赔偿 40 万元。双方最后成功签订了调解协议书。

三、调解心得

在本次调解中，可以给我们提供经验借鉴的有：一是反应迅速，稳住亲属的情绪。事故发生后，司法所、派出所、综治办等部门迅速介入，稳定亲属情绪，做好应急准备，避免因冲动、不理智而做出使矛盾纠纷升级的事情，避免了群体性事件的发生。二是以事实为依据、以法律为准绳进行调解。根据《最高人民法院关于审理人身损害赔偿案件适用法律若干问题的解释》及2016年人身损害赔偿的规定和标准等相关法律法规，计算出赔偿数额，以法服众，让三方当事人有据可循。三是趁热打铁，督促履行。当事人三方达成协议后，调解员就立即组织三方履行协议，使死者家属在一周内顺利地拿到了赔偿款，巩固了调解成果。

【专家评审意见】

死亡或者人身损害赔偿标准，法律上有明确的规定，但在现实中争议较大。本案是一起由安全生产事故引起的损害赔偿纠纷，本案中，各方当事人的责任在法律上非常明确，并无争议，但对于赔偿金额以及实际支付能力，各方争议较大。对此，松江区新浜镇人民调解委员会充分重视，反应迅速，及时参与调查案情，稳住亲属的情绪，与区安监部门、公安派出所、司法所等部门进行联动，细心地做各方的工作，依法调解的同时又有策略地对各方进行说服，最终使各方达成并履行调解协议，这些调解的方法和说服技巧对于今后的调解工作具有指导意义。

非婚生子女抚养费调解

松江区小昆山镇人民调解委员会

一、案情简介

2016年7月的一天，一名少数民族妇女来到司法所寻求帮助，该妇女杨某系宁夏人，与本地的蒋某恋爱后，同居并有了儿子。起初二人的生活还算美满，后来由于各种家庭琐事吵闹不断，双方生活习惯差距较大，女方提出分手，男方也最终同意，但是双方就孩子的抚养费问题，分歧较大，双方来到调委会寻求帮助。

二、调解过程

小昆山镇人民调解委员会接待了二人，立即通过“三单”式工作机构与大港村调委会联系，进一步了解情况。原来杨某和蒋某均系离异人士，原先也都有子女。杨某的孩子随前夫生活，蒋某孩子已经成婚有自己的生活。二人在松江相识后相恋同居。二人同居后，因宗教问题等原因，杨某家人不认可其与蒋某的关系，杨某也因此与家人决裂。后杨某怀孕回到老家生子，孩子户口上在宁夏。2016年年初，杨某带着孩子再次来到上海与蒋某团聚。两人再次同居后，生活上出现一系列的摩擦。较为显著的有蒋某和孩子是否可以吃猪肉、家里财政花费等问题，有一次吵架甚至引发肢体冲突导致报警。

调解员经约谈后，了解双方已认可关系终结，双方未结婚登记，且无共同财产。但是就孩子问题，杨某认为蒋某提出的抚养款数目太少，无法根本上解决自己与孩子的住房和生存问题。目前杨某在上海无住房，也没有工作。孩子不满一岁，她要照顾孩子，也无法出去找工作，在居住和生活方面都存在很大的困难，因此拒绝搬离房屋。

但是蒋某认为两人目前已经分手，在协商问题期间要求杨某搬离，为此，双方之间的矛盾越发严重，蒋某言行粗暴，强行将杨某及孩子的物品搬出房屋，换掉门锁。杨某无处可去，于是向区妇联、镇妇联、镇调委会反映情况。镇妇联与调委会立即联系蒋某，动之以情，晓之以理，建议在协商期间，妥善安置好杨某母子。经多方劝说，蒋某同意暂时为杨某提供住处。

解决了暂时的居住问题后，调解员再次约谈双方，蒋某突然表示怀疑孩子是否是自己的，双方协商前去市区做亲子鉴定。经鉴定孩子与蒋某确系父子关系，蒋某又表示自己岁数较大，工资低，能承担的抚养费有限，每月只肯给800元。杨某表示，自己为了生孩子已花光所有积蓄，即使回到老家，也要租房子、找工作，孩子托人带都需要钱，要求一次性支付孩子18周岁前的抚养费。

双方的矛盾焦点就是抚养费的金额和支付方式问题，那么要打开症结，就必须从当事人的实际困难出发，解决这一实际问题。调解员们开始反复思考解决的方案，讨论分析解决这一难题的方向。

调解员多次分别找到当事人双方进行沟通，了解他们是否愿意各让一步，毕竟孩子是自己的，对双方做相关法律知识宣传，告诉他们在法律上都有责任抚养孩子。蒋某表示既然亲子鉴定确实是自己的孩子，自己愿意抚养，自己虽有几套住房但都不是自己的名字，在自己与前妻女儿的名下。自己现在已经五十岁了，在做门卫和一些小兼职。如果他们肯分手离开，愿意提高抚养费。但是杨某认为每月抚养费太少，且一年一付难以解决现在的经济困难，很是犹豫，希望调解员和妇联能帮帮她。调解员再次分头做工作，最终蒋某同意先行支付两年的抚养金和一次性经济补助2万元，之后按年支付抚养金。杨某也表示同意，会定期让孩子与父亲视频通话。

三、调解心得

该纠纷得以圆满解决，我们的体会是：

1. 面对此类纠纷仅仅从法律角度来考虑是不够的，必须充分利用法、理、情三者的有机结合，设身处地为双方着想，才能获得信任，做好调解工作。

2. 调解员对婚姻家庭、赡养、抚养、探视权等矛盾纠纷，采取“亲情感化调解法”。此类纠纷由于当事人之间掺杂着较多的感情因素，调解时应围绕夫妻、父母、子女等亲情关系开展工作，侧重于传统美德教育，促使当事人重新认识亲情可贵、树立尊老爱幼的观念，对双方进行劝说疏导，最终双方同意各退一步。

3. 调解员对当事人不仅采用了法律法规的宣传和讲解，还适度运用了道德层面与情感层面的说服和教育；在语言使用方面，自始至终极少使用批评语言，更多的是使用协商的语气和尊重的态度。

4. 调解员的责任心，促使当事人最终自愿接受调解，握手言和。本案从调解申请的受理到成功化解，花了将近一个月的时间。

5. 该案充分显示了人民调解对于正常司法途径难以解决的矛盾的化解优势，效果明显且行政成本低，程序简单。

【专家评审意见】

本案是一起针对非婚生子女抚养费的调解。在本案中，杨某和蒋某未婚同居，生有一子，后因该子的抚养费发生争议。从法律上来说，有关双方的婚姻关系以及双方对于孩子的抚养义务非常明显，并无争议。但问题在于孩子抚养费的具体数额以及支付方式，双方争议很大。对此，松江区小昆山镇人民调解委员会积极调解，在联系妇联等解决了杨某暂时住所的问题后，与双方进行多次沟通，特别是对作为父亲的蒋某进行法律知识的讲解，并从亲情等方面进行说服，最终使双方就孩子的抚养费达成一致意见。在本案中，调解员不仅依据法律明确了蒋某的抚养义务，而且更多的是采取“亲情感化调解法”，充分利用法、理、情三者的有机结合进行调解，对于今后的调解工作具有参考价值。

邻居误喷农药损害调解

松江区叶榭镇司法所

一、案情简介

老王和老李是叶榭镇兴达村的两名家庭农场主。两人承包的农田就隔着一条垄沟，老王在南面的农田里种植水稻，而老李则在北面承包的土地上栽种起了果树。几年下来，双方各自种植经营、彼此相安无事。但孰料天有不测之风云，2017 年 5 月，刚插秧不久的老王琢磨着喷农药给稻田除草，没想到那天刚巧吹的是南风，因为风势过大，在用大机器喷射农药时，喷出的农药飘到了老李家的果园内，果园外围不少已开始结果的梨树枝头变得焦卷。辛辛苦苦种了三年的几百棵梨树，今年才开始结果，却遭遇这样的飞来横祸，这可愁怀了老李，他坚决要求老王赔偿。而老王认为农药对梨树生长并无多大影响，拒绝赔偿。双方争执不休，村委会的调解干部调解多次也是未果。在经得老王和老李同意的前提下，该案移交到叶榭镇人民调解委员会，由叶榭镇“连心桥”调解工作室的三位资深调解员老陈、老叶和老周揽下了这桩头疼事。

二、调解过程

农药对梨树后续的生长结果有没有影响、影响又有多大，这无疑是本案中老王和老李争议的焦点，而这也是调解员必须把握的关键问题。为了准确评估损失大小，在开始调解前对此案涉及的责任认定、赔偿费用有一个大致的预估，三位调解员与村委会进行了沟通，决定邀请松江区林业站的技术专家前往事发现场进行勘验调查。

初夏的早晨，日头已盛。三名调解员、村委会工作人员、技术专家、老王和老李一行人来到事发地。通过现场勘验，基本确定受影响的为老李家梨园内最南边的一排梨树，仔细观察发现，部分梨树枝头上的嫩叶确实已发黄掉落。在老李的梨园内，老陈、老叶和老周仔细询问老王和老李事发时的情况，确认罪魁祸首是俗称为除草剂的苄嘧丙草胺，并向两人了解近些年各自种植水稻、水果的收成和收益。

在结束了现场勘验工作后，一行人回到村委会进行调解。在开始调解前，老陈、老叶和老周与林业站的技术专家先进行了单独的沟通，了解梨树的受损情况。技术专家告诉三位调解员，虽然部分梨树的嫩叶已发黄掉落，但根据种植经验，通过对枝叶进行修剪，梨树能够继续生长、正常结果。但受到除草剂误喷的梨树结出的生梨与正常生长的生梨在个头、口感上有无大的差异，由于目前未有此方面的实验和实践，所以他们也无法判断。

可见，只有等生梨结果并贩售后，才能明确损失有无及损失大小。那么是否应该当着老王和老李的面直接把林业专家的意见坦诚给两人呢？三位调解员思考及讨论后认为，如果说老王的农药对梨树没有任何影响，老李铁定不能接受。两人是抬头不见低头见的邻居，目前尚在承包期，也不可能调整两人承包的土地，所以两人只能继续维持相邻关系，如果不能给双方一个满意的调解结果，后续两人一定会产生更大的嫌隙和矛盾。所以三位调解员决定根据现场调解情况适时解释这个问题。

调解正式开始后，老李提出了要求老王赔偿 2 万元的要求，而老王则认为老李是漫天要价，毫无根据和理由。双方再一次陷入彼此指责、互不退让的境地。对此，调解员及时采取“背靠背”的调解方式，分开对两人做思想工作。

老陈、老叶和老周将老王先请进村委会办公室。三位调解员指出，在这件事上，毕竟是老王有错，如果将老王和老李的身份对换，老王也一定会如老李这般心焦。事发至今，老王一点示弱认错的意思都没有，反而指责老李漫天要价，实在是不该。在三位调解员严厉的批评下，老王态度有所松动，他表示会向老李真诚道歉。三位调解员趁势又指出，如果老王坚持不肯退让和赔偿，今天的调解无法继续，老李无法接受，一定会继续找老王讨要说法。在目前村委会不可能调整两人承包地的情况下，这样一颗炸弹不拆除，两人又是相邻种植的关系，彼此肯定无法做到相安无事。听着调解员对利弊轻重的分析，老王表示只要金额合理，他愿意赔偿。

在与老李单独沟通时，老陈、老叶和老周将林业专家的勘验结果告诉老李，并指出，无论是人民调解还是法院审理，都要尊重法律和事实。他们理解老李的心情，但老李向老王主张损失赔偿要求，一定要有充分的依据和理由，而不能随意要价。听着三位调解员的分析，老李的态度有所软化，他表示愿意在赔偿金额上有所退让。

“背靠背”来来回回数次，忙碌了一个上午，最终老王和老李握手言和，就赔偿问题签订了人民调解协议书，老王当场将6000元赔偿款支付给了老李。

三、调解心得

踩着泥泞下农田、顶着日头冒酷暑，三位已过花甲之年的调解员生动诠释了基层调解员尤其是农村地区调解员不怕苦累、甘于奉献的敬业精神。当然，此案的顺利化解，也充分展现了三位资深调解员的智慧和经验。

第一，对案件事实进行充分的调查是调解成功的基础。人民调解与法院审理一样，均是以事实为依据、以法律为准绳。案件事实是否调查全面，关于纠纷和当事人的情况是否了解清楚，是影响一个案件能否公正调解、成功调解的基础。因此，在这样一起案件中，调解员选择先去案发地进行调查和勘验，实地了解梨树的受损情况，而不是纸上谈兵、贸然开始调解。鉴于此案的特殊性，调解员还特地请来了技术专家进行现场勘验。调解员并非全才，因此在调解过程中碰到知识盲区，是很正常的情况。除平时注重各方面法律政策及知识的积累外，邀请专业人士参与调解未尝不是一个好的选择。这既可以避免因自身不专业而在调解过程中出现判断失误，同时借助专业人士为当事人解释回答专业问题，也更易获得当事人的信服。虽然此案中，技术专家无法准确给出损失大小的结论，但至少让调解员心中有了底。

第二，循序渐进、有的放矢，准确把控调解节奏，是调解成功的关键。对于当事人对立情绪严重、涉及的法律问题复杂的案件，调解不可能急于一时、一蹴而就，需要调解员做好打持久战的准备。在此案调解刚开始时，因态度强硬、不肯退让，老王和老李再次针锋相对，对此，调解员及时将两人劝离。在对老王单独做思想工作时，通过批评老王是有错在先和分析利弊轻重，让老王意识到于己还是于理，他都必须对误喷农药这一件事件承担责任、向老李作出赔偿。而在老李这边，则通过为老李解释司法实践中处理侵权案件的原则，来引导老李在赔偿金额上作出退步。在调解的第一步促使两人各自退步，进而在具体的赔偿金额上再对两人做思想工作促使两人达成一致意见，从而成功调解此案。

【专家评审意见】

本案是邻里之间由于误喷农药而引起的损害赔偿纠纷，双方争议的焦点是农药对梨树后续的生长结果有没有影响、影响又有多大的问题。对此，松江区叶榭镇的调解员借助技术专家的力量，邀请区林业站的技术专家进行现场勘验，以专家鉴定的结果为基础，对争议双方分别进行调解，最终双方就赔偿数额达成一致意见。在本案中，调解员不怕辛苦，不仅亲自到田间调查，而且在争议事实不明确的情况下，通过邀请技术专家现场勘验的方式进行认定，在认定事实的基础上，对双方分别进行劝解，这种调解方式为今后调解需要专业性技术认定的案件提供了参考。

人民调解分忧愁　老人临终得关怀

松江区中山街道人民调解委员会　李积林、陆立根、姚瑶

一、案情简介

薛老伯今年84岁，是一个身患肺癌的病人，老人的女儿希望老人在接下来的日子里开心安稳并且能有人24小时照顾，辗转了多个医院，最终找到了松江区中山街道社区卫生服务中心。住了三天后，医院却因为老人情绪不稳定，怕伤害其他病人，向家属提出接老人回家。双方发生纠纷后来到中山派出所要求调解。

二、调解过程

调解员陆立根和李积林在了解情况后，分别与老人女儿和医院的医务人员进行了沟通，了解双方的诉求。在与双方沟通过程中得知，老人身患肺癌，情绪波动较大，平时女儿都顺着老人，让老人情绪能够得到发泄，但是老人女儿还在上班，做不到24小时照顾，于是寻找了多家医院，不料大多医院不收老人，这让女儿有些焦急，最终找到了松江区中山街道社区卫生服务中心，医院表示愿意接收老人并为老人安排了临终关怀病房的床位。该病房是三人间，由于三位都是老人，互不影响是基本的，然而当老人入住医院三天后，医院听说薛老伯曾在松江区精神卫生中心入住，认为薛老伯有精神问题，会影响到同病房或院中其他病人，拒绝老人继续住在医院。当双方来到中山派出所后，调解员进一步向老人女儿了解老人的具体身体情况。据了解，老人得知自己身患肺癌后，精神压力比较大，情绪比较不稳定，其子女曾带老人去松江精神卫生中

心咨询，据医生诊断，老人是精神压力引起的情绪不稳定，并没有狂躁或伤人举动。了解到双方矛盾焦点后，陆立根和李积林两位调解员首先安抚了老人家属的情绪，后与医方人员进行沟通，让医方人员了解到老人的具体病情，动之以情，体谅老人家属的情绪，安排老人能够继续入住社区卫生服务中心的临终关怀病房。何况老人已时日无多，在最后一段日子里，让老人开开心心地度过未尝不是一件好事。并且老人家属愿意承担后果，只是因为工作原因不能时时照顾，希望能够有专业人员 24 小时照顾老人，满足老人的不时之需，陪老人说说话，让老人的情绪能够稳定。

最终双方解开矛盾后，医方答应了老人家属的要求，并同意调解。在调解的过程中，调解员本着公平、公正的原则，从双方的意愿出发，最终达成以下协议：

医方同意让老人继续住院，若老人在住院期间对医院他人造成伤害，医方有权让老人出院，造成的一切后果由老人家属负责。

老人在住院期间，由自己造成的摔伤或自然死亡，一切后果由老人家属负责。

三、调解心得

此份调解为医患纠纷，临终老人的住院安排得到解决，医方人员愿意体谅老人家属和老人的情绪状况，使即将激化的矛盾得到了解决，老人的安排得到确定。

通过调解分享以下心得：一是探究诉求真实原因，寻找调解突破口。探究当事人诉求的真实原因是调解成功的捷径。对这类案件，要真正弄清其中的真相，了解矛盾中心，运用公平原则，平衡各方利益，合理安排双方权益，就能解决医患矛盾，促成案件调解。二是以医患关系为纽带架起和谐的桥梁。医患关系一直以来都处于紧张状态，双方产生矛盾，对双方都是一种伤害，对伤者来说伤害更深，处理不当，可能还会影响整个家庭或整个医院。最好还是以医患关系为纽带，唤醒各方埋藏在内心深处的情感和良知进行调解处理，让医生能从患者的立场出发，患者也能从医生角度理解，真正意识到矛盾处理好了，双方和谐相处，老年人才会有个安定的环境安度晚年。三是确定合情合理合法的调解策略。医患纠纷是如今比较突出的社会问题，运用调解解决医患纠纷，既有助于解决和医患纠纷相关的社会结构性矛盾，也有助于恢复医患关系，进而促进医疗体制等在内的医患关系管理水平的提高。四是不断学习，充实自己。作为基层人民调解员，仅仅做到懂法律、懂政策、懂专业是不够的。作风优良、业务过硬、热爱人民调解事业才能够适应新时期人民调解工作需要。今后将进一步担负起维护社区稳定的重任，切实发挥第一道防线的作用，为平安社区建设做出应有的贡献。

【专家评审意见】

本案是一起医院与患者家属之间的纠纷，与一般的医患纠纷属于法律纷争、可以依据法律的规定解决不同，本案中基本不涉及法律的规定，根据老人的患病情况，特别是由于考虑到其精神问题可能损害其他患者的利益时，医院有权不接收老人或者要求老人出院。对此，松江区中山街道人民调解委员会更多的是从情理上，通过与医方人员进行沟通，让医方人员了解到老人的具体病情，动之以情，体谅老人家属的情绪，能够安排老人继续入住社区卫生服务中心的临终关怀病房，但同时也与老人家属沟通，让其理解院方担心承担责任的心理，由老人家属自愿承担相关责任，由此使双方达成协议，使老人临终得到关怀。从本案可以看出，人民调解工作更多的是从情理上进行说服，其中的说服方法和技巧值得今后的调解工作借鉴。

装修劳务引纠纷　人民调解促和谐

松江区广富林街道某居委会人民调解委员会　钟炜懿

松江区广富林街道人民调解委员会　潘南朱

一、案情简介

2017 年 5 月，某花园别墅内在装修时发生了一起装修劳务事故纠纷案。宋某是该房屋业主，因原装修队不愿意进行拆墙施工，宋某自己找来包工头徐某负责拆墙作业，因工期紧，在人手不足的情况下，经朋友介绍徐某认识了之前从事装修的邓某，经口头协议双方达成一致，邓某帮徐某完成拆墙作业。

5 月 26 日下午，邓某在敲墙操作中不幸发生了意外，被掉落的大块墙体砸中左脚部位第二、三趾，造成严重损伤断裂，随后邓某被老乡送至松江区第一人民医院进行治疗，医生经初步诊断，要求对方及时转至武警医院进行手术。事故发生后，房屋业主宋某支付了 35000 元的医疗费，徐某支付了 6500 元的医疗费，但是因后续还需要手术治疗，费用昂贵，且因此误工而贴补不了家用，时隔数日后邓某的亲友及老乡决定为邓某此次受伤讨个说法，于是组织了亲戚及老乡等 10 余人至宋某家中，双方因医疗费用问题发生了矛盾纠纷。

二、调解过程

业主宋某对邓某的亲友老乡上门讨要说法的做法甚为苦恼，从民间习俗来讲，在新房子发生意外已经是不吉利，众人上门缠扰使问题更趋于复杂化，为了尽快解决此事，也为了能尽快动工完成装修，宋某于 7 月 5 日找到居委会，要求对此案进行调解。

据宋某陈述，当时事故发生后，他及时垫付了 3 万多元的医药费。他到事故现场仔细查看、核实了解得知，邓某在施工时未按照自上而下的操作规定进行砸墙作业，而是自下而上地砸墙，宋某觉得邓某可能因为施工不当引起了受伤事故。人民调解员耐心倾听宋某叙述整个事故的起因经过，对宋某激动的情绪给予安抚，受理了人民调解申请，承诺一定会在双方自愿的前提下尽全力进行调解，缓解矛盾纠纷，并提醒宋某多关注受伤工人的病情进展，多关心安抚对方情绪，多与对方沟通，达成和解的心理基础。

调解员查阅相关法律书籍后，明白此案的复杂之处在于责任主体的确定，此案中关于敲墙作业，宋某找的是包工头而非有资质的装修公司，也没有签合同，那么宋某与徐某有连带责任。徐某与邓某是雇佣关系，但彼此之间也没有签订任何合同，只是口头协议，邓某又可能存在违规操作，所以三方都有一定责任。《侵权责任法》第 35 条规定：个人之间形成劳务关系，提供劳务一方因劳务自己受到损害的，根据双方各自的过错承担相应的责任。

由于申请调解人与其中一方被申请人即伤者的调解意愿都比较强烈，且调解意愿一致即希望尽快解决此事，于是跳过分开约谈的步骤，直接约三方于 7 月 7 日进行人民调解。又考虑到案情复杂，所以此次调解邀请了街道人民调解委员调解员和社区事务受理中心劳动争议调解员共同参与。

7 月 7 日上午 10 时，三方当事人到场，装修负责人徐某、业主宋某、受伤工人邓某及其两位亲朋好友共同参与此次调解，调解由居调委的人民调解员主持。调解员告知三方，要相信人民调解委员会会秉持公平公正的原则处理好此次纠纷，并让三方当事人再次陈述了事情发生的详细情况以及目前产生的医疗费用支付情况，然后告知三方当事人各自的责任划分以及需要承担的赔偿义务，赔偿由徐某和宋某共同承担。邓某表示自己一个脚趾已经没有了，还有一根钢筋在另一个脚趾里，过段时间还要继续手术，除已支付的医疗费用外，再要求赔付 15 万元作为后续医疗费用以及误工费、护理费、营养费等。徐某表示自己经济能力有限，无法支付那么多赔偿费，之前也垫付过医疗费，而且在精神方面也一直给予安抚。宋某则表示，事故发生后自己已经垫付了 3 万余元的医疗费，还要赔偿那么多感觉不合理。针对各自的分歧，调解员秉持客观中立的态度一一将他们分开进行相关法律的普及与劝说。针对邓某，对他表示同情与理解的同时，也提醒其做一定的退让，因为毕竟是否由于操作不规范而最终导致了事故值得商榷，如果事实确凿，那么邓某自己也需要承担责任，如果调解不成，也可以通过起诉解决，但是按照伤残鉴定赔偿等程序，时间跨度较长，医疗费都要由自己先期垫付；针对徐某，提醒其和工人邓某之间存在雇用和被雇用的事实劳动关系，徐某在施工现场没有负责监督管理，的确是失职，致使邓某操作不当引发事故；引导徐某与宋某转换立场、换位思考，切身体会受伤者正值壮年，在上有老下有小的年纪却丧失一定的劳动力的痛苦心情以及下半生生活工作的不便利。

通过几番交谈劝说，邓某与老乡、亲友商量之后重新提出要求含之前已支付的医药费在内共计 15 万元的赔偿款。调解进行到此，在宋某与徐某的赔偿款分摊比例上依然存在分歧。调解员再次将他们分开谈话，希望他们在明确自己的责任后友好协商。双方最终同意：徐某向宋某免收房子拆墙装修的款项，由宋某一次性再补偿邓某人民币 112000 元整。至此，经过长达 5 个小时的调解，一起因装修受伤引起的矛盾纠纷就这样成功化解了。

三、调解心得

1. 坚持救人为先。根据法律规定，如果走法律程序，一般要经过确认劳动关系、工伤认定、劳动能力鉴定、工伤赔偿等程序，如果这些程序全走下来，需要数月之久，而邓某家在外省市农村，家境困难，支付不起高额医疗费用，会耽搁继续手术治疗、加重伤势。本着救人为先的原则，考虑到人民调解可以大大地缩短时间，为受害者提供最快速的解决方案，让其得到更好的医治，在调解员的努力下，经过集中调解、分散调解、再集中调解多个回合，厘清三方各自承担的赔偿责任，快速化解了纠纷，达成了赔偿协议，确保了后续治疗的资金支持。

2. 坚持合法、合情、合理调解。人民调解是要在不违背法律法规规定的前提下合情合理地解决民间纠纷，讲究法律之内灵活地讲情讲理，找到当事人各自的利益平衡点，开展心理疏导与情理劝说，引导当事人换位思考、适当让步。本次调解从开始的矛盾激化到各自退让，最终达成协议化解矛盾，无不体现了法、情、理的有效结合。

【专家评审意见】

本案是一起由装修劳务事故引起的损害赔偿纠纷，在本案中，各方在法律上关系以及责任主体的确定是解决问题的关键。对此，松江区广富林街道某居委会人民调解委员会、松江区广富林街道人民调解委员会在了解情况的基础上，查找法律的相关规定，在明确三方的雇佣关系以及在损害赔偿上的连带责任的基础上，分别对三方进行劝解，最终使三方达成协议。在本案中，调解员以法律的规定为基础，在明确三方的法律责任的基础上，从情理方面进行劝解，这种以法为基础、结合情理调解的方法是调解工作的基本方法，对于今后的调解工作具有指导意义。

后 记

依法治国是中国共产党领导全国各族人民治理国家的基本方略。改革开放以来，我国的民主法治建设取得了举世瞩目的成就，政府法治建设也取得了突破性进展。特别是党的十八大以来，以习近平同志为核心的党中央提出了全面依法治国的新理念、新思想、新战略，开辟了全面依法治国理论和实践的新境界，开启了中国特色社会主义法治的新时代。2012 年党的十八大报告把基本建成法治政府确立为 2020 年全面建成小康社会的重要目标之一。2014年党的十八届四中全会审议通过了《中共中央关于全面推进依法治国若干重大问题的决定》，提出了“建设中国特色社会主义法治体系，建设社会主义法治国家”的总目标，并对新时期的依法治国工作做了全方位的论述和部署。国务院《法治政府建设实施纲要（2015—2020 年）》明确要求：经过坚持不懈的努力，到 2020 年基本建成职能科学、权责法定、执法严明、公开公正、廉洁高效、守法诚信的法治政府。2016 年上海市人民政府发布的《上海市法治政府建设“十三五”规划》，要求在市委领导下，全面深入推进全市依法行政工作，进一步提升政府治理能力现代化水平，进一步推动改善城市法治环境，使本市在法治政府建设进程中始终走在全国前列，在依法行政工作方面保持领先地位，为社会主义现代化国际大都市提供高质量的公共管理和公共服务。

在此背景下，松江区积极践行法治理念，大力推进法治建设，在民主法治建设方面取得了一系列重要成果。为了巩固民主法治建设成果，总结依法治区经验，近年来松江区依法治区领导小组办公室、松江区司法局设立了松江区民主法治建设研究课题、松江区依法治理优秀案例、松江区行政执法典型案例、松江区人民调解典型案例等工作平台，每年发动辖区内的各政府部门和各街镇积极申报民主法治课题调研以及依法治理、行政执法、人民调解的典型案例。通过各政府部门和各街镇的积极参与，总结在依法治区以及民主法治建设方面的经验，及时发现其中存在的问题并提出对策性的建议，对于其中的成功经验，在进行梳理、总结和完善的基础上，通过举办法治讲座、举行业务培训、召开座谈会或研讨会等方式进行宣传和推广，以此来推动松江区的依法治区和民主法治建设工作。

本书是上述工作成果的汇编。作为上述工作机制中的一环，在松江区依法治区领导小组办公室、松江区司法局的组织、协调下，由本人带领的华东政法大学研究团队有幸参与了本书的编撰和校对工作。本书的编撰思路和具体内容如下：

首先，协助松江区依法治区领导小组办公室、松江区司法局开展2017年度松江区民主法治建设课题的调研评审工作，在各调研单位提交了19个子课题的调研报告之后，从专业的角度对各调研报告进行评审，针对每一篇调研报告提出评审意见以及修改建议；在对19个子课题的调研报告进行评审的基础上，按照科学性、规范性、创新性和应用性等具体标准分别打分和排列名次，择优选出10篇调研报告，在对每一篇调研报告加以修改和完善的基础上，推荐到上海市依法治市领导小组办公室，参加2017年度上海市民主法治建设课题的评奖活动，最终编入本书，成为本书的第一部分“松江区民主法治建设优秀课题”。

其次，协助松江区依法治区领导小组办公室、松江区司法局整理2016年度松江区依法治理案例，从中择优选取20个优秀案例，在对每一个选取的案例分别从法学专业的角度加以评议、撰写评议意见的基础上，编入本书，成为本书的第二部分“松江区依法治理优秀案例”。

再次，协助松江区依法治区领导小组办公室、松江区司法局整理2016年度松江区行政执法案例，从中择优选取14个行政执法典型案例，在对每一个典型案例分别从法学专业的角度加以评议、撰写评议意见的基础上，编入本书，成为本书的第三部分“松江区行政执法典型案例”。

最后，协助松江区依法治区领导小组办公室、松江区司法局整理2016年度人民调解案例，从中择优选取10个人民调解典型案例，在针对每一个案例分别从法学专业的角度加以评议、撰写评议意见的基础上，编入本书，成为本书的第四部分“松江区人民调解典型案例”。

本书汇集了2017年松江区民主法治建设的主要成果（案例部分选自2016年度），集中体现了松江区在2017年度依法治区和民主法治建设方面取得的成就。通过本书的编辑出版，能够较为全面地反映松江区的法治实践，在明确现状的基础之上探寻今后松江依法治区工作的重点和突破口，为全面贯彻落实党的十八届四中全会有关全面推进依法治国的要求、推进法治松江建设提供借鉴和参考。从这种意义上来说，本书对于今后松江依法治区工作的深入开展具有指导意义，对于其他地方的民主法治建设也具有借鉴意义，适合各级行政、管理、司法实务工作者阅读、参考，同时也可供高等院校法学、政治学、行政学、管理学等专业的本科生、研究生作为了解我国当前基层法治建设实践的材料使用。

当然，由于编者水平有限，书中纰漏和考虑不周之处在所难免，敬请各位读者批评指正！

华东政法大学教授　江利红

2018年6月27日

图书在版编目（CIP）数据

松江依法治区的理论与实践.2017/松江区依法治区领导小组办公室编.—北京：中国法制出版社，2018.11

ISBN 978-7-5093-9851-7

Ⅰ.①松… Ⅱ.①松… Ⅲ.①社会主义法制-建设-研究-松江区 Ⅳ.①D927.513

中国版本图书馆CIP数据核字（2018）第250024号

责任编辑：靳晓婷　　封面设计：杨泽江

松江依法治区的理论与实践.2017

SONGJIANG YIFA ZHIQU DE LILUN YU SHIJIAN.2017

编者/松江区依法治区领导小组办公室

经销/新华书店

印刷/三河市紫恒印装有限公司

开本/710毫米×1000毫米 16开　　印张/20 字数/201千

版次/2018年11月第1版　　2018年11月第1次印刷

中国法制出版社出版

书号 ISBN 978-7-5093-9851-7　　定价：65.00元

北京西单横二条2号

邮政编码 100031　　传真：010-66031119

网址：http：//www.zgfzs.com　　**编辑部电话：010-66034242**

市场营销部电话：010-66033393　　**邮购部电话：010-66033288**

（如有印装质量问题，请与本社印务部联系调换。电话：010-66032926）